古典文獻研究輯刊

二八編

潘美月・杜潔祥 主編

第 7 冊

《武備志》研究

趙鳳翔 著

國家圖書館出版品預行編目資料

《武備志》研究／趙鳳翔 著 — 初版 — 新北市：花木蘭文化事
業有限公司，2019〔民 108〕
目 6+212 面；19×26 公分
（古典文獻研究輯刊 二八編；第 7 冊）
ISBN 978-986-485-684-8（精裝）
1. 武備志 2. 研究考訂
011.08   108001132

ISBN-978-986-485-684-8

9 789864 856848

古典文獻研究輯刊
二八編　第 七 冊   ISBN：978-986-485-684-8

《武備志》研究

作　　者　趙鳳翔
主　　編　潘美月　杜潔祥
總 編 輯　杜潔祥
副總編輯　楊嘉樂
編　　輯　許郁翎、王筑　美術編輯　陳逸婷
出　　版　花木蘭文化事業有限公司
發 行 人　高小娟
聯絡地址　235 新北市中和區中安街七二號十三樓
　　　　　電話：02-2923-1455／傳眞：02-2923-1452
網　　址　http://www.huamulan.tw 信箱 hml 810518@gmail.com
印　　刷　普羅文化出版廣告事業
初　　版　2019 年 3 月
全書字數　152671 字
定　　價　二八編 12 冊（精裝）新台幣 30,000 元

《武備志》研究

趙鳳翔 著

作者簡介

趙鳳翔，1986年，女，漢族，河南省林州市人，講師，2016年11月畢業於上海交通大學科學技術史專業，獲理學博士學位。2017年6月進入鄭州大學馬克思主義學院科學哲學專業碩士點工作。現主要從事的研究方向爲軍事技術史、計量史、物理學史。近五年來在各類期刊上發表專業相關論文六篇，如《明代佛郎機銃核心技術特徵及其轉變研究》、《上天入地與時空穿梭：《西遊記》宇宙體系的解構與探究》、《17～18世紀中日陸海觀念研究——以《武備志》和《海國兵談》兩部中日兵書爲例》等。本書爲中國國家社科基金重大招標項目：中國計量史（項目批准號：152DB030）的成果之一。

提　要

16世紀末至17世紀初的明朝，正面臨前所未有的危機，至萬曆四十六（1618）年，明廷與後金在遼東展開爭奪，萬曆四十七年（1619），薩爾滸之役以明廷的潰敗告終，這也是明清易代的重要轉捩點。在這一時代背景之下，茅元儀於萬曆四十七年（1619）撰成《武備志》，並於天啓元年（1621）梓刻成書，企圖通過著書立說挽救明廷危亡。《武備志》全書共240卷，爲目184，爲言200餘萬，分爲兵決評、戰略考、陣練制、軍資乘、占度載，是明末最爲重要的一部兵學著作。

本文以《武備志》作爲研究對象，運用文獻分析法、定量分析法對《武備志》展開研究，按照《武備志》成書研究——內容研究——海外影響研究這一基本的脈絡展開。第一、二兩章圍繞《武備志》成書這一主題，從《武備志》的作者，成書時代、內容構成、版本流變，輯錄書籍研究五個方向展開。對於《武備志》作者茅元儀的研究，著重於茅元儀親緣關係的考察和茅元儀年表的製作兩個方面，這也是區別於前人研究成果的地方；對《武備志》成書時代的研究，著力於從明末屯田毀損的角度展開探討，考察《武備志》成書時代背景；對《武備志》內容構成的研究，從構成《武備志》的五部分內容出發，分析各部分在《武備志》中的比重，從而凸顯《武備志》編纂的重心，也爲第三、第四兩章的研究提供支持；對《武備志》版本流變狀況的研究，重點比較了《武備志》6個主要版本的異同之處；對《武備志》輯錄書籍的考察是本文的又一個研究重點，在第二章當中按照《武備志》輯錄書籍的時代順序作「《武備志》輯錄書目列表」，並對該表進行分析，考察各時代書籍在該表中所佔的比重，通過分析可知明代書籍是《武備志》徵引最多的書籍，最後又從詞頻的角度出發，考察《武備志》徵引最多的人物和書籍，根據這一考察可知《武備志》徵引最多的是戚繼光及其著述。

第三、第四兩章就《武備志》中最爲重要的兩部分內容展開研究，這兩部分內容分別是《武備志》所錄火器部分和戶口賦役部分。其中第三章對《武備志》所收錄的火器進行研究，首先考察這些火器的類別；繼而結合對萬曆末年明代軍隊中常備火器的考察，對《武備志》所收錄火器展開分析，可知《武備志》所載的191種火器當中，僅20餘種爲萬曆末年明軍中常備火器，其餘則多屬奇技淫巧之類，無益實用，而佛郎機則是明末軍中最爲重要的火器之一；依據《武備志》以及同時代文獻對於佛郎機的記載，並結合現存明代實物佛郎機的參數，探討明代佛郎機的核心技術特徵，指出明代佛郎機包含三大技術特徵：一子母銃結構，二母銃銃長不超過六尺，三子銃長徑比多小於10；而佛郎機在明代的發展和沒落，則是伴隨著鳥銃、紅夷炮的引入，嘉靖末年（1568年左右），輕型佛郎機被鳥銃所取代；崇禎初年（1628年左右），重型佛郎機被紅夷炮所取代，自此佛郎機退出了歷史舞臺。

第四章則圍繞《武備志》所錄明代屯田戶口賦役數額展開研究，首先在第一章《武備志》成書的時代背景基礎上進一步深入，對明末屯田數額變動的狀況進行考察；繼而通過對《武備志》所錄明代戶口賦役數額的分析，考察明代戶口與賦役的關係，採用盡可能多的定量分析的方法，圍繞「戶」「口」「田」究竟哪一個是明代稅收的基本單位這一問題展開，最終考證出「戶」是明代賦役徵收的基本單位；在以「戶」作為賦役徵收的基本單位的基礎上，以「口戶比」為核心參數，考察明代賦役的地域不均衡狀況。然本章內容僅是筆者依據《武備志》所錄明代戶口賦役數額，展開的研究和分析，其結論或許有所偏頗，須待深入研究，和方家指正。

　　第五、第六兩章則是《武備志》的海外影響研究，圍繞《武備志》東傳日本這一主題，在第五章當中，首先考察了明清之際存在的「兵書入日的潮流」，《武備志》正是在這一潮流中東傳日本；繼而圍繞《武備志》入日，通過對《西湖二集》中一段新史料的發掘，考訂出《武備志》東傳日本的時間當在 1628 ～ 1631 年間，通過走私貿易的途徑，由江浙沿海，經琉球，至薩摩藩進入日本；考察《武備志》在日本的刊印狀況，及日刊本《武備志》的回流；進一步探討《武備志》在江戶時代的日本所產生的影響。

　　第六章通過中日兩部「武備志」的比較研究，探討作為日本「武備志」的《海國兵談》與《武備志》之間的關聯與差異，這些差異包括對邊防和海防認知的差異，對西洋火器的不同態度，對倭寇的不同認識，以及不同的富國強兵策，而造成這些巨大差異的深層原因則是明清中日兩國「陸國」認知與「海國」認知的不同。

　　第七章則是對前六章內容的總結，以及對未來研究的展望。

國家社科基金重大招標項目：
中國計量史（項目批准號：15ZDB030）

目

次

圖目次

表目次

緒　言

1. 相關研究綜述

　　16 世紀末至 17 世紀初，世紀之交的大明，卻沒有迎來新的曙光，在神宗萬曆皇帝（1572～1620）的統治之下，逐漸耗盡了張居正改革〔註 1〕的成果，重新陷入衰亡的泥潭無力自拔。至萬曆末年，明政權愈益衰敗，土地兼併日甚，導致稅收銳減，財政困難，國庫空虛；戰亂頻仍，軍屯毀損，徵發日甚，人民愈加貧困。萬曆四十七（1619）年，明與後金薩爾滸之役失敗，爲籌措遼東軍費，萬曆帝在 1619 和 1620 年兩次加徵遼餉，便是一證。明廷的危機遠不止此，北邊有來自於蒙古女眞的入侵，東部、東南部沿海連年倭亂，而在廣大的輿圖之內，農民起義風起雲湧，明政權大廈將傾。值此內外交困之境，一批知識分子出身的兵學家們，痛感於對明政權危機的憂慮，試圖通過著書立說爲明廷軍事活動提供參詳，進而挽救危局，大量的兵書在這一時期被編撰出來。這些兵書按照所載內容大致可以分爲五個類別：第一類火器專著，如孫元化的《西法神機》〔註 2〕，焦勗的《火攻挈要》〔註 3〕、趙士禎的

〔註 1〕張居正改革，自隆慶六年（1572）～萬曆十年（1582）出任明內閣首輔期的十年間，張居正在全國以「興利除弊，匡世救時」爲核心的改革，其改革措施涉及政治、軍事、經濟各個方面，通過張居正改革明朝社會矛盾得到緩解，然隨著張居正的去世，改革隨之宣告失敗。
〔註 2〕〔明〕孫元化著，成書年代大致在 1629～1644 年之間，具體成書年份不詳，分爲上下兩卷，是一部介紹十六世紀西洋火炮製作與使用的專著。
〔註 3〕〔明〕湯若望授，焦勗纂，趙仲訂，成書於 1643 年，全書分上、下兩卷，另附《火攻秘要》一卷，共四萬字，是一部明末系統總結火器技術的著作。

《神器譜》〔註4〕;第二類海防江防邊防城防類兵書,如鄭若曾的《籌海圖編》〔註5〕,明代官修《九邊圖說》〔註6〕鄭若曾的《江南經略》〔註7〕;第三類將帥見聞實錄,如王瓊的《北虜事蹟》〔註8〕;第四類練兵教戰專著,如戚繼光的《練兵實紀》〔註9〕、《績效新書》〔註10〕,孫承宗等人的《車營叩答合編》;第五類集大成式的兵學類書,如唐順之的《武編》〔註11〕,茅元儀的《武備志》等。

　　《武備志》撰成於萬曆四十七年(1619),並於天啓元年(1621)梓刻成書,至崇禎元年(1628),茅元儀將其呈送給崇禎皇帝,獲「該博」的美譽,一時被廣為關注,頗有洛陽紙貴之勢,周楫在《西湖二集》中就曾談及,《武備志》刊印,其欲購之,卻只能望價興歎。實事求是而論,《武備志》確為明末最重要的一部兵學著作,全書共240卷,是明代兵書的集大成者。自20世紀70年代起,茅元儀及其《武備志》開始進入學界的視野,近年來,對於《武備志》的研究頗有興盛之勢,涉及《武備志》的研究成果也頗豐。現有的研究成果主要集中在六個方面:1. 對茅元儀其人、其事、其作的考察;

〔註4〕　〔明〕趙士禎撰,成書於萬曆二十六年(1598年),前載「進器疏」,正文由「原銃」、「圖式樣」、「打放架勢」及「神器雜說」四部分組成,主要介紹火器的構造、製作及使用方法。

〔註5〕　〔明〕鄭若曾等纂,成書於嘉靖四十一年(1562年),共十三卷,係1556年(明嘉靖三十五年)胡宗憲總督浙江軍務時,為防禦倭寇,聘請鄭若曾等人收集海防有關資料編輯而成的一部沿海軍事圖籍,初刻於1562年(嘉靖四十一年)。

〔註6〕　〔明〕題明兵部輯,兵部尚書霍冀主持,職方孫應元編輯,成書於隆慶三年(1569年),全書共一卷,隆慶時期,朝廷命吏部品評天下州縣,兵部也品定所屬各軍鎮,命鎮撫閫將所管地方開具衝緩,畫圖貼說,上報兵部。尚書霍冀委職方孫應元據此材料,整理條次,編成圖說,該書彙集了當時九邊鎮及邊外蒙古情況的最新資料。

〔註7〕　〔明〕鄭若曾,江南經略〔M〕,臺灣:臺灣商務印書館,1969年。

〔註8〕　〔明〕王瓊撰,北虜事蹟〔O〕,載《金聲玉振集》,北京中國書店1955年影印本。是書為王瓊在嘉靖七年(1528)～嘉靖十年(1531)在西北邊鎮防虜時所作。

〔註9〕　〔明〕戚繼光撰,是書為戚繼光在薊鎮練兵時撰寫,起筆於1568年,成書於1571年。

〔註10〕　〔明〕戚繼光撰,據《戚少保年譜耆編》卷二記載:「嘉靖三十九年,……春正月,創鴛鴦陣,著《紀效新書》。」這表明《紀效新書》當寫成於戚繼光調任浙江抗倭的第六年即嘉靖三十九年(1560年),因而《紀效新書》是戚繼光在東南沿海平倭戰爭期間練兵和治軍經驗的總結。

〔註11〕　〔明〕唐順之撰,唐順之於明嘉靖中編纂,主要是針對明廷軍備廢弛的狀況而編纂。

2. 從文獻學角度出發對《武備志》進行的綜合研究；3. 對《武備志》版本的考察；4. 對《武備志》史源的探討；5. 就《武備志》中部分內容進行專題研究；6. 在研究其他問題時涉及《武備志》。

茅元儀其人其事其作研究。最早的有 20 世紀 70 年代臺灣學者丁原基的《茅元儀著作考略》〔註12〕，對茅元儀的著述進行了考察;80 年代初大陸學者臧嶸的《〈平巢事蹟考〉爲茅元儀所著考——兼及茅元儀著作》〔註13〕，從文獻角度考證出《平巢事蹟考》爲茅元儀所作，又指出此書意在以古鑒今，並對茅元儀的著述也做了簡單的列述；至 80 年代中期，大陸學者任道斌的《茅元儀生平、著述初探》〔註14〕、《方以智茅元儀著述知見錄》〔註15〕，以及其稍晚的《明末學者茅元儀及其橫遭禁燬的著作》〔註16〕，是早期研究茅元儀較爲代表性的文章，對茅元儀的生平、著述都做了較爲詳盡的研究，且著重介紹了《武備志》的編纂、內容、影響，并嘗試從社會背景和家庭背景著手，解析《武備志》的成書原因，然這一原因分析似略有牽強附會之意，《武備志》成書與明代商品經濟的發展當無甚關聯；及至近年，浙江大學林瓊華的碩士論文《茅元儀研究》〔註17〕，當爲茅元儀研究的新作，該文從生平、交遊、著述、詩歌創作四個方面，對茅元儀作了較爲全面的研究，按照時間順序，梳理了茅元儀的人生經歷，及其各個時期的交遊著作，其側重點在於對茅元儀在詩歌方面的成就的評價，文末不厭其煩地開列了茅元儀年譜，爲此後的茅元儀研究提供了重要幫助；何東寶、陳秋實的《茅元儀在定興》〔註18〕，作爲一個大眾閱讀文本，講述茅元儀在定興居住期間的著述與交遊狀況。

從文獻學角度出發的《武備志》綜合研究。此類研究，較早的有 80 年末許寶林的《〈武備志〉初探》〔註19〕，本文是一篇概述性、說明性文章，主要對茅元儀、《武備志》的內容、編纂體例、版本流傳、歷史意義做了簡

〔註12〕丁原基，茅元儀著作考略〔J〕，臺灣：東吳文史學報，1978（6）。
〔註13〕臧嶸，《平巢事蹟考》爲茅元儀所著考——兼及茅元儀著作〔J〕，文獻，1982（1）：145～154。
〔註14〕任道斌，茅元儀生平、著述初探〔J〕，明史研究論叢，1985（00）：239～264。
〔註15〕任道斌，方以智茅元儀著述知見錄〔M〕，北京：書目文獻出版社，1985年。
〔註16〕任道斌，明末學者茅元儀及其橫遭禁燬的著作〔C〕，收入何齡修等主編，四庫禁燬書研究〔M〕，北京：北京出版社，1999年，第145～146頁。
〔註17〕林瓊華，茅元儀研究〔D〕，浙江大學，2008年。
〔註18〕何東寶、陳秋實，茅元儀在定興〔J〕，當代人，2012（04）：64～65。
〔註19〕許寶林，武備志初探〔J〕，軍事歷史研究，1988（01）：166～171。

單的概述，失之過簡，研究未嘗深入；其後，又有王兆春的《古典兵學的百科全書〈武備志〉的命運》〔註20〕一文，對《武備志》的作者、版本流變狀況、編纂體例進行了較爲詳細的說明，總結了《武備志》所蘊含的軍事思想，並對《武備志》所載火藥火器等明代軍事技術的代表性成果逐一說明，進而指出茅元儀的製器用器思想；近年來，從文獻學角度出發，對《武備志》進行綜合研究的成果，有內蒙古師範大學歷史文獻學專業姜娜的碩士論文《茅元儀與〈武備志〉》〔註21〕，較爲簡約的概述了茅元儀的生平，對《武備志》編著的時代背景、成書年代、版本流傳狀況進行探討，也對武備志的編撰體例進行了簡略總結和概述，文中對武備志也稍有評價，但由於其文章篇幅有限，對《武備志》的研究概述過於籠統，其提出了幾個較爲新鮮的命題如《武備志》在日本方面的流傳狀況；華中師範大學文獻學專業趙娜的博士論文《茅元儀〈武備志〉研究》〔註22〕，該文分爲上下兩部分，上篇探討《武備志》的成書、體例、版本及其文獻學意義，下篇對《武備志》的內容進行分析，并探討其中所蘊含的軍事思想，具有一定的參考意義，但該文行文略顯混亂，創新點稍顯不足，或因疏於考據，出現了一些較爲明顯的錯誤〔註23〕；中國社會科學院歷史系喬娜的碩士論文《茅元儀〈武備志〉探析》〔註24〕，從文獻學角度出發，對《武備志》的成書、版本流變、內容及其價值，進行了全面系統的考察，進而指出《武備志》在中國兵書發展史上承前啓後的歷史作用，以及其對後世產生的深遠影響，該文頗有價值，尤其在版本流變狀況的考察方面。

　　《武備志》的版本流變研究。早期對《武備志》版本進行研究的著作有許保林的《〈武備志〉版本考略》〔註25〕一文，該文詳細介紹了《武備志》的六種版本，構建出學界對《武備志》版本學認知的基礎，《武備志》的六種版本包括：天啓元年本、清初刻本、蓮溪草堂本、日本寬文本、道光活字本以及清末湖南刻本，迄今爲止對《武備志》版本研究的著述，無出其右；近年

〔註20〕王兆春，古典兵學的百科全書《武備志》的命運〔C〕，收錄於王春瑜主編，明史論叢〔M〕，北京：中國社會科學出版社，1997 年，第 212～230 頁。
〔註21〕姜娜，茅元儀與《武備志》〔D〕，內蒙古師範大學，2008 年。
〔註22〕趙娜，茅元儀《武備志》研究〔D〕，華中師範大學，2013 年。
〔註23〕這一點將在本文的第二章當中進行說明。
〔註24〕喬娜，茅元儀《武備志》探析〔D〕，中國社會科學院研究生院，2014 年。
〔註25〕許保林，《武備志》版本考略〔C〕，收入《兵家史苑》第一輯〔M〕，北京：軍事科學出版社，1988 年，第 89～97 頁。

來又有王麗華的《〈武備志〉四種清版述略》〔註26〕，從版本學的角度對清代
不同時期的《武備志》版本做了比較分析，然其研究並未能超越許保林的研
究成果，由於篇幅的緣故，該文顯得較爲單薄；潘銘燊的《美國國會圖書館
所藏〈武備志〉在鄭和研究上的價值》〔註27〕一文，又將《武備志》的六種
版本，依據原據版本劃分爲三個系別，即天啓版系，包括天啓元年本和蓮溪
草堂本；日本寬文本系，包括日本寬文本、寬政重刻本和清末湖南刻本；清
初刻本系，包括清初刻本和道光活字本。該文進一步釐清了《武備志》各版
本的源流，但這裡不免會產生一個疑問，即日本寬文本當屬何系？寬文本是
在日本靈元天皇寬文四年（1664 年），中野氏依照明天啓元年的刻本刊印，由
鵜飼石齋訓點的《武備志》，因而寬文本又當歸爲天啓版系〔註28〕，所以這種
版本系別劃分似又稍顯不妥。

　　對《武備志》史料來源的研究。《武備志》在編纂過程當中輯錄了諸多
書籍，這些書籍的來源引起了學者的興趣。相關研究成果有秦彥士的《茅元
儀〈武備志〉所錄〈墨子・備城門〉校記》〔註29〕，對《武備志》所輯錄《墨
子・備城門》的內容進行研究，并就這一部分內容與道藏本《備城門》進行
比較研究，肯定了《武備志》「本是」的樸素辯證法思想；雲良的《〈武備志〉
——〈譯語〉蒙古語研究》〔註30〕則從語言學角度對《武備志》所錄《蒙古
譯語》的內容進行了研究，進而比較了其與俞大猷《登壇必究》所錄蒙古譯
語在語音、語義上的異同，其研究成果雖不無可商榷之處，但該文提出了一
個新的研究視角和思路，從語言學角度去審視《武備志》，或可期許在不久
的將來，有學者對《武備志》所載日本語譯語也能夠作出相關研究；近期的
研究成果有趙娜的《茅元儀與〈孫子兵法〉》〔註31〕，言茅元儀對《孫子兵
法》的推崇和引述，《〈武備志〉與戚繼光著述關係考》〔註32〕，則主要分析

〔註26〕王麗華，《武備志》四種清版述略〔J〕，圖書館理論與實踐，2007（4）：72～73。
〔註27〕潘銘燊，美國國會圖書館所藏《武備志》在鄭和研究上的價值〔C〕，美國紀
　　　　念鄭和下西洋六百週年慶祝活動聯合籌備委員會供稿，2004 年 11 月。
〔註28〕本文將在第三章當中進行詳細論述。
〔註29〕秦彥士，茅元儀《武備志》所錄《墨子・備城門》校記〔C〕，收入《古代防
　　　　禦軍事與墨家和平主義——墨子備城門綜合研究》〔M〕，北京：人民出版社，
　　　　2008 年，附錄。
〔註30〕雲良，《武備志》——《譯語》中的蒙古語研究〔D〕，內蒙古大學，2011 年。
〔註31〕趙娜，茅元儀與《孫子兵法》〔J〕，濱州學院學報，2011，27（5）：15～19。
〔註32〕趙娜，茅元儀《武備志》與戚繼光著述關係考〔J〕，河南師範大學學報（哲
　　　　學社會科學版），2012，39（3）：141～144。

《武備志》「陣練制」部分，對戚繼光著作的引述，趙娜的博士論文當中亦有開列「《武備志》徵引書目」，然其對於這一部分的研究稍顯粗疏，出現了一些錯誤和疏漏之處〔註33〕；除以上頗有針對性的研究成果外，尚有一些研究成果亦嘗論及《武備志》的史料來源，如杜錫建的《從軍事的角度談方志》〔註34〕涉及《武備志》所錄海防類方志的來源，盧良志的《明代防務地圖製作》〔註35〕述及《武備志》中海防、江防圖的來源，季德源的《明代孫子研究概說》〔註36〕稍有提及茅元儀對《孫子》的徵引與評價，等等。

針對《武備志》部分內容的專題研究。這些專題研究主要集中在幾個方面：一、對《武備志》所載鄭和海圖的研究，此類研究可以說是《武備志》研究的發端，也是引發學界對《武備志》關注的一大誘因，茅元儀在《武備志》最後所載《自寶船廠開船從龍江關出水直抵外國諸番圖》〔註37〕，在1961年即進入了學界的視野，向達據此圖編成《鄭和航海圖》，進入八十年代，顧海初的《鄭和航海圖》〔註38〕一文，又對海圖的來源進行了探討，近年來，又有張箭的《鄭和航海圖的復原》〔註39〕，該文是「鄭和航海圖復原工程」的部分研究方法和成果介紹，試圖通過將《武備志》所錄鄭和航海圖進行重新的拼接，并考訂圖中的一些誤差，恢復天啓元年線裝本中鄭和航海圖的大小，筆者也試圖通過此種方式對《武備志》中的河防圖進行恢復，然結果是失敗的，因而筆者對該文持懷疑態度；周運中的《論〈武備志〉和〈南樞志〉中的鄭和航海圖》〔註40〕，比較了《武備志》與《南樞志》中所載鄭和海圖的異同點，試圖尋找兩者的不同源流。關於鄭和海圖的研究成果仍有很多，就不再一一贅述。

二、對《武備志》所載火藥火器的研究。王兆春的《中國古代火器史》、劉旭的《中國古代火藥火器史》在談及明代火藥火器時，無一例外地大量使用了《武備志》的內容，同時也對《武備志》所載火器火藥進行了分析和研

〔註33〕 這一內容將在本文第二章中述及。
〔註34〕 杜錫建，從軍事的角度談方志〔J〕，中國地方志，2008（9）：29～32。
〔註35〕 盧良志，明代防務地圖製作〔J〕，國土資源，2008（8）：54～57。
〔註36〕 季德源，明代孫子研究概說〔J〕，軍事歷史研究，1993（2）：135～144。
〔註37〕 〔明〕茅元儀撰，鵜飼石齋訓點，《武備志》卷二百四十・占度載・航海〔O〕，大阪：賭春堂，寬政4年（1792）重修本。
〔註38〕 顧海初，鄭和航海圖〔J〕，航海，1980（6）：015。
〔註39〕 張箭，《鄭和航海圖》的復原〔J〕，四川文物，2005（2）：80～83。
〔註40〕 周運中，論《武備志》和《南樞志》中的《鄭和航海圖》〔J〕，中國歷史地理論叢，2007，22（2）：145～152。

究，具有較高的參考價值；此外還有眾多學者在研究中國古代火器的過程中，使用了《武備志》所載各種火器的參數，諸如臺灣學者黃一農在研究明末清初紅夷大炮的過程中對《武備志》所載火器參數的使用〔註 41〕，臺灣學者周維強在研究明代佛郎機的過程中對《武備志》所載火器參數的使用〔註 42〕，等等，幾乎可以說欲研究明清火器史，便與《武備志》脫不開干係，在此類研究當中《武備志》的功能接近於工具書，這全然是由於《武備志》較爲完備的收錄了明代各式火器，可謂兼容並包，但也由此導致了其所收火器種類的良莠不齊，而這一點也是茅元儀及其《武備志》爲同時代的兵學家所批判的原因〔註 43〕。

　　三、對《武備志》所載輿圖的研究。如劉克明的《明代兵器製圖的百科全書——〈武備志〉及其圖學思想》，從繪圖方法和圖學思想角度，探討《武備志》之輿圖和器物圖，認爲「圖說並行思想」是《武備志》圖學思想的核心；前文有所提及的盧良志的《明代防務地圖製作》和杜錫建的《從軍事的角度談方志》，也分別對《武備志》著錄的邊防、海防、江防、湖防、河防圖和行政區劃輿圖進行了研究，前者指出明代的軍事地圖的製作繁盛的原因是出於對倭寇、以及北方少數民族的入侵的防範、以及江河治理的需要等，後者則論及軍事地圖與方志之間的關係，出於戰略地位的考慮，一些方志地圖也是重要的軍事地圖；前文所述對《武備志》所載鄭和海圖的研究，在某種意義上也應當被歸入此類研究成果。

　　四、對《武備志》所載戶口賦役的研究。臺灣學者賴建誠的專著《邊鎮糧餉——明代中後期的邊防經費與國家財政危機 1531～1602》〔註 44〕，將《武備志》卷 204～208「鎮戍」所載作爲重要的參考文獻之一，論述明後期邊防經費的增長與明末財政危機的關聯性，《武備志》「鎮戍」所載內容是作爲萬曆三十年左右，明代邊防經費數據來使用的，由此亦可窺知《武備志》所載內容，對於明後期的軍事、財政、戶口、賦稅等方面的研究，也能夠提供極大的參考價值。

〔註41〕黃一農，明末薩爾滸之役的潰敗與西洋大炮的引進〔J〕，臺灣：中央研究院歷史語言研究所集刊，2008（79）：377～415。

〔註42〕周維強，佛郎機銃在中國〔M〕，北京：社會科學文獻出版社，2013 年。

〔註43〕關於這一點的論述見於第三章。

〔註44〕賴建誠，邊鎮糧餉——明代中後期的邊防經費與國家財政危機 1531～1602〔M〕，杭州：浙江大學出版社，2010 年。

五、對《武備志》所載武術資料的研究。此類研究成果較少，有劉容的《〈武備志〉中武術內容的整理及其價值研究》〔註45〕，對各類冷兵器的使用技法和拳法進行了討論，進而探討了《武備志》所載內容對後世之武術發展產生的影響。

在對其他問題進行的研究中涉及到《武備志》。此一類型的研究頗多，僅稍作枚舉，如周少川《兵書亦史也》、呂凌峰《明末及清代交食記錄研究》〔註46〕、戈傑《定心丸的來歷》〔註47〕、徐新照《明末兩部火器文獻考辨》〔註48〕、《中國古代外傷止血藥研究》〔註49〕、《中藥在古代兵書中的應用舉隅》〔註50〕等，這些研究都或多或少地引述，或涉及到《武備志》相關內容，這些研究成果的內容極其廣泛，醫藥、氣象、天象、地理、礦產無所不包，這也再次印證了《武備志》是一部百科全書式的兵學著作。

綜上所述，前賢對《武備志》已然進行了多個角度的研究，并取得了豐碩的成果，這些研究涉獵廣泛，拓展了筆者的研究思路，拓寬了筆者的研究視野，爲本文的寫作提供了極大的幫助，倘使能夠在寫作過程中有所創新和突破，皆因筆者站在巨人的肩上。

2. 選題意義

儘管學界對於《武備志》的研究的成果頗爲豐碩，且涉獵頗爲廣泛，然細緻研讀分析之後，就能發現，已有研究成果當中，僅對《武備志》的文獻學研究這一主題得以深入，其餘的研究則較爲零散，未成體系，因而對《武備志》仍有諸多方向值得深入研究。

在研讀《武備志》及相關文獻的過程中，筆者注意到對於《武備志》作者茅元儀的研究十分必要，因爲這一問題牽涉到《武備志》的成書原因和成書時間問題，雖然林瓊華的碩士論文對此已經做了較爲詳細的考察，但似乎

〔註45〕 劉容，《武備志》中武術內容的整理及其價值的研究〔D〕，首都體育學院，2013 年。
〔註46〕 呂凌峰，明末及清代交食記錄研究〔D〕，中國科技大學，2002 年。
〔註47〕 薛鋼、戈傑，「定心丸」的由來〔J〕，建築工人，2012（4）：039。
〔註48〕 徐新照，明末兩部「西洋火器」文獻考辨〔J〕，學術界，2000（2）：196～207。
〔註49〕 章靜，中國古代外傷止血研究〔D〕，中國科技大學，2004 年。
〔註50〕 朱熠冰、占穎、朱寅荻等，中藥在古代兵書中的應用舉隅〔J〕，亞太傳統醫藥，2012，8（10）：208～209。

過於強調茅元儀的交遊狀況，忽視了對茅元儀家族世系的研究，因而本文將會在此一方面做出補充，同時補充一些關於茅元儀的相關文獻，力圖使茅元儀研究更爲完善。結合前人的研究成果以及作者所處的時代背景，并受梁啓超《歷史研究法》關於年譜做法的指導，筆者製作了茅元儀年表。筆者還注意到，學界對於《武備志》成書時代背景的研究也較爲匱乏，然客觀存在的時代背景是《武備志》成書的動因，不應當被忽視，本文將以明代軍費的變動爲切入點，清晰勾勒出《武備志》成書的時代背景。

　　《武備志》在編纂過程中，輯錄了眾多歷史文獻的內容，學界也對這些文獻進行了相關研究，以趙娜《茅元儀〈武備志〉研究》最具代表，然細讀之下，可以發現其研究還較粗疏，考據不足，出現了多處謬誤。這些權且不論，大量文獻的缺失就顯得難以接受。筆者將進一步對《武備志》徵引書目進行研究，盡最大可能考訂和完善《武備志》的文獻來源。

　　《武備志》當中載有 180 餘種火器，這些火器包含多種佛郎機系火器，且《武備志》成書於 1621 年左右，此時恰是明末佛郎機向紅夷大炮的轉型時期，其較爲全面地記述了明代各種類型的佛郎機系火器，因而本文將以《武備志》和明代相關文獻中對於明代仿製佛郎機的記載，結合現存實物佛郎機的相關資料，對明代佛郎機的核心技術特徵進行研究，并結合相關史料對明代佛郎機的核心技術特徵的演變進程進行探討。

　　基於《武備志》記載之明代戶口研究，這一研究主題的選擇主要是由於《武備志》中使用了大量篇幅對明代各府戶口賦役進行了記錄，通過對這些記錄的統計與分析，釐清明代戶數與口數之間的關係，并通過二者之間的關聯「口戶比」探討明代各地賦役狀況。

　　筆者注意到，在《武備志》海外影響方面，許多學者在研究《武備志》版本問題的時候，都提及日刊本，由此聯想到對《武備志》東傳日本這一命題進行研究。在明清之際存在一個漢籍東傳日本的高峰，在這一時期入日的漢籍當中，包含了大量明代兵學著作，即也存在一個「兵書入日的潮流」。筆者將對這一時期入日的兵書進行整理，同時對《武備志》入日的時間、途徑、路線、在日本的刊印、版本及日刊本《武備志》的回流進行考察。

　　《武備志》入日之後所產生的影響，學界也關注極少，筆者將通過考據和比較研究，來就這一問題展開探討。主要是就中日兩部「武備志」展開比較研究，從陸國與海國的視角出發，釐清兩者之間的差異，同時也對《武備志》的兵學思想做出探討。

3. 研究內容及核心史料

　　本文將以《武備志》作爲研究對象，首先考察《武備志》的作者、成書背景以及版本流變狀況，進而對《武備志》輯錄書目進行考察，並進一步整理出《武備志》輯錄書目表。此後本文將以《武備志》內容作爲核心文獻，考察明代佛郎機的核心技術特徵，及其演變過程。其後本文還將對《武備志》所載明代土地、戶口、賦役狀況進行整理和研究。最後本文將對《武備志》東傳日本這一史實進行研究，考察其入日時間和入日途徑，並對《武備志》在日本產生的影響進行研究。核心史料主要有：《武備志》明天啓版（早稻田大學藏本）、《武備志》日本寬文本（早稻田大學藏本《倭版書籍考》第四卷）、《武備志》日本寬政本（早稻田大學藏本）、《武備志》臺灣華世出版社版、《武備志》兵書集成版、《武備志》清末湖南刻本、《海國兵談》、《南海治亂記》、《鈐錄》《和刻本明清資料集》第三集（以上四本爲日文史料）、《籌海圖編》、《兵錄》、《西湖二集》、《明史》、《大明會典》《明實錄》《續文獻通考》、《明代檔案資料彙編》、《督師紀略》、《練兵實紀》、《紀效新書》、《掌記》等。

　　本文將依照《武備志》成書研究──內容研究──海外影響研究這一基本的脈絡展開，結合本文的結構，《武備志》成書研究集中於第一、第二章，內容研究集中於本文的第三、第四章，海外影響研究集中於第五、第六章，第七章則是對前六章內容的總結和對未來研究的展望。

　　第一、二兩章圍繞《武備志》成書這一主題，從《武備志》的作者，成書時代、內容構成、版本流變，輯錄書籍研究五個方向展開。對於《武備志》作者茅元儀的研究，著重於茅元儀親緣關係的考察和茅元儀年表的製作兩個方面，這也是區別於前人研究成果的地方；對《武備志》成書時代的研究，著力於從明末屯田毀損的角度展開探討，考察《武備志》成書時代背景；對《武備志》內容構成的研究，從構成《武備志》的五部分內容出發，分析各部分在《武備志》中的比重，從而凸顯《武備志》編纂的重心，也爲第三、第四兩章的研究提供支持；對《武備志》版本流變狀況的研究，重點比較了《武備志》6個主要版本的異同之處；對《武備志》輯錄書籍的考察是本文的又一個研究重點，在第二章當中將按照《武備志》輯錄書籍的時代順序作「《武備志》輯錄書目列表」，並對該表進行分析，考察各時代書籍在該表中

所佔的比重，通過分析可知明代書籍是《武備志》徵引最多的書籍，最後又從詞頻的角度出發，考察《武備志》徵引最多的人物和書籍，根據這一考察可知《武備志》徵引最多的是戚繼光的著述。

在第三、第四兩章當中，將就《武備志》中最爲重要的兩部分內容展開研究，此二章也是《武備志》中所佔比重最大的兩部分內容，這兩部分內容分別是《武備志》所錄火器部分和戶口賦役部分。其中第三章對《武備志》所收錄的火器進行研究，首先考察這些火器的類別；繼而結合對萬曆末年明代軍隊中常備火器的考察，對《武備志》所收錄火器展開分析，可知《武備志》所載的 191 中火器當中，僅 20 餘種爲萬曆末年明軍中常備火器，其餘則多屬奇技淫巧之類，無益實用，而佛郎機則是明末軍中最爲重要的火器之一；最後依據《武備志》以及同時代文獻對於佛郎機的記載，并結合現存明代實物佛郎機的參數，對明代佛郎機的核心技術特徵展開探討。第四章則圍繞《武備志》所錄明代屯田戶口賦役數額展開研究，首先在第一章《武備志》成書的時代背景基礎上進一步深入，對明末屯田數額變動的狀況進行考察；繼而通過對《武備志》所錄明代戶口賦役數額的分析，考察明代戶口與賦役的關係；最後在對戶口賦役關係考察的基礎上，以「口戶比」爲核心參數，考察明代賦役徵收的地域不均衡狀況。

第五、第六兩章則是《武備志》的海外影響研究，圍繞《武備志》東傳日本這一主題，在第五章當中，首先考察了明清之際「兵書入日的潮流」，《武備志》正是在這一潮流中東傳日本；繼而圍繞《武備志》入日，考察《武備志》東傳日本的時間、路徑，以及日刊本《武備志》及其回流；接下來對《武備志》在日本產生的影響展開研究。第六章通過對中日兩部「武備志」的比較，分析《武備志》對《海國兵談》產生的影響，以及「海國」與「陸國」認知體系之下，兩者兵學思想的巨大差異。

第七章則是對前六章內容的總結，以及對未來的展望。

第一章 《武備志》的作者、成書時代與版本流變研究

　　明中葉以後，國家面臨日益嚴峻的危機。軍事上，北部和東北部邊境邊患頻仍，南部和東南部沿海倭患猖獗，而在明朝版圖之內，農民起義的浪潮風起雲湧；政治上，明朝統治階級內部朋黨傾軋、宦官專權的狀況日甚，明政權內部日益瓦解；經濟上，連年戰爭，拖垮了明中央的財政，土地兼併日甚，軍屯幾近毀損，又加劇了明末的財政危機。值此危機之際，明代湧現出一批知識分子，試圖通過著書立說挽救民族危亡，大量的兵學著作湧現出來，成書於 1619 年的《武備志》便是其中之一。

　　本章將分別對《武備志》的作者、成書時代，以及版本流變狀況展開研究，在每一小節的開始，將對學界相關研究成果進行回溯，繼而展開相關研究。

1.1　《武備志》的作者茅元儀

　　茅元儀，生於萬曆二十二年（1594），「鹿門公」茅坤（1512～1601）之孫，家學淵源頗深。目睹明末社會動蕩，政治危機，戰亂頻仍的局面，他耗時 15 年，於萬曆四十七年（1619）編成《武備志》，歷時三年於天啟元年（1621）版刻成書。其後，又於崇禎元年（1628）進呈皇帝，崇禎帝授以《武備志》「該博」之名。天啟三年（1623）、崇禎三年（1630），元儀兩次隨孫承宗征遼，督師覺華島。其間天啟五年（1625），以「浮談亂政」〔註1〕之名遭權

〔註1〕〔明〕茅元儀，掌記〔O〕，卷四，《四庫禁燬書叢刊》集部，第 110 冊，北京：北京出版社，1997 年。

臣彈劾，待罪江村。崇禎三年（1630）又遭人誣陷「兵嘩」〔註2〕，得罪戍
閩。崇禎十三年（1640），茅元儀逝於湖州，時年 47 歲，觀其一生多不得志。

1.1.1 茅元儀研究概述

就《武備志》的研究而言，顯然不能將其作為一個孤立的對象來進行考
察，亦不能脫離開作者而存在，對《武備志》作者的研究關係到對其成書時
間、兵學思想等多個問題的研究，因而對《武備志》作者茅元儀的研究十分
必要。

現有的研究成果中，對茅元儀進行研究的著述頗為豐富，從文獻學角
度，對茅元儀著述進行研究的不乏論著，最早的有臺灣學者丁原基的《茅元
儀著作考略》；大陸學者臧嶸的《〈平巢事蹟考〉為茅元儀所著考——兼及茅
元儀著作》，任道斌的《茅元儀生平、著述初探》、《方以智茅元儀著述知見
錄》、《明末學者茅元儀及其橫遭禁燬的著作》。單就茅元儀的事蹟進行研究
的論著則較少，僅有大陸學者何東寶、陳秋實的《茅元儀在定興》。對茅元
儀的生平事蹟及著述進行系統研究的論著，有浙江大學林瓊華的碩士論文
《茅元儀研究》。內蒙古師範大學姜娜的碩士論文《茅元儀與〈武備志〉》、
華中師範大學趙娜的博士論文《茅元儀〈武備志〉研究》、中國社會科學院
歷史系喬娜的碩士論文《茅元儀〈武備志〉探析》等論文，雖非專題研究茅
元儀，但都或多或少地涉及到對茅元儀的研究。

本節當中，將立足於文獻的基礎之上，對茅元儀的家族世系加以考證，
建立茅元儀家族世襲表；並進一步將原始文獻與前學的研究成果相結合，考
察茅元儀的生平著述，考訂茅元儀年表。

1.1.2 茅元儀的親族關係

錢謙益在其《列朝詩集小傳·茅待詔元儀小傳》〔註3〕中，對茅元儀的
家世有所記載，「元儀，字止生，歸安人。鹿門先生坤之孫，繕部國縉之子。」
即茅元儀，浙江湖州歸安縣人，其祖父為鹿門先生茅坤，父為曾任水部郎中

〔註2〕〔明〕茅元儀，三戍叢談〔O〕，卷二，《續修四庫全書》集部，第 1133 冊，
　　　上海：上海古籍出版社，2002 年。

〔註3〕〔明/清〕錢謙益，列朝詩集小傳〔O〕，丁集下，茅待詔元儀，上海：上海古
　　　籍出版社，2008 年，第 591 頁。

的茅國縉（1555～1607）。茅坤（1512～1601），自順甫，號鹿門，嘉靖十七年（1538）進士及第，歷任青陽、丹徒知縣，任間曾發倉賑濟災民，頗有政聲；後遷禮部主事，徙吏部司勛，因見罪於上官，謫爲廣平通判，再遷廣西兵備道僉事，任間以雕剿之法平廣西匪亂，晉爵兩級，遷大名兵備副使，仿古偏廂車法作車營，嘉靖間應胡宗憲之邀，爲幕僚，籌劃防倭事宜，後以忤逆罷官歸鄉里，鄉居近五十載，於萬曆二十九年（1601）辭世。茅坤以文章著於世，與唐順之、歸有光、王愼中，並稱「唐宋派」，曾揀選《唐宋八大家書鈔》。茅坤一生藏書宏富，建白華樓以藏書，後爲茅元儀編成《白華樓書目》。

明清文獻中對於茅坤的記述頗多，有《明史・卷二百八十七・列傳第一百七十五・文苑三・茅坤》〔註4〕，茅國縉《先府君行實》〔註5〕，朱賡《鹿門茅公墓誌銘》〔註6〕，屠隆《鹿門茅公行狀》〔註7〕等，本節中僅引述一段相對生僻的資料來對茅坤生平事蹟作一說明，周鉦所輯《明朝百家小傳》有「茅鹿門傳」一篇：

> 茅鹿門傳　嘉靖戊戌科茅坤，字順甫，號鹿門，浙之歸安人。姿神韶美，性警穎，日誦千言。爲諸生時，即有馳騁千古之思，抱卷吾伊，盡丙夜不少輟。甲午舉於鄉，又三年成進士，會世宗崇時，祠執政羅天下文士，撰清詞供祝釐意，屬公。公曰：吾何能辱三寸管，作宰相私人耶！執政銜之。謁選得青陽令，丁父艱，補丹徒令，多善政，其救荒策，大略似富鄭公趙閱到，而勞悴過之。召爲儀部郎，徙司勛，與當事不合，謫廣平判。公牢騷不平，盡發於文章，沉鬱頓挫，若河津巨梁，觸石而走萬里，於是學日富，而文乃益工。無何召還，以儀部會憲廣西，廣西府江部稱最險，搖撞錯居，古田鬼子等寨鷙甚，驃陽朔，殺其令。公以雕剿法，連破一十七寨，斬五百五十人。捷聞，天子晉公爵二級，事詳王司寇《陽朔紀事》中。

〔註4〕〔清〕張廷玉等，明史〔O〕，卷二百八十七・列傳第一百七十五・文苑三・茅坤，北京：中華書局，1974年。
〔註5〕〔明〕茅國縉，先府君行實〔O〕，收錄在張大芝、張夢新校點，茅坤集〔O〕，杭州：浙江古籍出版社，1993年，第1374～1381頁。
〔註6〕〔明〕朱賡，茅鹿門公墓誌銘〔O〕，收錄在張大芝、張夢新校點，茅坤集〔O〕，杭州：浙江古籍出版社，1993年，第1347頁。
〔註7〕〔明〕屠隆，鹿門茅公行狀〔O〕，收錄在張大芝、張夢新校點，茅坤集〔O〕，杭州：浙江古籍出版社，1993年，第1357頁。

> 癸丑遷大明（名）兵備，仿古偏廂軍法，作車五百輛禦寇，恭者齟
> 吾公，竟諷摭細事，奪官歸。捷遅苕霅上，垂五十年，於書無不讀，
> 為文嗜班馬歐蘇，不爭奇於字句間。所著白華樓稿，玉芝山房稿，
> 耆年稿，雄渾灝博，真古令鉅麗之觀也。子國縉，御史改水部郎。
> 〔註 8〕

值得注意的是，上文「茅鹿門傳」的最後，僅提及茅坤次子茅國縉，其原因
主要是由於茅坤其他諸子皆不曾入仕。

而明清文獻中對於茅國縉的相關記載，主要見於茅元儀《先考工部都水
司郎中二岑府君行實》〔註 9〕、朱長春《工部都水司郎中茅薦卿墓表》〔註 10〕、
李維楨《工部郎中茅國縉傳》〔註 11〕，「茅坤有四子，長子茅翁積，次子茅
國縉，三子茅國綏，四子茅維」〔註 12〕，茅國縉，字薦卿，號二岑，以萬曆
十一年（1583）進士授章丘縣令，在任七年間，積極推行張居正「一條鞭」
法，後萬曆二十年（1592）於御史任上，再謫章丘令，萬曆三十五年（1606），
在金陵補南都水部郎中，主理夏鎮水患，年五十三乃卒於任上。得益於茅坤
的教導，茅國縉好治史，又嘗論時政，上疏諷諫時弊，獻富國策；交遊廣泛，
嘗與張鶴鳴、曹學佺結社「刪史」，茅元儀待罪福建之時，正是受到了這位
父親老友的關照。茅坤四子茅維，頗有才名，以詩文、雜劇著。茅坤有一女
嫁於董份之子，董份萬曆年間曾官至禮部尚書，見於茅元儀《過故大宗伯董
公珠履館》〔註 13〕。

茅國縉育有四子：元你、元璘（庶出，亡於萬曆二十八年 1600，時年
九歲）、元儀、元玠，其中元你、元璘早逝，唯餘元儀元玠，此二人皆為茅
國縉所續弦丁氏所生。元玠，即茅映，字遠士，嘗作《詞的》四卷，輯評唐
宋詞，兼錄元明詞。亦曾重新批點刊印《牡丹亭》，作《題牡丹亭記序》，茅

〔註 8〕 〔明〕周鉦，明朝百家小傳〔O〕，上卷，嘉靖朝，茅鹿門，北京大學館藏善
　　　　本叢刊。
〔註 9〕 〔明〕茅元儀，石民四十集〔O〕，卷三十六、三十七，《四庫禁燬書叢刊》集
　　　　部，第 109 冊，北京：北京出版社，1997 年。
〔註 10〕 〔明〕朱長春，朱太復乙集〔O〕，文卷二十五，《四庫禁燬書叢刊》集部，第
　　　　83 冊，北京：北京出版社，1997 年。
〔註 11〕 〔明〕李維楨，工部郎中茅公國縉傳〔O〕，收錄在焦竑撰，國朝獻徵錄〔M〕，
　　　　卷五十一，萬曆末曼山館刻本，《續修四庫全書》史部，第 101 冊，1996 年。
〔註 12〕 林瓊華，茅元儀研究〔D〕，浙江大學，2008 年。
〔註 13〕 〔明〕茅元儀，石民橫塘集〔O〕，卷七，《四庫禁燬書叢刊》集部，第 110
　　　　冊，北京：北京出版社，1997 年。

元儀亦爲之作序。國縉有一女嫁於董份孫董嗣暭，董嗣暭，字幼函，爲董份孫，此女長於元儀，見於茅元儀《亡姐董節婦茅碩人行狀》〔註14〕、《女兄節於董者，拊於梅溪之阡，執紼七日，日賦一絕以侑哭》七首〔註15〕。董嗣暭弟董斯張（1586～1628），兩人並非同一母親，董斯張爲茅元儀姑母所生，爲茅坤外孫，茅元儀姑表兄，嘗與茅元儀交遊。

茅元儀從祖兄茅瑞徵，字符儀，號伯符，萬曆二十九年（1601）進士，曾官至南京光祿寺卿，著有《皇明象胥錄》、《萬曆三大征》等，《（光緒）歸安縣志》有傳。他與茅元儀關係見茅元儀《寄彥先家兄，時爲留京光祿》〔註16〕、《光祿勗伯符兄同群從醉含德堂牡丹，分得人字》〔註17〕。茅元儀舅表弟丁介夫〔註18〕，丁九生，從兄弟茅聲元，茅稚攻〔註19〕。

茅元儀幼時即婚配沈氏，後於萬曆三十九年（1611），於杭州納陶楚生爲妾，後納江都名妓楊宛爲妾，錢謙益稱其與柳如是、王微爲「三美」。其後又有侍姬數人，如碧耐、新綠、燕雪、少緒、燕如、非陵、湘蓮、王微等，其中以碧耐、新綠爲其所重，王微亦爲江都名妓，與楊婉爲女兄弟，先從茅元儀，後歸許譽卿。茅元儀有女子數人，然多不育，有子茅登〔註20〕，女茅鹿〔註21〕、茅鼎〔註22〕。茅元儀族孫茅應奎，嘗稱茅元儀有侍姬凡八十人。

〔註14〕 〔明〕茅元儀，石民四十集〔O〕，卷三十五，《四庫禁燬書叢刊》集部，第109冊，北京：北京出版社，1997年。

〔註15〕 〔明〕茅元儀，石民橫塘集〔O〕，卷七，《四庫禁燬書叢刊》集部，第110冊，北京：北京出版社，1997年。

〔註16〕 〔明〕茅元儀，石民渝水集〔O〕，卷四，《四庫禁燬書叢刊》集部，第110冊，北京：北京出版社，1997年。

〔註17〕 〔明〕茅元儀，石民橫塘集〔O〕，卷九，《四庫禁燬書叢刊》集部，第110冊，北京：北京出版社，1997年。

〔註18〕 〔明〕茅元儀，石民江村集〔O〕，卷十九，丁介夫表弟送至江干酬別，《四庫禁燬書叢刊》集部，第70冊，北京：北京出版社，1997年。

〔註19〕 〔明〕茅元儀，石民橫塘集〔O〕，卷九，群從聲元稚攻、中表介夫，九生偶集世殊堂，《四庫禁燬書叢刊》集部，第110冊，北京：北京出版社，1997年。

〔註20〕 〔明〕茅元儀，石民橫塘集〔O〕，卷八，示登兒，《四庫禁燬書叢刊》集部，第110冊，北京：北京出版社，1997年。

〔註21〕 〔明〕茅元儀，石民江村集〔O〕，卷十，殤鹿兒，《四庫禁燬書叢刊》集部，第70冊，北京：北京出版社，1997年。

〔註22〕 〔明〕茅元儀，石民橫塘集〔O〕，卷一，生女鼎，《四庫禁燬書叢刊》集部，第110冊，北京：北京出版社，1997年。

圖1 茅元儀的親緣關係

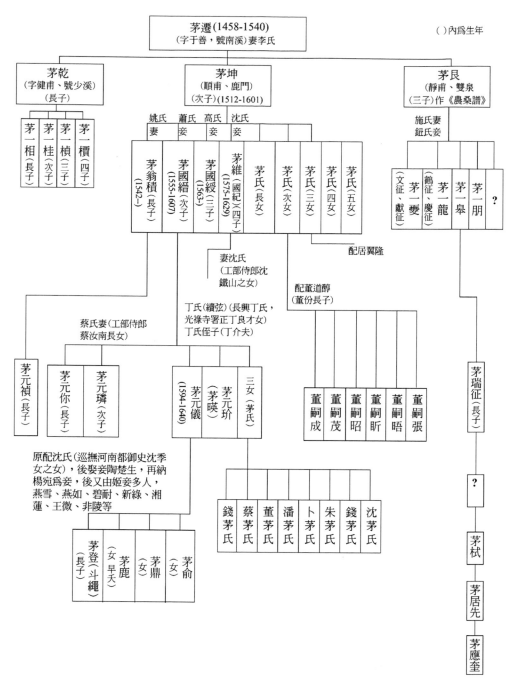

　　據文獻記載，并結合張夢新《茅坤年譜》〔註 23〕、林瓊華《茅元儀研究》、趙紅娟《明清湖州董氏文學世家研究》〔註 24〕、龔肇智《明清兩代的湖州望族——花林茅氏》〔註 25〕等前人研究成果，作茅元儀家族關係圖，詳究茅元儀的親緣關係，進而釐清茅元儀之家學淵源，以及其之所以能夠編纂龐搜博引編纂出卷帙浩繁的《武備志》的原因。結合上文的論述，以及茅元儀親族關係圖，可知茅元儀親族當中，多官宦士紳飽學之士，尤以其祖父茅坤爲甚，白華樓藏書宏富，爲《武備志》的編纂提供了資料來源。

1.1.3　茅元儀的生平事蹟

　　文獻中對於茅元儀生平的記述較爲鮮見，主要有明人錢謙益在《列朝詩集小傳》中所錄「茅待詔元儀傳」〔註 26〕，曰：

　　　　元儀，字止生，歸安人。鹿門先生坤之孫，繕部國縉之子。少爲孤童，雄傑異常耳。年十歲，吳興大祲，太守集議賑荒，群公囁嚅莫敢應。止生垂髫奮袖，請盡傾困廩以賑國人。太守歡異曰：魯子敬不是過也。止生好談兵，通知古今用兵方略，及九邊厄塞要害。口陳手畫，歷歷如指掌。東事急，慕古人毀家紓難，慨然欲以有爲。高陽公督師，以書生辟幕僚，與策兵事，皆得要領。嘗出塞相視紅螺山，七日不火食，從者皆無人色，止生自如也。高陽謝事，止生亦罷歸。先帝即位，經進《武備志》，且上言東西夷情，閩粵疆事及兵食富強大計。先帝命待詔翰林。尋又以人言罷。己巳之役，高陽再出視師，半夜一紙，催出東便門，僅隨二十四騎。止生腰刀匹馬以從。四城既復，牘授副總兵，治舟師，略東江。旋以兵嘩下獄，戍漳浦。東事益急，再請募死士勤王。權臣惡之，勒還不許，早夜呼憤，縱酒而卒。止生自負經奇，恃氣凌人，語多誇大。能知之者，

〔註 23〕張夢新，茅坤年譜〔J〕，中國文學研究（輯刊），2000（01）：294～339。

〔註 24〕趙紅娟，明清湖州董氏文學世家研究〔M〕，北京：中國社會科學出版社，2011年。

〔註 25〕龔肇智，1934 年生於浙江嘉興馬庫匯，華東師範大學歷史系畢業，生平致力於嘉興、湖州兩地明清望族研究，已出版《嘉興明清望族疏證》全三冊（方志出版社，2011 年），目前研究湖州望族，尚未出版，故該文獻來源於其新浪博客：http://blog.sina.com.cn/s/blog_9f3e22020102ve34.html

〔註 26〕〔明/清〕錢謙益，列朝詩集小傳〔O〕，丁集下，茅待詔元儀，上海：上海古籍出版社，2008 年，第 591～592 頁。

惟高陽與余。而止生目中亦無餘子。世所推名流正人，深衷厚貌，
修飾邊幅，眼光如豆，寧足與論天下士哉！止生爲詩文，才氣蜂湧，
搖筆數千言，倚待立就。而其大志之所存者，則在乎籌進取，論匡
復，畫地聚米，決策制勝。集中連篇累牘，灑江傾海，皆是物也。
今既已化爲飛煙，蕩爲冷風矣。顧欲刺取一二有韻之言，簸揚而藻
飾之，是豈止生之所以自命，而亦豈余之所以知止生者哉！

此文多所述茅元儀重要的生平經歷，少年時，曾發倉廩以賑吳興飢饉；天啓
年間，進呈《武備志》，獲「該博」之名，委以待詔；青年時代曾隨高陽公孫
承宗兩次征遼，一次勤王的經歷；並以兵嘩遭彈劾，三次戍閩的遭遇。

又有錢謙益《牧齋初學集》卷十七所錄《移居詩集》（起庚辰三月，盡十
月）「茅止生挽詞十首」〔註27〕，云：

東便門開匹馬東，橫穿奴虜護元戎。

憑君莫話修文事，掣電拿雲從此翁。

其二

《武備》新編奏玉除，牙籤乙夜不曾虛。

文華後殿屏風裏，綈幾依然進御書。

其三

一麾萬石虨髦時，指困英風更讓誰？

若使江東無伯業，也應魯肅是狂兒。

其四

千貔貅擁一書生，小袖雲藍結隊行。

鞍馬少休歌舞歇，西玄青鳥恰相迎。

其五

一番下吏一勤王，抵死終然足不僵。

落得奴酋也乾笑，中華有此白癡郎。

其六

閱江樓畔水蒼茫，誰并英魂覽大荒？

溫嶠謝玄應執手，與君只合鬥身強。

〔註27〕〔明／清〕錢謙益著，錢曾箋注，錢仲聯標校，牧齋初學集〔O〕，卷十七，
移居詩集，茅止生挽詞十首，上海：上海古籍出版社，2009年。

其七

四海交遊汗漫雲，面啼目笑正紛紛。

惟餘百口孫賓石，北海亭前又哭君。

其八

明月西園客散時，錢刀意氣總堪悲。

白頭寂寞文君在，淚濕芙蓉製誄詞。

其九

豐頤巨顙稱三公，鴨步鵝行亦富翁。

田宅雕殘皮骨盡，廿年來只爲遼東。

其十

家祭叮嚀匡復勛，放翁死後又悲君。

過車腹痛他年約，長白山頭酹暮雲。

言茅元儀生平所歷，其一言勤王之事，即元儀率二十四騎出東便門，護送孫承宗北上山海關之事；其二言進呈《武備志》之事，即崇禎元年（1628），茅元儀奉崇禎帝之命，進呈《武備志》，得「該博」之名；其三言發家廩賑災之事，即萬曆三十六年（1608），吳興大荒，時年十五歲的茅元儀，發自家倉廩，以賑濟災民；其四言陶楚生之事，萬曆三十九年（1611），茅元儀於杭州娶陶楚生爲妾，兩年後的萬曆四十一年（1613），陶楚生即卒，時人附會其爲西玄洞主〔註28〕；其五言兩次征遼之事，天啓三年（1523）五月，茅元儀奉孫承宗召，北上山海關，是爲第一次征遼，崇禎二年（1529）十一月，茅元儀北上勤王，崇禎三年（1530），以「己巳之功」隨孫承宗二次征遼；其七言茅元儀交遊廣泛；其八言楊宛之事，萬曆四十年（1612）末，茅元儀得江淮名妓楊宛爲妾，其後楊宛一直追隨茅元儀，歷盡沉浮，後兩句即是言至元儀晚年，楊宛一直伴其左右，元儀死後，楊宛作詩悼亡〔註29〕；其九言追攝海運之事，崇禎六年（1633）夏，追攝海運案，盡奪其家財恩祿，茅元儀遂以「又峴」舟爲家，此皆因爲茅元儀征遼之事；其十言茅元儀眼見壯志難酬，復國無望，憂憤而亡。

〔註28〕〔明〕茅元儀，石民四十集〔O〕，卷三十一、三十二，亡姬陶楚生傳，《四庫禁燬書叢刊》集部，北京：北京出版社，1997 年，第 109 冊。

〔註29〕楊婉，江淮名妓，錢謙益稱其與王微、柳如是並稱爲三美。

　　根據梁啓超先生在《中國歷史研究法》中對於人物年譜製作的論述〔註30〕，茅元儀並非關鍵性的歷史人物，因而宜作年表，而非年譜。茅元儀一生著述頗豐，據文獻記載，及林瓊華的《茅元儀研究》、任道斌的《茅元儀生平、著述初探》等相關研究成果，現考訂茅元儀重要生平經歷，及其著述，并作「茅元儀年表」如下：

表 1　茅元儀年表

年號	干支	年份	年齡	事　　蹟	著　　述
萬曆二十二年	甲午	1594	1	秋，八月初四，茅元儀出生	
萬曆二十八年	庚子	1600	7	庶兄茅元璘夭折，年僅九歲	
萬曆二十九年	辛丑	1601	8	從祖父茅坤學經。 冬，茅坤卒，享年九十。 是年，從兄茅瑞徵舉進士。	
萬曆三十二年	甲辰	1604	11	學作制舉文。	
萬曆三十三年	乙巳	1605	12		
萬曆三十四年	丙午	1606	13	夏，在杭州參加童子試。 是年，考試諸生。	
萬曆三十五年	丁未	1607	14	閏六月十三日，父親茅國縉卒。	
萬曆三十六年	戊申	1608	15	吳興大荒，茅元儀賑粟萬擔，遭宗老臣室忌恨。	
萬曆三十七年	己酉	1609	16	是年，讀書孤山快雪堂。 初見陶楚生。	
萬曆三十八年	庚戌	1610	17	是年，讀書金車山（在今湖州德清），開始存錄其所作詩歌。冬，受宗人攻訐，避難至金陵。	
萬曆三十九年	辛亥	1611	18	正月十一日，母親丁氏親往杭州，為元儀、楚生主婚。七月二十一日，離開歸安。金陵度中秋後，北上京城參加秋闈。	
萬曆四十年	壬子	1612	19	歲末，初見楊宛。不久後，楊宛即歸茅元儀。	

〔註30〕梁啓超，中國歷史研究法〔M〕，上海：上海人民出版社，2014 年，第 190 頁。

萬曆四十一年	癸丑	1613	20	夏，四月廿七日，陶楚生卒。 夏，開始浪遊西湖。 秋，迎娶楊宛。	
萬曆四十二年	甲寅	1614	21	是年，與費朗共同編刻《尙書文苑》。	《尙書文苑》
萬曆四十三年	乙卯	1615	22	秋，應試秋闈，落第京城。是年，娶燕雪。 是年，選《子丑征變錄》。	《子丑征變錄》
萬曆四十四年	丙辰	1616	23	努爾哈赤自立爲汗，國號「金」，史稱後金，定都赫圖阿拉。年號「天命」。	
萬曆四十五年	丁巳	1617	24	是年，定格爲恪。	
萬曆四十六年	戊午	1618	25	秋，再次落第。是多，《冒言》成。	《冒言》
萬曆四十七年	己未	1619	26	夏，作《四弔詩》，追弔「薩爾滸之戰」陣亡將領杜松、劉挺、喬一琦、潘宗顏。 端午，茅元儀舉辦秦淮大社集，編《秦淮大社集》并作序。 是年，選《己未開先錄》、《己未二十房木鶴》等。	《四弔詩》 《秦淮大社集》 《己未開先錄》 《己未二十房木鶴》等
天啓元年	辛酉	1621	28	初夏，辭家赴京應試。 夏，《武備志》成。 茅元儀《武備志》卷首宋獻《武備志序》：「其爲日凡十五年而畢。志一慮則始於萬曆己未，竟於天啓辛酉。」有李維楨、顧起元、張師繹、郎文煥、宋獻、傅汝舟爲作序，并自序共七篇序文。見《武備志》卷首。 秋，第四次落第。 是年，京城初見鹿善繼，心竊引爲知己。 秋，自京城遊塞外。 多，辭薦南歸，謀劃隱居。	《武備志》
天啓二年	壬戌	1622	29	春，同傅汝舟歸隱鍾山。 春夏，隱於鍾山，屢屢上書葉向高、孫承宗自薦。 是年，舉薦者甚多，朝廷亦頻下徵書。 多，接受南冢宰孫瑋舉薦，在留都料理新營事務。 多，母親丁氏卒。	《上葉福清相公書六》 《上葉福清相公書七》 《上孫高陽相公書二》 《上孫高陽相公書三》 《上孫高陽相公書四》等。

天啓三年	癸亥	1623	30	是年，茅元儀同傅汝舟、馬文治祭奠「河西之役」陣亡將領羅一桂、高廷佐。 五月，赴召入山海關，是為第一次征遼。〔註31〕途經北京，向澳夷炮師學習西洋炮使用方法〔註32〕。 九月，入孫承宗幕。九月八日，隨孫承宗冬巡，所巡營所有前屯、中後所、中右所、覺華島、寧遠、罩笠山、廣寧、錦義等。 秋，再遇鹿善繼於孫承宗幕，遂皆為至交。	
天啓四年	甲子	1624	31	早春，寧遠城竣工。初七，隨孫承宗移鎮寧遠。正月十五日，作《寧遠上元》。 春，大凌河捷，有詩。 春，奉孫承宗命，往江南募戰船。出色完成任務後，以副將督理覺華島水軍。 夏，往海陵（今江蘇泰州），募集沙船。完成任務後，送水師先發。 七夕，自海上還金陵。 秋，自秦淮啓程赴渝關。	《寧遠上元》
天啓五年	乙丑	1625	32	端午節，隨孫承宗東巡寧遠。是日，鹿善繼病重。 九月，發生「柳河之敗」。魏璫借機對孫承宗大加中傷。 十月，孫承宗被罷，茅元儀亦以病離開遼東。 冬，離開渝關時，與鹿善繼道別。 冬，覺華島破。	
天啓六年	丙寅	1626	33	六月，以忤璫罷，削籍為氓。 八月，抵達金陵，結束渝水之役。 第一次征遼期間，作《石民渝水集》六卷。	《石民渝水集》
天啓七年	丁卯	1627	34	八月，熹宗卒。信王朱由檢即位，即思宗。一即位即著手鏟除魏璫，重立朝綱。為眾多遭魏璫陷害官員平反。茅元儀也因此得釋，不再為氓。	

〔註31〕 據〔明〕茅元儀《石民四十集》卷十七《小草草序》所載「始於癸亥五月奉徵書，終於丙寅六月罷歸里」，又有茅元儀《石民渝水集序》言「天啓癸亥奉徵書起家」，再有茅元儀《石民賞心集》所記「年三十赴召渝水」。

〔註32〕 〔明〕茅元儀，督師紀略〔O〕，卷十二，《北京圖書館藏古籍珍本叢刊》史部，第9冊。

崇禎元年	戊辰	1628	35	春，茅元儀改轍北遊。 春，茅元儀環召入朝，恢復原官職，并詔令進呈《武備志》。 夏，因上《閩賊害甚黔賊疏》而遭到權臣彈劾，以浮譚亂政之名，待罪江村。 夏，作《六月譚》。 冬，作《掌記》六卷。 冬，作《暇老齋雜記》三十二卷。	《六月譚》 《掌記》六卷 《暇老齋雜記》三十二卷
崇禎二年	己巳	1629	36	春，作《二十八忠詩》、《三奇詩》，弔念遭魏黨迫害致死的文人士大夫。 夏，孫奇逢過訪江村。 夏，女兒鹿兒夭折，作詩哭之。 夏，鹿善繼升為太常寺少卿，茅元儀有詩賀之。 秋，袁崇煥計殺島帥毛文龍，舉朝震驚。茅元儀作《聞督師戮東帥》。 秋，作《十五風》，歷數詩歌發展源流，是茅元儀論詩的重要文獻。 九月九日，與孫奇逢、鹿化麟、杜集美登容城永寧寺臺、謁元代詩人劉因墓，并追和劉因《九日九飲》。 十月下旬，皇太極率後金軍繞過錦寧防線，從遼西薊門一帶防線薄弱處突破，直逼京師。朝野震驚，京師戒嚴。茅元儀危難時刻接受託付，保護鹿善繼、孫奇逢、劉善同各家老小南下避難。 十一月，孫承宗再度督師，坐鎮通州。茅元儀二十四騎夜出東便門，一路保護督師，戰功累牘。	《二十八忠詩》 《三奇詩》 《聞督師戮東帥》 《十五風》 《石民江村集》
崇禎三年	庚午	1630	37	因「己巳之役」有功，茅元儀追隨孫承宗再度征遼，領龍舞營事。後遭陷害，以「兵嘩」解兵柄，離開渝關。行至潞河被逮捕入獄。後奉詔譴戍福建漳浦。 三月，恢復副總兵的職位，奉旨領渝關龍舞營事。 四月，因兵嘩被解兵柄，不久後離開渝關。 夏，傅汝舟卒，作詩哭之。次年回到金陵，墓中冢憑弔，并集結刊刻其詩文。 夏，行至潞河被捕，心情激憤，作詩甚多。 被捕期間，作《福堂寺貝餘》。 冬，赴詔戍閩。	《福堂寺貝餘》

崇禎四年	辛未	1631	38	娶妾新綠。新綠隨茅元儀戍閩。六月二十日，自杭州赴閩。秋，抵達福州，寓居於曹學佺浮山堂。秋，初至福州，恰逢唐時罷泉州，多次餞別。八月初四日，元儀初度，曹學佺爲之開社三山荷亭。女兒鼎出生，心情一暢。秋，曹學佺爲元儀作《名王枕骨杯行》，元儀和之。初冬，元儀結束戍閩之役。十月，祖大壽殺副總兵何可綱，降清。冬，自閩歸越。《史昳》完成於此年。戍閩期間，結集《三山逸鄰》并作序。第一次戍閩，作《戍樓閒話》。	《史昳》《三山逸鄰》《戍樓閒話》
崇禎五年	壬申	1632	39	夏，因海運案被追攝，羈棲白萍洲。 夏，作《澄水帛》。 秋，海賊劉香寇福建。農民起義軍陷山西州縣，復南進攻河南，圍懷慶。國勢危如累卵，元儀雖爲閒身，卻時時憂心國事。 冬，作《埋劍》一詩。	《澄水帛》《埋劍》
崇禎六年	癸酉	1633	40	春，譚元禮以兄元春書信示元儀，元儀遂作《剪石歌爲譚友夏賦》（有序）。 仲夏，作《白門感懷》二首。 夏，抄西漢十九傳示子登。 夏，力遊金陵，忽有追攝之事，盡沒其家財恩祿，遂以「又峴」舟爲家，流落江南。 夏，始作《天上坐》。 夏，又以又峴」舟爲家，居無定所。晚泊三山門、燕子磯，簡文稿，遇風泊傘山，跌宕落魄。 八月初一日，作《癸酉八月朔日》，哀歎自己文事、軍攻俱無，唯贏得老病一身。 是年，刊刻四十歲前所著詩文三百卷行世。	《剪石歌爲譚友夏賦》《白門感懷》《天上坐》《癸酉八月朔日》《石民四十集》三百卷：詩五十二卷，文一百四十八卷，《青光》十卷，《青油史漫》二卷，《六月譚》十卷，《掌記》六卷，《督師紀略》十三卷，《暇老齋雜記》三十二卷，《福堂寺貝餘》五卷，《戍樓閒話》四卷，《澄水帛》十三卷，《藝活甲編》五卷
崇禎七年	甲戌	1634	41	正月，獲旨赦罪，得以重回戍所。元儀感慨有作。	
崇禎九年	丙子	1636	43	是年，清建年號崇德元年。 是年，鹿善繼殉城而死，享年六十三。	

| 崇禎十一年 | 戊寅 | 1638 | 45 | 是年，茅元儀以勤王罷歸，北上殯葬鹿善繼。
是年，清軍攻入保定，孫承宗殉國。 | |
| 崇禎十三年 | 庚辰 | 1640 | 47 | 茅元儀去世。 | |

　　在上文茅元儀年表當中，值得注意的一點是，任道斌在其《茅元儀生平、著述初探》一文中言茅元儀受孫承宗之邀，「於天啟三年辭墓應召北上。在北京，他虛心向李之藻及入華耶穌會士學習西洋炮使用法。」〔註33〕注曰「《石民渝水集》卷一《奉命赴孫相國軍中》」〔註34〕，然不知是何原因，此一注釋存在很大問題，筆者考《石民渝水集》卷一《奉命赴孫相國軍中》二首並沒有言及茅元儀結交李之藻和傳教士之事，反而在《督師紀略》卷十二當中，有：

> 　　寧遠之捷，公雖去國，而城池道將兵馬器械，皆公料理。其殲
> 虜也以西洋砲，而亦公所遺。先是太僕少卿李之藻以西洋砲可用，
> 請調澳夷教習，上從之，以數萬金調澳夷垂至，而之藻以拾遺去矣。
> 茅元儀被召來，之藻遇而屬之，元儀至長安，澳夷已至，而其主調
> 將張燾畏關不欲往，遂得旨練習於京營，元儀親叩夷，得其法。至
> 關請公調之關，公檄去而夷人以陛辭賜宴去。乃調京營所習者彭簪
> 古於關而卒，不能用。元儀曰：用洋砲必用其砲車。乃如式為之，
> 欲載以取蓋，及不果，乃置於寧遠。元儀從公歸，滿桂泣曰：公等
> 去矣，我獨留此，虜知撤兵必來，公何以教我？元儀曰：向遺洋砲
> 於寧遠，是天以佐公守也。桂以不能放，元儀乃以所造車試之，平
> 發十五里。桂大喜，遂製十車，桂欲用於城外，恐震以圮城也。元
> 儀曰：不然，是可用於舟而不可用於城乎！後崇煥用於城，遂一炮
> 殲虜數百。及論功，忠賢不欲及去位者，竟止改吏部尚書，蔭一子
> 錦衣千戶，亦允其辭，而崇煥亦暫用，而旋逐之幾死，元儀為梁夢
> 環所連斃，其奴以崇煥欲用之遂削籍。〔註35〕

根據這段記述，可知茅元儀是先於途中見到罷歸的李之藻，又於北京見澳夷炮師，向其學習操炮之法（紅夷大炮）。且這些澳夷是重金聘來教習火炮打放

〔註33〕任道斌，茅元儀生平、著述初探〔J〕，明史研究論叢，1985（00）：239～264。
〔註34〕任道斌，茅元儀生平、著述初探〔J〕，明史研究論叢，1985（00）：239～264。
〔註35〕〔明〕茅元儀，督師紀略〔O〕，卷十二，《北京圖書館藏古籍珍本叢刊》史部，
　　　　第9冊。

技術的炮師，而並非耶穌會傳教士。又有茅元儀於萬曆四十七年（1619），給徐光啓所去書信，言：

> 歲乙巳，元儀年十二，時從先水部客長安，喜向西人利西泰聞所未聞。時先生已爲庶常，每布衣徒步晤於邸舍，講究精密，承問沖虛，心竊異而識之。〔註36〕

可知茅元儀幼年時代曾隨茅國縉客居北京，嘗和徐光啓從耶穌會士利瑪竇討教學問，然此時茅元儀所聞皆爲西方天文學和數學，且此時紅夷火炮也尚未傳入中國。任道斌先生此段論述不知從何而來，稍感訝異。（此處當有另一個探討，與黃一農先生之商榷，天啓年間雇葡人教習紅夷炮一事，似值得商榷）

1.2 《武備志》的成書時代

1.2.1 成書時間的爭論

對於《武備志》的成書時間，學界存在兩種不同的看法。其中主流觀點認爲《武備志》成書於天啓元年（1621）夏，認同這一觀點的有任道斌先生「二十六歲起，開始整理多年的讀書心得，歷時三載，至天啓元年（1621），即二十八歲時，撰成一百八十萬言的巨著《武備志》」、林瓊華「天啓元年辛酉（1621），二十八歲，夏，《武備志》成」等，這一觀點的來源皆是由《武備志》卷首宋獻、李維楨等人所作序言，以及茅元儀自序，如宋獻《武備志序》言「其爲日凡十五年而畢志一慮則始於萬曆己未，竟於天啓辛酉。」〔註37〕另一種觀點則認爲《武備志》成書於萬曆四十七年（1619），此種觀點僅喬娜在《茅元儀〈武備志〉探析》一文中所持，言「《武備志》初成於萬曆四十八年，成書年限爲十五年，刊刻用時三年」，此一論斷的依據是茅元儀《辭召用疏》「見東事起，群臣莫究兵法，盡輯平生私學，以爲《武備志》二百四十卷」〔註38〕，以及茅元儀與時人的信件往來，如《與徐玄扈贊善書一》「儀

〔註36〕〔明〕茅元儀，石民四十集〔O〕，卷六十九，與徐玄扈贊善書一（己未），《四庫禁燬書叢刊》集部，第 109 冊，北京：北京出版社，1997 年。

〔註37〕〔明〕茅元儀撰，鵜飼石齋訓點，武備志〔O〕，卷首宋獻作武備志序，大阪：賭春堂，寬政四年（1792）重修本。

〔註38〕〔明〕茅元儀，石民四十集〔O〕，卷一，辭召用疏，《四庫禁燬書叢刊》集部，第 109 冊，北京：北京出版社，1997 年。

十五年講求，著《武備志》一書，亦庶其周折也，若夫精微，非言所傳矣，敬以其序呈覽，不知可進而教之否？」〔註39〕又如《三與顧九疇庶常書》「弟有《武備志》一書，積之十五年矣，而成之於兩歲之內，今刻，已垂竟，未得資斧，尚未竣役印行，以其序稿呈覽。」〔註40〕等，此書信皆爲萬曆四十七年（1619）己未所作，因而成書時間當在萬曆四十七年（1619）；再有天啓元年「六月間，南中郵便奉短書及所刻《武備志》，而旌旆已西，其書想尚在浮沉間也，不肖鎩羽長安，至嚴冬，始回墨車」〔註41〕，是爲天啓元年所作，即天啓元年（1621）六月，《武備志》已刊刻完成。筆者須糾正一下，萬曆皇帝（1572～1620），萬曆四十八年（1620）即泰昌元年（1620），喬娜言刊刻《武備志》用時三年，如若成書於萬曆四十八年（1620），這樣從刊刻到付梓，即爲 1620～1621 年，刊刻用時三年的論斷便不成立，因而此處喬娜言《武備志》初成於萬曆四十八年（1620），當爲誤寫，應爲萬曆四十七年（1619），較爲妥當。筆者較爲認同喬娜之言，《武備志》當撰成於萬曆四十七年（1619），刊行於天啓元年（1621）夏。

1.2.2 成書的時代背景

　　《武備志》撰成於萬曆四十七年（1619），刊行於天啓元年（1621）。茅元儀在《暇老齋雜記》言「余盡出十五年所匯輯兵家之言，付之刪削，名曰《武備志》」〔註42〕，又有茅元儀在萬曆四十七年己未（1619）書信中言，「弟有《武備志》一書，積之十五年矣，而成之於兩歲之內」〔註43〕，可知《武備志》編纂時間當在萬曆四十六年（1618）到萬曆四十七年（1619）間，在這一時期，明朝在遼東正遭遇了來自後金的入侵。

　　16 世紀後半期，努爾哈赤統一了北方的女眞部落，建立起滿洲政權，依

〔註39〕〔明〕茅元儀，石民四十集〔O〕，卷六十九，與徐玄扈贊善書一（己未），《四庫禁燬書叢刊》集部，第 109 冊，北京：北京出版社，1997 年。

〔註40〕〔明〕茅元儀，蓳謀，卷三，三與顧九疇庶常書（己未），《四庫禁燬書叢刊補編》第 73 冊，石民未出集，北京：北京出版社，2005 年。

〔註41〕〔明〕茅元儀，石民四十集〔O〕，卷八十二，寄唐存憶中丞書五（辛酉），《四庫禁燬書叢刊》集部，第 109 冊，北京：北京出版社，1997 年。

〔註42〕〔明〕茅元儀，暇老齋雜記〔O〕，卷二，《四庫禁燬書叢刊》子部，第 29 冊，北京：北京出版社，1997 年。

〔註43〕〔明〕茅元儀，蓳謀，卷三，三與顧九疇庶常書（己未），《四庫禁燬書叢刊補編》第 73 冊，石民未出集，北京：北京出版社，2005 年。

託與明朝在北方邊境的毛皮貿易，積累起財富，并從大明和朝鮮購入農具，積極發展農業生產。萬曆三十六年（1608），明廷內部深陷黨爭泥潭，李成梁亦遭彈劾，努爾哈赤與明朝的貿易受阻，經濟基礎遭到重創，努爾哈赤決定與明廷對抗。1616年，努爾哈赤在遼陽自立為汗，建立後金政權。1618年，努爾哈赤發布「七大恨」，正式與明朝斷交，開始攻打撫順，並於次年大敗明軍和其朝鮮援軍，是為薩爾滸之役。

茅元儀在《辭召用疏》中言「見東事起，群臣算究兵法，盡輯平生私學，以為《武備志》二百四十卷」，又在《報馮煦水侍郎書》中言「東事急，天下之言兵者猥如也，而皆無原本」〔註44〕，表明明廷與後金在遼東的戰爭，正是茅元儀編纂《武備志》最為直接的時代背景。

事實上，明廷在萬曆末年，面臨的危機遠不止此。自1592年至1598年，豐臣秀吉兩次進攻朝鮮，1596（萬曆二十四）～1598（萬曆二十六）年，明廷派軍支持朝鮮，在朝鮮戰場上明廷投入過量資金，導致國庫空虛，為彌補財政困難，急需尋找新的資金來源；自萬曆二十四年（1596）至萬曆四十八年（泰昌元年1620）萬曆皇帝駕崩，為增加內廷收入，萬曆帝派遣宦官到各地開採銀礦，在民間大肆掠奪，是為持續二十多年「礦稅之禍」；與「礦稅之禍」相始終的便是圍繞宦官和東林黨人之間的權利爭奪，「礦稅之禍」，內廷的貪暴自然引發了外朝的抵抗，自萬曆中期起，明政權陷於黨爭的泥潭，持續了將近二十年，然而事情遠不止此，明朝內閣與東林黨人之間權利爭奪，也在明朝的中央和地方官吏之間展開，上文中提及的明廷與後金在遼東的戰役，其觸發點李成梁被彈劾事件，便是黨爭的後果；而至嘉靖中後期，明代衛所制度賴以存在的基礎，屯田制日益瓦解，土地兼併日甚；薩爾滸之役後，明廷為應對遼東戰事，萬曆帝在1619年和1620年，連續兩次加征遼餉四百萬兩和五百萬兩，軍屯制度毀損，使得明廷只能將這一沉重的賦役轉嫁到平民身上。

1.2.3　屯田制崩潰與軍費激增

茅元儀在《掌記》當中有一段對明末軍費激增的描述，其意在描述萬曆末年至天啓年間，明廷國庫所支出軍費上升的原因，在於明末軍屯的毀損，

〔註44〕〔明〕茅元儀，石民四十集〔O〕，卷七十三，報馮煦水侍御書一（壬戌），《四庫禁燬書叢刊》集部，第109冊，北京：北京出版社，1997年。

即屯田制的瓦解。

　　今上注意邊儲言路，言年例銀近日比皇祖時且加百萬，因令通查。然戶部覆疏亦遂茫然，蓋故牒當亦忙昧矣，王世貞《鳳洲雜編》載嘉靖間奏疏甚詳，復爲拈出俟戶部查近歲事，明欲爲核實作一本末，近事多潦草，恐未得遂志，聊且記於此，《鳳洲雜編》云，查邊錢糧原額二項，民糧出自各省起運，屯糧出自衛軍，國初三分守城，七分屯種，歲入之後利尤無窮，至如馬芻亦止給採青收放，所以其時。隨在各足邊糧嘗勾防秋數支用，直至正德末年，通計各邊年例，猶止銀四十三萬，內宣府十萬兩，大同五萬兩，遼東十五萬，延綏三萬兩，寧夏四萬兩，甘肅六萬兩。今本部歲派，山西等布政司、直隸河間等府，起運宣府糧料五十四萬七千五百二十五石，布一十八萬九千六百一十八匹，棉花絨三萬七千五百斤，馬草七十萬束，大同糧料三十八萬七千四百七十五石，布一十八萬三千五百匹，棉花絨八萬斤，馬草二百四十四萬八千五百五十束二分八釐。山西寧武關糧料九萬七千石，馬草一百一十萬束，遼東麥米折布三十二萬石，棉花絨鈔一百九十三萬二千三百四十五斤錠，馬草二十二萬三千五百六十三束，銀一萬七千三百九十七兩四錢二分一釐。固原糧料二十二萬五千四百四十九石九斗，馬草二十八萬三千二百三十六束。延綏糧料三十二萬一千二百八十五石九斗九升，馬草五十五萬二千八十六束，布四萬匹。寧夏糧料一十四萬三千八百五石四斗，馬草一十六萬一千二百四十束，甘肅糧料二十一萬七千八百八十一石四斗。薊州糧料三萬五千一百八十八石，麥折布一萬二千二百七十一匹，馬草一百萬束。昌平糧料布花準米麥一十三萬一千五百七十五石二斗，馬草八十五萬六千一百束。密雲糧料一十三萬八千六百二十石。易州糧料三十一萬六千三百八十八石，棉花布五萬一千六百八十八匹，棉花絨二萬四千九百七十斤八兩，馬草一十一萬七百束。屯田原額宣府屯軍八千六百七名，屯地四千三百三頃五十畝，各色籽粒二十五萬四千三百四十四石三斗一升。大同屯軍一萬六千七百名，屯地一萬五千八百三十頃，各色籽粒五十一萬三千九百四石五斗五升。山西屯軍九千四百九十名，屯地六千一百一十

二頃一十畝，各色籽粒二十五萬七千七百四十六石五斗五升。遼東屯軍四萬五千四百五名，屯地二萬五千三百七十八頃二十八畝，額糧七十一萬六千一百七十石，以後歲徵四十五萬四千石，固原延綏二鎮屯軍舍人二萬六千七百三十八名，屯地二萬六千一百一十八頃二十一畝，各色籽粒三十六萬五千一百四十石五斗四升六合。寧夏屯軍一萬一千一名，屯地五千五百二十七頃九十二畝五分，各色籽粒三十二萬二千七百二十二石二斗七升九合四勺。甘肅屯軍二萬三千八十三名，屯地一萬一千六百九十一頃五十畝，各色籽粒六十萬三千一百八十八石四斗二升五合。薊州屯軍五千八百七十五名，屯地二千八百二十八頃五十一畝，細糧六萬八千五百六十七石五斗九升。十數年並無一處通關奏繳，而宣大延綏屯廢尤甚，嘉靖二十八年一年，延綏一鎮發銀至二十九萬一千四百七十七兩，加以宣府銀八萬兩，大同二十二萬四千二百五十三兩，山西廣武等站一十六萬八千九百九十四兩，遼東十五萬兩，薊州三萬兩，固原五萬八千八百二十兩，寧夏四萬兩，甘肅六萬兩，謂之年例。宣府一十一萬五千六百四十四兩，大同五萬四千五百兩，山西五萬八千七百四十三兩，遼東四萬一千一百五十四兩，固原三萬兩，寧夏八萬七千九百九十九兩，甘肅一十萬二千一百五十兩，謂之補不敷。大同六萬三千二百六十九兩，遼東三萬二千二百兩，甘肅二萬兩，謂之募兵糧。宣府四萬，大同七萬兩，謂之預備。宣大三十四萬四千五百八十四兩，大同二十六萬兩，山西七萬兩，密雲易州昌平十八萬四千兩，寧夏二萬兩，謂之防秋。宣大四十萬八千四十六兩，謂之修邊。京營宣大等處七萬二千五百二十一兩，謂之賞賜。〔註45〕

下面將通過幾個圖表呈現上文的內容，并通過對比正德末年與嘉靖二十八（1548）年明中央對各邊軍費的支出狀況，進一步說明，屯田制瓦解對於明末軍事、經濟、財政狀況的影響。

　　圖2為正德末年各邊年例圖，圖3為嘉靖二十八年（1548）各邊年例圖，圖4為各邊年例總和柱狀圖，由圖4可知，嘉靖二十八年（1548）由明中央

〔註45〕〔明〕茅元儀，掌記〔O〕，卷四，《四庫禁燬書叢刊》集部，第110冊，北京：北京出版社，1997年。

支出的軍費年例約為正德末年的 6.5 倍，國庫支出的軍費年例增加了 260 多萬兩。圖 5 則分別比較了各邊鎮軍費年例增長的狀況，從圖 5 可以看出，宣府、大同、延綏三邊軍費增長比率最高，山西、固原、薊州三邊則為新增邊鎮。由圖 4 和圖 5 都可以明顯看到，嘉靖二十八（1548）年較正德年間，由明中央政府支出的軍費年例額度數倍上升，因而不難看出嘉靖中期以後，「十數年並無一處通關奏繳，而宣大延綏屯廢尤甚」，這也正印證了圖 5 宣府、大同、延綏三鎮軍費年例增長最甚的狀況，由於屯田制的瓦解，軍屯和民屯日已荒廢，已然不能滿足各邊鎮的軍費需求，只得由明中央政府來承擔這一部分虧空，這也進一步加深了明朝後期的財政危機。

圖 2　正德末年各邊軍費年例（單位：兩）

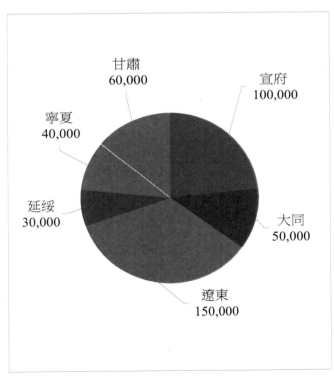

圖 3　嘉靖二十八年各邊軍費年例（單位：兩）

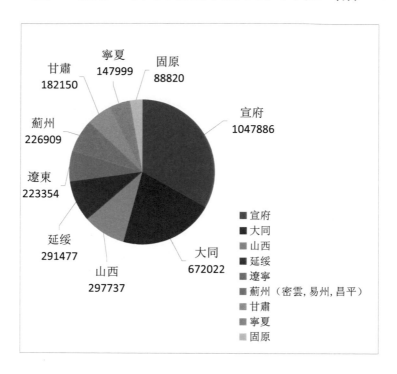

圖 4　軍費年例總額對比（單位：兩）

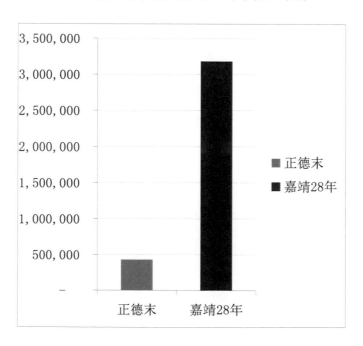

圖5 各邊年例對比圖（單位：兩）

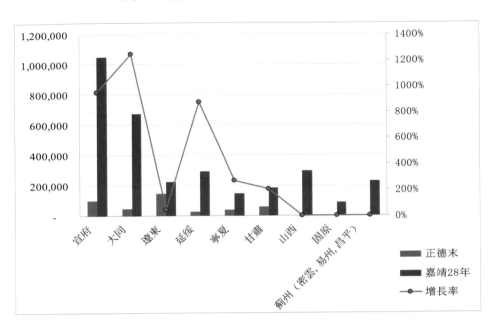

1.3 《武備志》的版本流變

1.3.1 研究概況

對於《武備志》版本流變狀況進行研究的著述頗爲豐富，有許保林的《〈武備志〉版本考略》，王麗華的《〈武備志〉四種清版述略》，潘銘燊的《美國國會圖書館所藏〈武備志〉在鄭和研究上的價值》，以及喬娜的《茅元儀〈武備志〉探究》等，通過前人的著述，可以明確知悉《武備志》有六個主要版本，分別爲明天啓刻本、明末抄本、蓮溪草堂本、日本寬文本、清道光木活字本、清末刻本。

1.3.2 各版本的比較研究

根據筆者的考察，并結合前人的研究成果，在本節當中將對《武備志》的六個版本進行進一步的比較研究，如下表所示：

表 2 《武備志》版本對照表

版本 對比項		明天啟 刻本	明末抄本	蓮溪草堂 印本	日本寬文 刻本	清道光木 活字本	清末湖南 刻本
館藏信息		國圖藏本	武術研究院 藏本	國圖藏本	北大藏本	北大藏本	南開藏本
刊刻年代		天啟元年 （1621）		清初	寬文四年		
所據版本				天啟本			
版式	序	6 篇序言及 自序，半頁 6 行，行 13 字 ，白口，四周 單邊，無界 行，無魚尾。	僅茅元儀侄 子茅尚望序 ，半頁 5 行， 行 10 字，無 欄線，無版 心，無頁碼。	僅自序，「東 胡」抹去，半 頁 6 行，行 13 字，四周單邊 ，無界行，無 魚尾。	6 篇序言及自 序，半頁 6 行 ，行 13 字， 白口，四周單 邊，無界行， 無魚尾。	僅自序，「東 胡」抹去，半 頁 6 行，行 13 字，白口，四 周單邊，有界 行，單黑魚 尾。	僅自序，「東 胡」改爲「干 戈」，半頁 6 行，行 13 字， 白口，四周雙 邊，有界行， 單黑魚尾。
	版心	有刻工 「秣陵章弼 寫高梁刻」	無抄寫者	有刻工 「秣陵章弼 寫高梁刻」	有刻工 「秣陵章弼 寫高梁刻」	無刻工	無刻工
	正文	半頁 9 行，行 19 字雙行， 白口，四周單 邊，無魚尾。	半頁 9 行，行 19 字，無頁 碼，無欄線， 無版心。	半頁 9 行，行 19 字，小字雙 行，白口，四 周單邊，無魚 尾。	半頁 9 行，行 19 字，小字雙 行，白口，四 周單邊，無魚 尾。	半頁 9 行，行 19 字，小字雙 行，白口，四 周單邊，單黑 魚尾。	半頁 9 行，行 19 字，小字雙 行，白口，四 周雙邊，單黑 魚尾。
違礙與刪改	避諱	無避諱	「寧」爲 「寜」，應非 避諱	無避諱	無避諱	「玄」改爲 「元」 「燁」改爲 「煜」 「弘」改爲 「宏」 「曆」改爲 「歷」 「琰」改爲 「炎」 「寧」改爲 「寍」或「寧」	「玄」改爲 「元」 「燁」改爲 「煜」 「弘」改爲 「宏」 「曆」改爲 「歷」 「琰」改爲 「炎」 「寧」改爲 「寍」或「寧」
	改動	無	無	無	無	無	自序中「東 胡」改爲「干 戈」
	挖除	無	無	無	無	「東胡」「女 直」「夷虜」 「建州毛憐」 「奴兒干夷 人」挖除，卷 228 刪除第 1 至 11 頁內容	「女直」「奴 兒干」「建州 毛憐」等違 礙字句挖除 ，卷 228 刪 除第 1 至 11 頁內容

在上表的版本比較當中，可以看到天啓版、明末抄本、日刊本這三個版本的《武備志》，都不存在避諱、刪削的狀況，而蓮溪草堂本、道光木活字本、清末湖南刻本，則都有避諱和刪削的狀況。這恰恰契合了筆者在本書第5頁緒論當中，談及《武備志》版本研究現狀時的觀點，天啓本、明末抄本、日刊本都應當歸爲天啓版的系統之下，尤其是日刊本，不應當在另外分類。除上述版本之外，當代出版的《四庫全書禁燬書叢刊》本《武備志》〔註46〕，筆者也發現了一處漏頁的狀況，子部第26冊第177頁下半頁所載兩頁中間漏掉一頁，這也導致了四川府戶口賦役計府的不完整。

1.4　《武備志》的結構與內容

1.4.1　卷目結構

《武備志》全書共240卷，爲目184，爲言200餘萬，分爲五大部分，包括兵訣評18卷、戰略考33卷、陣練制41卷、軍資乘55卷、占度載93卷。「兵訣評」重在輯錄兵法理論，「戰略考」重在考述歷代戰略，「陣練制」重在輯錄教陣練兵之法，「軍資乘」重在詳究行軍作戰之軍備保障，「占度載」則詳載行軍作戰之天候地理。《武備志》卷目結構圖如下：

〔註46〕〔明〕茅元儀，武備志〔O〕，卷一百九十九，方輿十一，《四庫禁燬書叢刊》子部，第26冊，北京：北京出版社，1997年。

圖6 《武備志》卷目結構圖

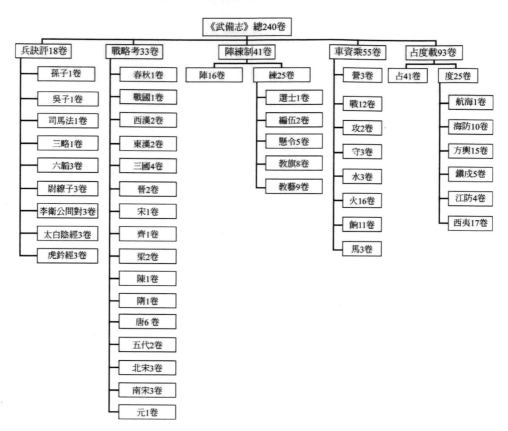

根據圖6《武備志》卷目結構圖，可以將《武備志》中五部分卷目所佔比重作一統計，如下圖 7，可知占度載所佔比重最高約爲 39%，其次爲軍資乘23%，兵訣評所佔比重最小爲 7%，根據卷目比重，軍資乘和占度載當爲《武備志》中最爲重要的兩部分內容。

圖7　《武備志》各部分卷目比重

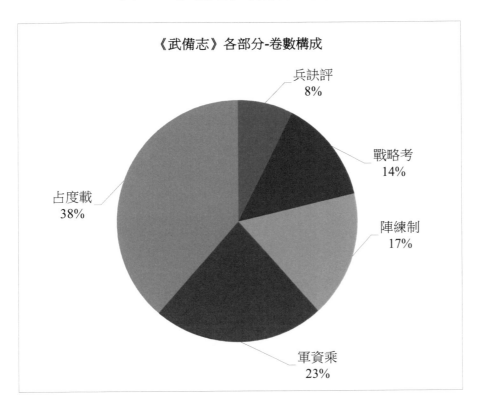

《武備志》各部分-卷數構成

兵訣評
8%

戰略考
14%

陣練制
17%

占度載
38%

軍資乘
23%

1.4.2　「《武備志》總目」的刊印錯誤

宋獻在「武備志序」中有述：

> 防風茅子《武備志》，獻得觀厥成焉，其大凡五，曰兵訣評十
> 八卷，曰戰略考三十一卷，曰陣練制四十一卷，曰軍資乘五十五卷，
> 曰占度載九十六卷，合爲二百四十卷。其析目一百八十有六，其爲
> 言二百萬。〔註47〕

而顧起元所作「武備志序」中言：

> 君乃慨然出其篋中書，以生平之所肄畫者，門分戶列，手自
> 排纘，且與友人傅君遠度輩揚榷，而論次之。自兵訣至占度凡爲部
> 者五，爲目者一百八十有四，爲卷者二百有四十，爲言者二百餘

〔註47〕〔明〕茅元儀撰，鵜飼石齋訓點，武備志〔O〕，卷首，宋獻作武備志序，大
　　　　阪：賭春堂，寬政四年（1792）重修本。

萬……名之曰《武備志》，乃函其目以示余，而屬為之序。〔註48〕
而《武備志》總目卻言，如圖8：

兵訣評，一十八卷；戰略考，三十三卷；陣練制，四十一卷；
軍資乘，五十三卷；占度載，五十三卷。以上五種共二百四十卷。
〔註49〕

圖8　《武備志》總目〔註50〕

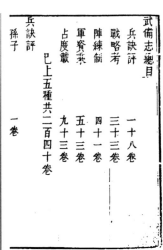

　　值得注意的是宋獻所言《武備志》五部分卷數，分別為兵訣評 18 卷，
戰略考 31 卷，陣練制 41 卷，軍資乘 55 卷，占度載 96 卷，合為 240 卷。筆
者也對照了多個版本中宋獻的序言，皆與此一致。然各卷目累加 18＋31＋41
＋55＋96＝241，並非 240 卷，這與其所述 240 卷不符，也與《武備志》總
目（圖8）不符。圖 8 所示《武備志》總目，五部分內容分別為兵訣評 18 卷，
戰略考 33 卷，陣練制 41 卷，軍資乘 53 卷，占度載 93 卷，共 240 卷。筆者
未免於只引用一個版本出現訛誤，故圖 8 中筆者特引用了三個版本的內容。
按照總目的說法 18＋33＋41＋53＋93＝238，也非 240 卷。故而筆者對這一

〔註48〕〔明〕茅元儀撰，鵜飼石齋訓點，武備志〔O〕，卷首，顧起元作武備志序，
　　　　大阪：賭春堂，寬政四年（1792）重修本。
〔註49〕〔明〕茅元儀撰，鵜飼石齋訓點，武備志〔O〕，卷首，武備志總目，大阪：
　　　　賭春堂，寬政四年（1792）重修本。
〔註50〕三圖中，自左向右，依次為寬政本《武備志》總目、蓮溪草堂本《武備志》
　　　　總目、天啓本《武備志》總目。

有趣的現象進行了考察，發現《武備志》其書確爲 240 卷無誤，然其各部分卷目並非《武備志》總目所述，出現訛誤的是「軍資乘」部分，筆者一一核對之後發現軍資乘部分爲 55 卷，並非 53 卷，故而可知「《武備志》總目」中「軍資乘，五十三卷」當爲一處版刻錯誤。這一有趣的錯誤，前學當未曾注意，未見提及。

另一處值得注意的是，宋獻言《武備志》爲目 186，而顧起元卻言《武備志》爲目 184，由於顧起元言其是在見到茅元儀所呈送的《武備志》卷目之後，所寫的序言，因而顧起元之言應較爲可信，然筆者亦不敢輕信，筆者將《武備志》卷目一一清查，確證其爲目 184，而非 186，顧起元之言爲信。因而這裡就產生了一些問題，爲何宋獻之言出現了較大的出入，是否宋獻並未嘗見到《武備志》書目或本書，亦或是宋獻所見爲《武備志》刊刻的另一版本，這便無從知曉，尚待筆者暇時再究。

1.4.3 內容構成分析

依據本文所採用寬政本《武備志》，現將《武備志》五部分內容所佔頁數的比重作一統計如下：

表 3 《武備志》各部分比重

項目 章節	開始頁碼	結束頁碼	頁數	卷數比率	頁數比例
兵訣評	1	616	616	8%	6%
戰略考	617	1772	1156	14%	11%
陣練制	1773	3568	1796	17%	18%
軍資乘	3569	5956	2388	23%	23%
占度載	5957	10224	4268	39%	42%
總　數			10224		

根據表 2 的統計結果，作《武備志》各部分頁數構成圖 9，根據圖 9，可知，具體到頁數而言，「占度載」部分占《武備志》全書的比重高達 42%，是整部書中最爲龐大的部分。「占度載」又被分爲「占」和「度」兩部分，「占」即占天，「度」即度地，「占」42 卷，詳載軍事活動中的天時，包括占日，占星，占月，占風等內容；「度」51 卷，詳載軍事活動中的地理要素，包括邊

防、海防、江防、方輿、四夷、航海等內容，對明代各地衛所的狀況，以及明代輿圖內的各地區的戶口賦役都作了詳細記載，本文將在隨後的章節中以此為依據展開探討，見於本文第四章內容。

根據圖 9，「軍資乘」部分所佔的比重僅次於占度載，軍資乘部分又包含了營、戰、攻、守、水、火、餉、馬八個部分，其中「火」這一部分占據 16 卷的篇幅，為「軍資乘」中所佔比重最大的部分，這一部分重點介紹了在軍事活動中火器的使用，介紹的火器多達 180 餘種，本文也將在隨後的內容當中展開論述，見於本文第三章內容。

圖 9　《武備志》各部分頁數比重圖

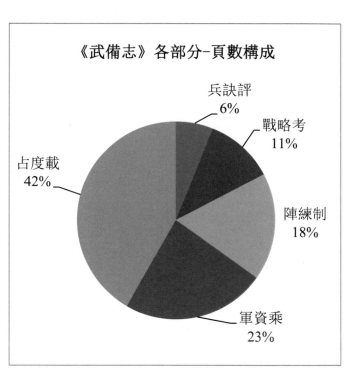

第二章 《武備志》內容的來源
——《武備志》輯錄書籍考

　　宋獻〔註1〕在爲《武備志》所做的序中云：「(《武備志》)所採之書二千餘種而秘圖寫本不與焉；破先人之藏書垂萬卷，而四方之搜討傳借者不與焉。」〔註2〕言茅元儀在編纂《武備志》的過程中，輯錄書籍多達兩千餘種，極言《武備志》博採眾書，內容豐富。然宋獻受茅元儀之邀爲《武備志》作序，並未對《武備志》輯錄的書籍進行過考察，此語未免有誇大其詞的嫌疑。《武備志》編纂過程當中究竟輯錄了多少種書籍，這些書籍是怎樣的書籍，被徵引最多的書籍又有哪些，這些書籍的編纂時代是怎樣的，明當代書籍在《武備志》徵引書籍中佔有怎樣的比重，將成爲本章內容考察的重點。

2.1 《武備志》輯錄書籍研究現狀

2.1.1 相關研究成果概況

　　在已有的研究成果當中，涉及到對《武備志》收錄書籍進行考察的工作成果，有內蒙古師範大學姜娜的碩士學位論文《茅元儀與〈武備志〉》，其中

〔註1〕〔明〕字獻孺，號如圍，官山東參議。行草猶勁，尤善榜額，晚年寫各體臻妙。
〔註2〕〔明〕茅元儀撰，鵜飼石齋訓點，武備志〔O〕，卷首宋獻作武備志序，大阪：賭春堂，寬政四年（1792）重修本。

在談到《武備志》內容時，提到了《武備志》輯錄書目十餘種，包括《孫子》、《吳子》、《司馬法》、《六韜》、《三略》、《尉繚子》、《李衛公問對》、《太白陰經》、《虎鈐經》、《續武經總要》、《紀效新書》、《練兵實紀》、《行軍需知》，言之不詳；任道斌先生的《茅元儀生平、著述初探》〔註3〕言及《武備志》所收書籍，指出《武備志》「兵訣評」僅輯錄了《孫子兵法》、《吳子》、《司馬法》、《六韜》、《三略》、《尉繚子》、《李衛公問對》、《太白陰經》、《虎鈐經》九部兵書，其中「《孫子兵法》為根本」，以其他八部兵書為《孫子兵法》作注疏和演繹，「戰略考」部分「則從《二十一史》及歷代稗史中選輯」，「陣練制輯錄的書目僅列舉了《紀效新書》和《練兵實紀》兩部，軍資乘和占度載則未列出輯錄書目；華中師範大學歷史文獻學專業趙娜的博士學位論文《茅元儀〈武備志〉研究》一文中作者有考訂了《武備志》輯錄書目，列出《武備志》徵引書目93種；社科院研究生喬娜的碩士學位論文《茅元儀〈武備志〉探析》一文中，考察《武備志》輯錄書目，指出兵訣評部分輯錄了九部兵書，戰略考的內容多徵引自《史記》、《資治通鑒》和《續資治通鑒》等書籍，其他還有《武經總要》、《續武經總要》、《職方考》、《登壇必究》、《武編》、《籌海圖編》、《兵錄》、《泰西水法》、《薊門防禦考》、《紀效新書》、《練兵實紀》、《兵略》、《兵垣》、《萬里海防圖說》、《江南經略》。

2.1.2　已有研究成果存在的問題

就趙娜在《茅元儀〈武備志〉研究中》列出的《武備志》徵引書目列表而言，93部書籍首先對於《武備志》而言並不完備；其次作者列出的93種書籍格式混亂，著者與時代時有時無，缺乏排序依據導致排序混亂；最後也是最值得注意的問題，這個列表當中存在幾處明顯的錯誤：

　　　　錯誤一，作者列出的徵引書目第 21 條《元怪錄》，值得注意的是著者和時代並未列出，這表明作者並不知曉《元怪錄》實則是《玄怪錄》，是清朝年間為避康熙皇帝玄燁之諱將玄改作元，明刊本天啟版《武備志》中作《玄怪錄》而不作《元怪錄》，這足以表明作者考察之粗疏；

　　　　錯誤二，徵引書目第 45 條，陳子龍等編著的《皇明經世文編》

〔註3〕任道斌，茅元儀生平、著述初探〔J〕，明史研究論叢，1985（00）：239～264。

也赫然在列，陳子龍係天啓三年（1623）年進士及第，時年十六歲，《皇明經世文編》顯然當在 1623 年之後編纂，所以《武備志》不可能征引《皇明經世文編》中的内容，作者顯然對二者的編著時間先後順序缺乏考證；

錯誤 3，作者誤以爲條目 38《蹶張心法》著者程宗猷和條目 29《耕餘剩技》著者程沖斗是兩個不同的人，但二者實爲一人，作者將《耕餘剩技》的作者寫爲程沖斗，而非程宗猷；

錯誤 4，作者在書目中將條目 25《曹公新書》與條目 84《兵家接要》列爲兩部著作，殊不知《兵家接要》即爲《孫子兵法接要》，也就是《曹公新書》，且茅元儀在兵訣評開篇便道茅子曰：自古談兵者必首孫武子。故曹孟德手注之，又爲《兵家接要》二千萬言，大約集諸家而闡明孫子者也。世有《武侯新書》者，亦所以明孫子，然膚書也無所短長。孟德書不傳，然孫子在有心者可以意盈之，他書可弗傳也。茅元儀言曹公之書不傳也，因而《武備志》當中不可能引述《曹公新書》中的内容，作者顯然沒有細加考訂。

這四處明顯的錯誤，加之「徵引書目」編排的混亂，表明作者對《武備志》輯錄書目的研究較爲淺顯和不嚴謹。

徵引書目：

1.《師律提綱》

2.【北宋】歐陽修等《新唐書》

3.【宋】陳傅良《歷代兵制》

4.【宋】司馬光等《資治通鑒》

5. 趙本學《韜鈐内外篇》

6.【宋】曾公亮、丁度《武經總要》

7.《易經》

8.《黃帝握奇經》

9.《握奇經傳義》

10.【唐】獨孤及《風后八陣圖記》

11.【唐】李靖《唐李問對》

12.【元】曉山老人《太乙統宗寶鑒》

13.《周禮》

14.【宋】馬端臨《文獻通考》

15.【春秋】左丘明《左傳》

16.【春秋】左丘明《國語》

17.【唐】杜佑《通典》

18.【漢】司馬遷《史記》

19. 裴緒《新令》

20.【西漢】劉向《說苑》

21.《元怪錄》

22.【元】脫脫、阿魯圖等撰《宋史》

23.【晉】馬隆《八陣總述》

24.【明】葉子奇《草木子》

25.【漢】曹操《曹公新書》

26.【宋】張行成《皇極經世觀物外篇衍義》

27.【明】胡宗究《戰略》

28.【宋】許洞《虎鈴經》

29.《行軍需知》

30.【明】唐順之《武編》

31.《大明會典》

32.【唐】李鑒《太白陰經》

33.【明】俞大猷《正氣堂集》卷 H，《兵略對》

34.【明】俞人猷《大同鎮兵車操法》

35.【南宋】陳元靚《事林廣記》

36.【唐】王跟《射經》

37.【宋】彭大雅撰徐霆疏證《黑勒遺事》又名《黑秘事略》

38.【明】鄭若曾《籌海圖編》

【明】程宗猷《蹶張心法》

39. 程沖斗《耕餘剩技》

40.【宋】華岳撰《翠微北征錄》

41. 尹略《堡約》全書

42.《火龍神器陣法》

43.【明】西洋熊三拔撰《泰西水法》

44.【明】潘季馴撰《河防一覽》

45.【明】陳子龍等《皇明經世文編》

46.《相牛經》

47.《劍經》

48.《相馬經》

49.《馬經》

50.【元】熊太古撰《冀越集》

51.【東漢】班固《漢書》

52.【漢】張衡《靈憲》

53.【唐】房玄齡等《晉書·天文志》

54.【後晉】劉狗、張昭遠等撰《唐書·天文志一》

55.《隋書·天文志》

56.《尚書》

57.【戰國】甘德、石申《甘石星經》

58.【明】宋濂等《元史》

59.《六經》

60. 佚名《太乙秘書·主客算》

61.【宋】楊惟德等撰《景祐通甲符應經》

62.【明】程百二等撰《方輿勝略》

63.《職方考》

64.《兵略》

65.【明】鄭若曾《江南經略》

66.《皇明祖訓》之《箴戒章》

67.【明】戚繼光《紀效新書》（十四卷本）

68.【明】戚繼光《練兵實紀》

69. 曾統《擬逐套虜》

70. 王鳴鶴《登壇必究》

71.【宋】張預《十七史百將傳》

72.《百戰奇略》

73.《神光經》

74.《陰符經》

75. 余懋衡著《古方略》

76.《梁書》

77.《兵典》

78.《廣輿圖》

79.《兵金》

80.《太平御覽》

81.《北史》

82.《舊唐書》

83.《周書》

84.《兵家接要》

85.《武侯新書》

86.《宋本十一家注孫子》

87.《下營算法》

88.【宋】程人呂《演繁露》

89. 仲長統《昌言》

90.【明】丘凌《火學衍義補》

91.《測天賦》、《玉帝親機》

92.【宋】沈括《夢溪筆談》

93.【明】焦玉《火龍經二集》〔註4〕

　　而喬娜的論文《茅元儀〈武備志〉探析》，其研究和考證相比於前者更爲嚴謹，即便如此，有兩點仍然值得引起注意，其一，喬娜認爲《武備志》編纂過程當中輯錄了《續資治通鑒》的內容。《武備志》成書於明天啓元年（1621），而《續資治通鑒》共 220 卷，爲清人畢沅（1730～1797）撰，畢沅爲乾隆年間人，《續資治通鑒》的編纂時代要比《武備志》晚了 100 多年，《武備志》不可能征引其中內容，喬娜的考察顯然也出現了明顯的時代錯誤；其二，《兵垣》即明人陳子龍的《兵垣奏議》，天啓三年（1623）年，陳子龍十六歲始中進士，而《武備志》天啓元年（1621）刊行，因而《武備志》也不可能引用《兵垣》中的內容，作者顯然缺乏考證。

2.2　輯錄書籍的考訂

　　由於前學在研究成果當中，對於《武備志》輯錄書籍的研究，或言之不詳，失之於過簡；或考之不審，失之於過粗。因而本章節當中將結合前學的工作成果，去僞存眞，進一步對《武備志》輯錄書目進行詳盡考察。

2.2.1　輯錄方式與考訂方法

　　《武備志》編纂過程中，對其他書籍的徵引多採用兩種方式，第一種方式爲直接引用，如：

　　　　孫子曰：兵者國之大事，死生之地，存亡之道，不可不察也。故經之以五事，校之以計而索其情，一曰道、二曰天、三曰地、四曰將、五曰法。〔註5〕

　　　　紀效新書曰：中軍槀比較，先列佛狼機四座，立一百步的，豎起紅旗，各船佛狼機手通赴臺下立，聽唱名打放，每人三銃，中一者量賞，中二者平賞，中三者超格重賞，不中者責罰。〔註6〕

〔註4〕趙娜，茅元儀〈武備志〉研究〔D〕，華中師範大學，2013 年。

〔註5〕〔明〕茅元儀撰，鵜飼石齋訓點，武備志〔O〕，卷一，日本早稻田大學圖書館藏，大阪：賭春堂，寬政四年（1792）重修本。

〔註6〕〔明〕茅元儀撰，鵜飼石齋訓點，武備志〔O〕，卷九十二，日本早稻田大學圖書館藏，大阪：賭春堂，寬政四年（1792）重修本。

其他如《武經總要》，《玄怪錄》云，《說苑》云等均爲直接列出徵引書籍名稱，并直接引用。

第二種主要的徵引方式，如：

> 桂萼曰：河南，古豫州地。闥閾中夏，四方輳進，蓋彰德則控河北、嵩洛以蔽山南、南陽汝寧、直走襄黃之郊，而開封則其都會也，由開封以溯衛河，可以漕山東，沿汴泗可以漕淮，故言形勝者次關陝焉。〔註7〕

> 余懋衡曰：河南，蓋聞閾中夏，四方輻進，故彰德控於河北，嵩洛蔽於山南，南陽汝寧，直接襄黃之界，而開封即其都會也。由開封以溯衛河，可以漕山東，沿汴泗，可以漕淮，故語河之利，便於漕莫過於此。〔註8〕

其他如王鳴鶴曰、毛希秉曰〔註9〕、戚繼光野營法〔註10〕等等，這種徵引方式則是通過著者言的方式，引述作者所著書籍的內容，這就需要首先查找所引述作者的著述，並將引述內容與作者著述對照，考察引述內容的準確出處。上文中引述的兩段內容，就可以如此考訂，首先桂萼的著述包括《歷代地理指掌》、《明輿地指掌圖》、《桂文襄公奏議》、《皇明輿圖》、《輿圖記敘》、《大明一統輿圖》，其次將引述內容與桂萼的著作對照，可知本部分內容輯錄自桂萼的《皇明輿圖》。

除以上兩種徵引方式之外，《武備志》當中還有少數內容既沒有指明徵引的書籍名稱，也沒有指明徵引書籍的作者，這就要經過更爲困難的考訂，才能夠確定其出處。如：《武備志·占度載·四夷考·日本國考》中輯錄內容，對其出處的考察就需要首先確定這一部分內容所涉及的時代，來確定成書時代，如日本部分中涉及到倭寇入寇的問題，則其成書年代當在明代，且不晚於萬曆四十七年（1619）；進而考察明代史籍當中涉及到日本和倭寇的有哪

〔註7〕 〔明〕茅元儀撰，鵜飼石齋訓點，武備志〔O〕，卷一百九十五，日本早稻田大學圖書館藏，大阪：賭春堂，寬政四年（1792）重修本。

〔註8〕 〔明〕茅元儀撰，鵜飼石齋訓點，武備志〔O〕，卷一百九十五，日本早稻田大學圖書館藏，大阪：賭春堂，寬政四年（1792）重修本。

〔註9〕 〔明〕茅元儀撰，鵜飼石齋訓點，武備志〔O〕，卷二百十七，日本早稻田大學圖書館藏，大阪：賭春堂，寬政四年（1792）重修本。

〔註10〕 〔明〕茅元儀撰，鵜飼石齋訓點，武備志〔O〕，卷九十四，日本早稻田大學圖書館藏，大阪：賭春堂，寬政四年（1792）重修本。

些，鎖定對象，當然要以兵書、重典爲主要對象；最後從這些書籍中找出《武備志・占度載・四夷考・日本國考》的出處，當爲鄭若曾的《日本圖纂》。

2.2.2　《武備志》輯錄書目

匯總以上三種徵引方式，并結合現有學者的工作成果，現將《武備志》輯錄書籍編纂成目列於下文表 5，該書目的編訂依據如下原則：

1. 按照徵引文獻的時間排序，分爲先秦－秦漢－魏晉－隋唐－兩宋－元－明 7 個時間段，各段內時間不分先後，如春秋和戰國、西周在先秦階段內不做次序區分；

表 4　《武備志》輯錄書籍時代劃分

時　代	包　含　時　代
先秦	西周、東周、春秋、戰國、黃帝時期
秦漢	秦、西漢、東漢
魏晉	三國、西晉、東晉、宋、齊、梁、陳、南朝、北朝
隋唐	隋、唐、後梁、後唐、後晉、後漢、後周、
兩宋	南宋、北宋、西夏、遼、金、宋
元	元代
明	明代

2. 輯錄書籍當列出著者和時代；
3. 考察徵引書籍內容在《武備志》中大致位置；
4. 備注中指出《武備志》輯錄內容較多的書籍。

雖然筆者已經做了大量詳實的考訂，但難免仍有疏漏，缺漏之處還需各位批評和訂正：

表 5　《武備志》輯錄書目

書　名	著　者	時代	備　注
《春秋》	孔子	春秋	主要在《武備志・戰略考》部分輯錄
《風后握奇經》	風后	黃帝時期	主要在《武備志・陣練制・陣》部分輯錄 傳爲皇帝時期的風后所作，眞實的作者不可考

《甘石星經》	甘德、石申	戰國	主要在《武備志・占度載・占》部分中輯錄
《國語》	左丘明	春秋	主要在《武備志・戰略考》部分輯錄
《黃帝握奇經傳義》	范蠡、樂毅、韓信等	春秋	主要在《武備志・陣練制・陣》部分輯錄
《六韜》	呂望	周初	主要在《武備志・兵訣評》部分輯錄 即《太公》中的兵法部分。
《尚書》	歐陽氏	戰國	主要在《武備志・戰略考》部分輯錄
《孫臏兵法》	孫臏	春秋	
《詩經》	孔子編訂	春秋	主要出現在《武備志》茅子曰中
《司馬法》	司馬穰苴	戰國	主要在《武備志・兵訣評》部分輯錄 又作《司馬穰苴兵法》。
《孫子》	孫武	春秋	主要在《武備志・兵訣評》部分輯錄，後代多有注述，如魏武帝注孫子等
《尉繚子》	尉繚子	戰國	主要在《武備志・兵訣評》部分輯錄
《吳子》	吳起	戰國	主要在《武備志・兵訣評》部分輯錄
《相馬經》	佚名	戰國	主要在《武備志・軍資乘》部分輯錄
《相牛經》	齊國大夫寧戚	春秋	主要在《武備志・軍資乘》部分輯錄
《禹貢》	佚名	戰國	主要在《武備志・占度載》部分中輯錄，魏人著，託名大禹。
《周禮》	周公旦	西周	主要在《武備志・占度載》部分中輯錄，在茅子曰中也偶又出現
《周易・上經》	周室文王、周公父子	西周	主要在《武備志・陣練制》部分輯錄
《左傳》	左丘明	春秋	主要在《武備志・戰略考》部分輯錄
《鬼谷子》	王詡	戰國	主要在《武備志・占度載・占》部分中輯錄
《昌言》	仲長統	東漢	主要在《武備志・軍資乘》部分輯錄
《漢書》	班固	東漢	主要在《武備志・戰略考》部分輯錄
《淮南子・兵略訓》	劉安	西漢	主要在《武備志・占度載》部分中輯錄，或簡稱爲《兵略》
《舉賢良對策》	董仲舒	西漢	主要在《武備志・占度載》部分中輯錄，
《靈憲》	張衡	東漢	主要在《武備志・占度載・占》部分中輯錄，

《論貴粟疏》	晁錯	西漢	主要在《武備志・占度載》部分中輯錄，
《三略》	黃石公	西漢	主要在《武備志・兵訣評》部分輯錄，即《黃石公三略》
《史記》	司馬遷	漢	主要在《武備志・戰略考》部分輯錄
《守邊勸農疏》	晁錯	西漢	主要在《武備志・占度載》部分中輯錄，
《說苑》	劉向	西漢	主要在《武備志・軍資乘》部分輯錄
《言兵事疏》	晁錯	西漢	主要在《武備志・軍資乘》部分輯錄
《鹽鐵論》	桓寬	西漢	主要在《武備志・軍資乘》部分輯錄，西漢桓寬根據著名的「鹽鐵會議」記錄整理撰寫
《戰國策》	佚名	西漢	主要在《武備志・戰略考》部分輯錄
《周髀算經》	趙君卿	漢	主要在《武備志・占度載・占》部分中輯錄
《八陣總述》	馬隆	晉	主要在《武備志・占度載》部分中輯錄
《抱朴子》	葛洪	東晉	主要在《武備志・占度載》部分中輯錄
《陳書》	姚察、姚思廉	南朝	主要在《武備志・戰略考》部分輯錄
《後漢書》	范曄	南北朝	主要在《武備志・戰略考》部分輯錄
《梁書》	姚察，姚思廉	南朝	主要在《武備志・戰略考》部分輯錄
《南齊書》	蕭子顯	梁	主要在《武備志・戰略考》部分輯錄
《三國志》	陳壽	西晉	主要在《武備志・戰略考》部分輯錄
《宋書》	沈約	齊	主要在《武備志・戰略考》部分輯錄
《魏書》	魏收	北齊	主要在《武備志・戰略考》部分輯錄
《萬機論》	蔣濟	魏	《萬機論》又名《蔣子萬機論》
《諸葛武侯兵書》	諸葛亮	三國	主要在《武備志・陣練制》部分輯錄
《北齊書》	李百藥	唐	主要在《武備志・戰略考》部分輯錄
《北史》	李大師、李延壽	唐	主要在《武備志・戰略考》部分輯錄
《風后八陣圖記》	獨孤及	唐	主要在《武備志・陣練制》部分輯錄
《黃帝陰符經》	舊題黃帝撰／李筌	唐	主要在《武備志・陣練制》部分輯錄，也叫《陰符經》
《黃帝陰符經疏》	李筌	唐	主要在《武備志・陣練制》部分輯錄
《晉書》	房玄齡	唐	主要在《武備志・戰略考》部分輯錄
《開元占經》	瞿曇悉達	唐	主要在《武備志・占度載・占》部分中輯錄，即《大唐開元占經》

《蠻書》	樊綽	唐	主要在《武備志‧占度載》部分中輯錄
《南史》	李延壽	唐	主要在《武備志‧戰略考》部分輯錄
《裴緒新令》	裴緒	唐	主要在《武備志‧陣練制》部分輯錄
《射經》	王踞	唐	主要在《武備志‧軍資乘》部分輯錄，又名《步射總法》
《神光經》	李靖	唐	主要在《武備志‧占度載‧占》部分中輯錄
《隋書》	魏徵	唐	主要在《武備志‧戰略考》部分輯錄
《太白陰經》	李筌	唐	主要在《武備志‧兵訣評》、《武備志‧陣練制》部分輯錄
《唐太宗李衛公問對》	李靖	唐	主要在《武備志‧兵訣評》、《武備志‧陣練制》部分輯錄
《通典》	杜佑	唐	主要在《武備志‧陣練制》、《武備志‧軍資乘》、《武備志‧占度載》部分中輯錄，是《武備志》徵引最多的書籍之一
《玄怪錄》	牛僧孺	唐	主要在《武備志‧占度載‧占》部分中輯錄，即清刻版《武備志》中的《元怪錄》，為避康熙帝玄燁之諱，故將玄改為元
《周書》	令孤德棻	唐	主要在《武備志‧戰略考》部分輯錄
《步天歌》	王希明	唐	主要在《武備志‧占度載‧占》部分中輯錄
《觀象玩占》	李淳風	唐	主要在《武備志‧占度載‧占》部分中輯錄
《舊唐書》	署名後晉劉昫等撰，實為後晉趙瑩主持編修	後晉	主要在《武備志‧戰略考》、《武備志‧占度載‧占》部分輯錄
《唐書‧天文志一》	劉昫、張昭遠等撰	後晉	主要在《武備志‧占度載‧占》部分中輯錄
《北邊備對》	程大昌	宋	主要在《武備志‧占度載》部分中輯錄
《翠微北征錄》	華嶽	宋	
《方輿勝覽》	祝穆	宋	主要在《武備志‧占度載》部分中輯錄
《觀物篇》	邵雍	宋	
《行軍需知》	曾公亮	宋	曾公亮著有《武經要覽行軍需知》、《行軍需知》這裡統稱為《行軍需知》

《黑韃事略》	彭大雅、徐霆作疏	宋	主要在《武備志·占度載》部分中輯錄
《虎鈐經》	許洞	宋	主要在《武備志·兵訣評》部分輯錄
《皇極經世觀物外篇衍義》	張行成	宋	主要在《武備志·占度載·占》部分中輯錄，
《皇祐會計錄》	田況	宋	主要在《武備志·占度載·占》部分中輯錄
《景祐遁甲符應經》	楊惟德	宋	主要在《武備志·占度載·占》部分中輯錄，《三元經》，即李靖《遁甲萬一訣》，宋元時尚有其書，元後已佚。明清時的遁甲書每載引《三元經》文字，實皆引自北宋楊惟德之《景祐遁甲符應經》
《舊五代史》	薛居正，盧多遜、扈蒙、張淡、劉兼、李穆、李九齡等	宋	主要在《武備志·戰略考》部分輯錄
《禮記正義》	宋元遞	宋	在《武備志》茅子曰中偶有出現，在徵引的其他書籍之中亦有轉引
《歷代兵制》	陳傅良	宋	主要在《武備志·軍資乘》、《武備志·陣練制》部分中輯錄，
《六壬軍帳賦》	劉啓明	宋	主要在《武備志·占度載·占》部分中輯錄
《六壬神定經》	楊惟德	宋	主要在《武備志·占度載·占》部分中輯錄
《夢溪筆談》	沈括	宋	主要在《武備志·占度載》部分中輯錄
《十七史百將傳》	張預	宋	主要在《武備志·戰略考》部分輯錄
《事林廣記》	陳元靚	宋	主要在《武備志·軍資乘》部分中輯錄
《宋本十一家注孫子》	佚名	宋	主要在《武備志·兵訣評》部分中輯錄
《太平御覽·兵部》	李昉、李穆、徐鉉等	宋	主要在《武備志·陣練制》、《武備志·軍資乘》、《武備志·占度載》部分中輯錄，是《武備志》徵引最多的兵書之一。
《太乙秘書·主客算》	王佐	宋	主要在《武備志·占度載·占》部分中輯錄
《文獻通考》	馬端臨	宋	
《武侯新書》	佚名	宋	《將苑》最早見於宋尤袤《遂初堂書目》，題作《諸葛亮將苑》，明代編的諸

			葛亮文集中也予以收錄。清姚際恒《古今僞書考》和紀昀《四庫全書總目提要》認爲是後人僞託之作。從書中內容大多採自兵、史諸書和隋、唐不同著錄來推斷，不像諸葛亮親著，但其中許多思想與諸葛亮的軍事思想相一致。《將苑》又稱《諸葛亮將苑》、《武侯將苑》、《心書》、《武侯心書》、《新書》、《武侯新書》等。此書宋代稱《將苑》，明代始改稱《心書》，如焦勖《經籍志》；或《新書》，如陶宗儀《說郛》；也有稱《將苑》的，如《百川書志》。《漢魏叢書》雖於書名題作《心書》，而篇章標題中間有《新書》字樣。現存版本中，這幾種稱謂都有，覈其內容，雖有所差別，但基本上是一致的，是同書異名《將苑》
《武經總要》	曾公亮、丁度	宋	主要在《武備志·兵訣評》、《武備志·陣練制》、《武備志·軍資乘》、《武備志·占度載》部分中輯錄，是《武備志》中徵引最多的幾部兵書之一
《新唐書》	歐陽修等	宋	主要在《武備志·戰略考》部分輯錄
《新五代史》	歐陽修	宋	主要在《武備志·戰略考》部分輯錄
《演繁露》	程大昌	宋	主要在《武備志·占度載》部分中輯錄，
《輿地紀勝》	王相之	宋	主要在《武備志·占度載》部分中輯錄
《元經》	阮逸	宋	主要在《武備志·占度載·占》部分中輯錄，《元經》十卷，傳爲舊本題隋王通撰。唐薛收續，并作傳。宋阮逸注。其書始晉太熙元年，終隋開皇九年，凡九卷，稱爲通之原書。末一卷自隋開皇十年迄唐武德元年，稱收所續。
《職方考》	歐陽修	宋	主要在《武備志·占度載》部分中輯錄
《資治通鑒》	司馬光等	宋	主要在《武備志·軍資乘》、《武備志·占度載》部分中輯錄，本書或簡稱《通鑒》，是《武備志》徵引最多的書籍之一
《玉海》	王應麟	宋	主要在《武備志·占度載》部分中輯錄
《冀越集記》	熊太古	元	主要在《武備志·占度載》部分中輯錄
《金史》	脫脫等	元	主要在《武備志·戰略考》部分輯錄
《遼史》	脫脫等	元	主要在《武備志·戰略考》部分輯錄

《農書》	王禎	元	主要在《武備志‧軍資乘》、《武備志‧占度載》部分中輯錄。
《宋史》	脫脫、阿魯圖等	元	主要在《武備志‧戰略考》部分輯錄
《太乙統宗寶鑒》	張燁，或作張煜	元	主要在《武備志‧占度載‧占》部分中輯錄，《武備志》文中又作張煜。見「陣練制」之「陣八」。《太乙統宗寶鑒》‧二十卷（浙江汪啓淑家藏本）舊題元曉山老人撰，不知其姓名。前有大德七年自序。
《輿地圖》	朱思本	元	主要在《武備志‧占度載》部分中輯錄
《說郛》	陶宗儀	元	主要在《武備志‧占度載‧占》部分中輯錄
《戎事類占》	李克家	元	主要在《武備志‧占度載‧占》部分中輯錄
《天文精義賦》	岳熙載	元	主要在《武備志‧占度載‧占》部分中輯錄
《百粵草》	王鳴鶴	明	主要在《武備志‧軍資乘》、《武備志‧占度載》部分中輯錄
《百戰奇略》	佚名	明	主要在《武備志‧占度載》部分中輯錄，
《堡約》	尹畊	明	主要在《武備志‧軍資乘》部分輯錄
《北征錄》	金幼孜	明	主要在《武備志‧占度載》部分中輯錄，
《本兵疏議》	楊博	明	主要在《武備志‧占度載》部分中輯錄，
《兵壘》	尹賓商	明	主要在《武備志‧軍資乘》部分輯錄
《草木子》	葉子奇	明	
《城書》	郭子章	明	主要在《武備志‧軍資乘》部分輯錄
《籌海圖編》	鄭若曾、邵芳	明	主要在《武備志‧占度載》部分中輯錄
《芻水論》	喻本元	明	《元亨療馬集》
《傳習錄》	王陽明	明	主要在《武備志‧軍資乘》部分輯錄
《大六壬兵占勾玄》	佚名	明	主要在《武備志‧占度載‧占》部分中輯錄，《講武全書‧兵占》中的一部分
《大明會典》	官修	明	主要在《武備志‧占度載》部分中輯錄，對明代各地人口、錢糧的記錄來源於此
《大學衍義補》	丘濬	明	在《武備志》茅子曰中偶有出現，在徵引的其他書籍之中亦有轉引
《登壇必究》	王鳴鶴	明	主要在《武備志‧軍資乘》、《武備志‧占度載》部分中輯錄，是《武備志》徵引最多的兵書之一

《東粵疏草條·陳海防疏》	田金生	明	主要在《武備志·占度載》部分中輯錄
《方輿勝略》	程百二等	明	主要在《武備志·占度載》部分中輯錄
《耕餘剩技》	程宗猷	明	主要在《武備志·軍資乘》部分輯錄
《古方略》	余懋衡	明	主要在《武備志·占度載》部分中輯錄
《關中集》	余懋衡	明	主要在《武備志·占度載》部分中輯錄
《廣輿圖》	羅洪先	明	主要在《武備志·占度載》部分中輯錄
《桂文襄公奏議》	桂萼	明	主要在《武備志·占度載》部分中輯錄
《國朝典匯》	徐學聚	明	主要在《武備志·占度載》部分中輯錄
《海道經》	佚名	明	主要在《武備志·占度載》部分中輯錄
《海防纂要》	王在晉	明	主要在《武備志·占度載》部分中輯錄
《海寇議》	萬表	明	主要在《武備志·占度載》部分中輯錄
《海寇議後編》	茅坤	明	主要在《武備志·占度載》部分中輯錄
《河防一覽》	潘季馴	明	主要在《武備志·占度載》部分中輯錄
《皇明祖訓》	朱元璋	明	主要在《武備志·占度載》部分中輯錄
《火攻答》	王鳴鶴	明	主要在《武備志·軍資乘》部分輯錄
《火龍神器陣法》	焦玉	明	主要在《武備志·軍資乘》部分輯錄
《紀效新書》	戚繼光	明	主要在《武備志·陣練制》、《武備志·軍資乘》、《武備志·占度載》部分中輯錄
《嘉靖歸安縣志》	唐樞	明	主要在《武備志·占度載》部分中輯錄
《嘉靖孝豐縣志》	唐樞	明	主要在《武備志·占度載》部分中輯錄
《劍經》	俞大猷	明	主要在《武備志·軍資乘》部分輯錄，《劍經》，又見於戚繼光十四卷本《紀效新書》，是明代抗倭名將俞大猷所著的一部棍術專著。俞大猷將此書稱為「劍經」而不是「棍經」歷來有多種說法，見解不一。
《江南經略》	鄭若曾	明	主要在《武備志·占度載》部分中輯錄
《九邊圖論》	許論	明	主要在《武備志·占度載》部分中輯錄，
《蹶張心法》	程宗猷	明	主要在《武備志·軍資乘》部分輯錄
《歷代地理指掌》	桂萼	明	主要在《武備志·占度載》部分中輯錄
《練兵實紀》	戚繼光	明	主要在《武備志·陣練制》、《武備志·軍資乘》、《武備志·占度載》部分中輯錄，是《武備志》中徵引最多的兵書之一

《六壬兵帳》	佚名	明	主要在《武備志・占度載・占》部分中輯錄
《六壬類占》	官應震	明	主要在《武備志・占度載・占》部分中輯錄
《六壬雜釋》	官應震	明	主要在《武備志・占度載・占》部分中輯錄
《明輿地指掌圖》	桂萼	明	主要在《武備志・占度載》部分中輯錄
《木鐘臺集》	唐樞	明	主要在《武備志・占度載》部分中輯錄，
《擬逐套虜》	曾銑	明	主要在《武備志・占度載》部分中輯錄，
《農政全書》	徐光啟	明	主要在《武備志・軍資乘》部分輯錄
《奇門遁甲秘籍大全》	劉伯溫	明	主要在《武備志・陣練制》、《武備志・占度載・占》部分中輯錄
《全浙兵制》	侯繼高	明	主要在《武備志・占度載》部分中輯錄，
《三朝遼事實錄》	王在晉	明	主要在《武備志・占度載》部分中輯錄，
《山東通志》	陸鈇	明	主要在《武備志・占度載》部分中輯錄，
《射史》	程宗猷	明	主要在《武備志・軍資乘》部分輯錄
《神器譜》	趙士禎	明	主要在《武備志・軍資乘》部分輯錄
《實政錄》	呂坤	明	主要在《武備志・占度載》部分中輯錄，
《松篁岡劉氏保壽堂經驗方》四卷	劉天和	明	主要在《武備志・軍資乘》部分輯錄
《泰西水法》	熊三拔撰，徐光啟	明	主要在《武備志・軍資乘》部分輯錄
《譚襄敏奏議》之《說物寓武》	譚綸	明	主要在《武備志・占度載》部分中輯錄，
《韜鈐內外篇》	趙本學	明	主要在《武備志・占度載・占》部分中輯錄
《萬曆湖州府志》	唐樞	明	主要在《武備志・占度載》部分中輯錄，
《五邊典則》	徐日久	明	主要在《武備志・占度載》部分中輯錄，
《武編》	唐順之	明	主要在《武備志・陣練制》、《武備志・軍資乘》、《武備志・占度載》部分中輯錄 如《武備志》中「火藥賦」即來自於《武編》。《武編》是《武備志》徵引最多兵書之一。
《元亨療馬集》	喻本元、喻本亨	明	主要在《武備志・軍資乘》部分輯錄

《元史》	宋濂等	明	主要在《武備志・戰略考》部分輯錄
《戰略》	胡宗憲	明	主要在《武備志・占度載》部分中輯錄，
《戰守二議》	羅拱辰	明	主要在《武備志・占度載》部分中輯錄
《正氣堂集》	俞大猷	明	主要在《武備志・軍資乘》、《武備志・占度載》部分中輯錄，《正氣堂集》 明代俞大猷著，有「餘集」、「續集」，又名《北虜忌諱》。是後人將俞大猷的作品編匯成集，稱為《正氣堂集》。
《治邊十四事》	顧應祥	明	主要在《武備志・占度載》部分中輯錄，
《百戰奇法》	劉基	明	主要在《武備志・陣練制》部分中輯錄，
《師律提綱》	陳璠	明	主要在《武備志・陣練制》部分中輯錄
《韜鈐續篇》	俞大猷	明	主要在《武備志・占度載・占》部分中輯錄
《洗海近事》	俞大猷	明	主要在《武備志・軍資乘》部分輯錄
《少林棍法闡宗》	程宗猷	明	主要在《武備志・軍資乘》部分輯錄
《兵錄》	何汝賓	明	主要在《武備志・占度載》部分中輯錄，稍有疑義〔註11〕
《圖書編》	章潢	明	主要在《武備志・占度載》部分中輯錄，
《廣博物志》	董斯張	明	主要在《武備志・占度載》部分中輯錄，
《皇明輿圖》	桂萼	明	主要在《武備志・占度載》部分中輯錄，
《宣大山西三鎮圖說》	楊時寧	明	主要在《武備志・占度載》部分中輯錄，
《籌海重編》	鄧鍾	明	主要在《武備志・占度載》部分中輯錄，
《溫處海防圖略》	蔡逢時	明	主要在《武備志・占度載》部分中輯錄，
《全海圖注》	宋應昌	明	主要在《武備志・占度載》部分中輯錄，
《邊政考》	張雨	明	主要在《武備志・占度載》部分中輯錄，
《全遼志》	李輔	明	主要在《武備志・占度載》部分中輯錄，
《大明一統志》	李賢、萬安等	明	主要在《武備志・占度載》部分中輯錄，
《萬里海防圖論》	鄭若曾	明	主要在《武備志・占度載》部分中輯錄，
《朝鮮圖說》	鄭若曾	明	主要在《武備志・占度載》部分中輯錄，
《琉球圖說》	鄭若曾	明	主要在《武備志・占度載》部分中輯錄，

〔註11〕 由於《兵錄》的編纂並非一次性完成，其後半部分為後期添加，前一部分內容早於《武備志》，後一部分晚於《武備志》，因而不能確證。

《安南圖說》	鄭若曾	明	主要在《武備志·占度載》部分中輯錄，
《江防圖考》	鄭若曾	明	主要在《武備志·占度載》部分中輯錄，
《日本圖纂》	鄭若曾	明	主要在《武備志·占度載》部分中輯錄，
《軒轅黃帝傳》	未知	未知	
《克書》	未知	未知	
《兵略》	未知	未知	

　　值得注意的是，表 5 當中所列出的《武備志》輯錄書籍，並沒有就所徵引書籍的版本展開探討，如《孫子》、《虎鈐經》等兵學著作，流傳至明代都應存在諸多版本，茅元儀在編纂《武備志》時所採用的版本很難考證，甚至有可能採用了一個或多個版本，因而上表當中僅列書名、作者和編纂時代，並不列版本信息。茅元儀在萬曆四十八年（1620）的書信當中也恰說明了這一狀況。

> 　　故理十五年未理之故帙，爲了當《武備志》一書，身雖不用，而歌以其言，紓國家之禍，救蒼生之命。支分條貫，譯在序中，故以其稿奉覽。別有小序，不及詳錄也。獨李筌《太白陰經》苦無善本對校，弟廣收《虎鈐經》十數本，始較一善本。而太白無第二本，遂漫漶不可讀，度鄭駕必有之，特不遠千里而請，或并問之聖學家，多多益善。〔註12〕

就此，也可作一推測，本章卷首言宋獻在「武備志序」中寫到「（《武備志》）所採之書二千餘種而秘圖寫本不與焉；破先人之藏書垂萬卷，而四方之搜討傳借者不與焉。」，是否可以理解《武備志》所採兩千餘種書籍包含了一個典籍的多種版本，如《虎鈐經》的十數個版本。此問題尚待深究，只是筆者的一個思索。

2.3　《武備志》輯錄書目分析

2.3.1　依據時代劃分的分析

　　通過對上文中《武備志》輯錄書目一覽表5的統計，得到如下結果：

〔註12〕〔明〕茅元儀，石民四十集〔O〕，卷七十六，與郁儀宗侯書三（庚申），《四庫禁燬書叢刊》集部，第 109 冊，北京：北京出版社，1997 年。

表 6　按時代統計《武備志》輯錄書籍

朝　代	書籍數（部）
先秦	20
秦漢	14
魏晉	11
隋唐	22
兩宋	32
元	10
明	89
未知	3
總計	201

　　依據這一統計結果，可以發現《武備志》編纂過程中對於明季當代資料和書籍引述極爲頻繁，尤其是明代中後期的史籍，《武備志》中使用到的明代書籍有 89 部，占全部輯錄書目的 44%，如下圖 10：

圖 10　《武備志》徵引書籍的時代統計圖

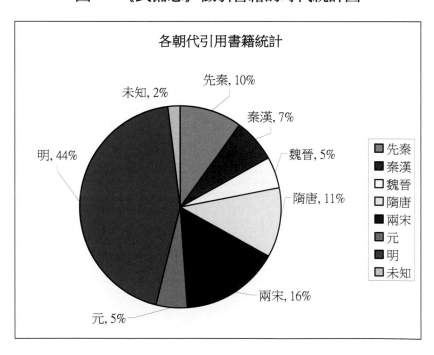

　　由此可見茅元儀對當代史料的重視程度，也可以進一步知悉茅元儀編著

《武備志》是出於對明末時局的憂慮，試圖通過著書立說來改變時局這一目的。茅元儀《武備志》中大量輯錄明朝同時代的書籍，對於明代書籍和史料的保存也起到了積極的作用，鄭和海圖的收錄就是其中一個突出的貢獻。《武備志·占度載》中對明末人口、戶籍等資料的收錄，也爲近世明代相關研究提供了資料，這些記錄也有部分被收入了清人編纂的《明史·食貨志》之中。

2.3.2　另一個角度的探討——依據徵引次數的分析

上文中的內容按照時代對《武備志》輯錄書籍進行了分類，而在這一部分當中，將從另外一個角度對《武備志》輯錄書籍進行考察，即通過統計《武備志》中出現頻率最高的書籍與人物，對《武備志》引述最爲頻繁的人物和書籍進行考察。統計結果如下表：

表 7　《武備志》多次引述書籍與人物統計

編　號	姓名或書目	《武備志》中出現次數	歸總統計
①	戚繼光	32	60
	戚少保	6	
	紀效新書	16	
	練兵實紀	6	
②	武經總要	25	26
	曾公亮	1	
③	會典	21	21
④	俞大猷	15	17
	劍經	2	
⑤	桂萼	14	14
⑥	唐順之	12	14
	武編	2	
⑦	鄭若曾	9	12
	籌海圖編	3	
⑧	程宗猷	3	6
	少林棍法闡宗	3	
⑨	王鳴鶴	5	5

依據表 7 的統計結果，可知戚繼光的著述是《武備志》徵引最多的書籍，《武備志》中在提及戚繼光、戚少保、《練兵實紀》、《紀效新書》時都是引述戚繼光的著述，《武備志》對於戚繼光兵學著作的引述多達 60 處，尤其是在「陣練制」當中，因而可以想見《武備志》的軍事思想深受戚繼光的影響，尤其是練兵思想。

《武備志》徵引次數較多的人物及書籍，依次為戚繼光及其著述 60 次，曾公亮及其《武經總要》26 次，《大明會典》21 次，俞大猷及其著述 17 次，桂萼及其著述 14 次，唐順之及其《武編》14 次，鄭若曾及其《籌海圖編》12 次，程宗猷及其著述 6 次，王鳴鶴及其著述 5 次。通過這一統計結果，亦可以看出《武備志》對於明代兵家論著的關注，戚繼光、俞大猷、唐順之、鄭若曾、程宗猷、王鳴鶴，都是明嘉靖年間最為知名的兵學家，《武備志》的很多兵學思想都承襲於這些明代兵學家和其著作。而對於《武經總要》的多次徵引，不僅由於《武備志》在編寫體例上承襲了《武經總要》的體例，更深層次的原因應當是由於《武經總要》是一部宋代官修兵學著作，也是一部較為完備的兵學著述。《武備志》中對於《大明會典》和《籌海圖編》，以及桂萼著述的頻繁徵引則集中在「占度載」部分，且多集中在「度」這一部分當中。

第三章 《武備志》火器研究

自本章開始將就《武備志》的內容展開研究，依據在第一章「1.3.3《武備志》構成分析」，「火」在《武備志》「軍資乘」中占據了最為重要的部分，而火器在明末軍事活動當中亦占據了最為重要的地位，因而本章將對這一部分內容展開研究。

火器自宋元時代始應用於戰場，元代發展了宋代的突火槍，製造出火銃，明太祖朱元璋在定鼎之際，極為重視火器的應用，及至明政權建立，朱元璋又令寶源局大量生產火銃。「至明成祖平交趾，得神機槍炮法，特置神機營肄習」〔註1〕，明代開始批量製造大小神機槍炮，此後，火器在明代得到長足發展。

3.1 《武備志》收錄的火器

《武備志》軍資乘「火」部分，自卷一百十九到一百三十四，著錄火藥、火器與火攻之法。其中卷一百十九、一百二十「製火器法」，收錄了各式火藥的配方，以及提硝、提磺的方法；卷一百二十一「用火器法」，載用火器之風候、地利、器宜、兵械、教演；卷一百二十二至一百三十四「火器圖說」，著錄各式火器達 190 餘種，有利於水戰者，有利於陸戰者，有利於攻者，有利於守者。

〔註1〕 〔清〕張廷玉等撰，明史〔O〕，卷九十二，志六十八，兵四，二二六六頁，
北京：中華書局，1974年。

3.1.1 火器總量和類別

　　《武備志》通計收錄 190 餘種火器，茅元儀將這些火器分為：炮、車炮、銃、箭、器械、噴筒、牌、球滾、磚彈鶹爐葫蘆、禽獸、雜器、車、水具、地伏 14 類，然這一分類似有不妥，前十類以器型劃分，後四類則按用法劃分。在地伏之後又列以藏具，藏具包括藥瓶、藥囊、鉛子模、鉛子袋、藥袋、線藥器、銃藥器、種火庫、載火筒，當為火藥、鉛子的貯存裝備，並非火器。因而《武備志》中的火器被劃分為 14 類。現將這些火器分類列於下表：

表 8 　《武備志》所載火器分類

類　別	數　量	備　　　　　注
炮	33	宋火炮　銅發礦　佛郎機　威遠炮　百子連珠炮　虎蹲炮　迅雷炮　燒天猛火無攔炮　飛雲霹靂炮　爛骨火油神炮　萬火飛砂神炮　轟天霹靂猛火炮　毒霧神煙炮　鑽風神火流星炮　西瓜炮　飛摧炸炮　威遠石炮　造化循環炮　群蜂炮　八面旋風吐霧轟雷炮　木炮　六合炮　無敵竹將軍炮　紙糊圓炮　飛礞炮　荔枝炮　風塵炮　擊賊神機柘榴炮　天墜炮　一母十四子炮　鉛彈一窩蜂炮　轟雷炮　飛空擊賊震天雷炮
車炮	4	車輪炮　攻戎炮　葉公神銃車炮　千子雷炮
銃	24	鳥嘴銃　嚕魯鳥銃　子母銃　子母百彈銃　拐子銃　直橫銃　七星銃　夜敵竹銃　衝鋒追敵竹發礦　翼虎銃　萬勝佛郎機　擊賊砭銃　神威烈火夜叉銃　神仙自發排車銃　獨眼神銃　單眼銃　大追風槍　十眼銃　五雷神機　三捷神機　五排槍　八斗銃
箭	30	火箭　飛刀箭　飛槍箭　飛劍箭　燕尾箭　神機箭　大筒火箭　神槍　弓射火柘榴箭　火弩流行箭　鞭箭　火藥鞭箭　小竹筒單飛神火箭　火龍箭　雙飛火龍箭　二虎追羊箭　三隻虎鉞　五虎出穴箭　小五虎箭　七筒箭　九龍箭　九矢鑽心神毒火雷炮　四十九矢飛廉箭　百矢孤箭　百虎齊奔箭　群豹橫奔箭　長蛇破敵箭　群鷹逐兔箭　一窩蜂箭
器械	15	火槍　梨花槍　飛天神火毒龍槍　竹火槍　槍銃　劍銃　神機萬勝火龍刀　倒馬火蛇神棍　銃棍　蕩天滅寇陰陽鏟　飛天降魔錘　雷火鞭　鵰銃　流星炮　小一窩
噴筒	7	毒藥噴筒　滿天噴筒　毒龍噴火神筒　一把蓮　飛空砂筒　鑽穴飛砂神霧筒　神水噴筒
牌	4	神行破陣猛　虎頭火牌　虎頭木牌　神火箭屏
球滾	13	滾球　引火毬　蒺藜火毬　霹靂火球　神火混元毬　燒賊迷目神火球　煙球　毒藥煙球　平曠步戰隨地球　風雷火滾　大蜂窠火妖　天火毬

磚彈鷂爐葫蘆	8	火磚　火彈　鐵嘴火鷂　竹火鷂　燕尾炬　飛炬　衝陣火葫蘆　對馬燒人火葫蘆
禽獸	8	火禽　雀杏　神火飛鴉　火獸　木火獸　木人活馬　火牛　衝陣火牛轟雷炮
雜器	6	猛火油櫃　太平車　九牛甕　鑽架　遊火鑽箱　鐵火床
車	13	火龍捲地飛車　衝虜藏輪車　火櫃攻敵車　屏風車　萬勝神毒火屏風車　萬全車　架火戰車　破敵火風扆　神火萬全鐵圍營　揚風車　鐵汁油車　盛油引火車　行爐
水具	8	火船　水龍出水　水底龍王炮　八面神威風火炮　飛空滑水神油罐　既濟雷　渡水神機炮　隔河神捷火龍陣
地伏	18	地雷連炮　合打炮　地雷炸營　自犯炮　炸炮　石炸炮　萬彈地雷炮　無敵地雷炮　穿山破地火雷炮　伏地衝天雷炮　神武點機火箱　鋼輪發火　鋼輪伏火櫃　鋼輪木匣石板木架　空營式　伏雷炮　太極總炮　隱跡火陣
總	191	

　　依據表 8 的統計結果，可知《武備志》收錄火器共 191 種，其中以炮、銃、箭三類最多，其中火箭與其他兩類不同，火箭為冷兵器時代固有的火器，這類兵器多不使用火藥，造成的殺傷力也遠低於其他兩類。炮和銃的類別當中則不僅包含了傳統火器，還囊括了元明以來的諸多西洋火器，代表了萬曆年間明代火器發展的最高水平。

3.1.2　來自明代兵家的批評

　　然在這 191 種火器當中，真正應用於明代戰場的則集中於少數的幾種火器，如鳥銃、佛郎機、三眼銃、夾把槍等，其餘則多為奇技淫巧，不堪實戰之用。焦勖在《火攻挈要》「自序」當中也對《武備志》這一狀況進行了中肯的批評：

　　　　中國之火攻備矣，其書亦綦詳矣，似無容後人可贊一詞，然而時異事殊，有難以今昔例論深心者更不可不審機觀變對症求藥之為愈也，即古今兵法言之如《武經總要》、《武學大成》、《武學樞機》、《紀效新書》、《練兵實紀》、《練兵全書》、《登壇必究》、《武備志》、《兵錄一覽》、《知兵》諸書所載火攻，頗稱詳備。然或有南北異宜、水陸殊用，或利昔而不利於今者，或更有摭拾太濫無濟實用者，似非今日救急之善本也。〔註2〕

───────────────

〔註 2〕　〔明〕湯若望授，焦勖纂，趙仲訂，火攻挈要〔O〕，卷首自序，中華書局上海編輯所藏書，據清道光二十七年刻海山仙館本影印。

《武備志》在著錄火器之時，顯然就有此問題，所錄火器名色繁多，然多無濟實用。

3.2　萬曆末年明軍常備火器

上節當中對《武備志》中所收錄的火器進行了初步整理，然亦可知這些火器當中的大部分皆無濟實用，在本節當中筆者將通過萬曆天啟年間的史料來考述萬曆末年明軍中常備火器。

3.2.1　奏摺中的明代火器

萬曆二年工部覆薊遼總督劉應節奏討京營火器的請求：

> 工部覆總督薊遼都御史劉應節題討火器等項：「查得京庫廠局收貯火器專備防護都城，聽京營官軍關領，例不發邊。獨該鎮密邇京師，自隆慶元年以後破格量發數次。今仍於盔甲廠動支見貯鐵佛狼機二千架，馬銃四百副，夾把鎗二千杆并各隨用子銃、鉛彈、火藥、藥線等項，聽差官領回。其兵仗局題欲添造合成造中樣銅佛狼機銃三千副、大將軍十位、二將軍七十發位、三將軍二十位、神砲六百六十九個、神銃一千五百五十八把，補造中樣銅佛狼機銃一千二百副、小銅佛狼機銃五十副并乘務員隨用子銃、鉛彈、火藥等項，定銀三年之內盡數報完。」詔可。〔註3〕

在這段工部的覆文當中，可知在北京王恭廠、軍器局、盔甲廠等貯存的供給京營使用的火器有鐵鑄佛郎機、馬上佛郎機、夾把槍，以及隨用各色火藥、鉛子。同時覆文當中亦委派兵仗局成造中樣銅佛郎機、大將軍、二將軍、三將軍、神炮、神銃、小銅佛郎機，以及隨用火藥、鉛彈等。

萬曆四十六（1618）年五月直隸巡撫周師旦上奏，言由宣大兩鎮成造的火器，已分發至直隸各城堡。

> 直隸巡撫周師旦奏繳宣、大兩鎮造完大將軍、滅虜等砲、鳥銃、三眼銃等共一萬二千七百五十三件，暗甲、牛心盔共二萬六百八十七副，分給各城堡。〔註4〕

這些火器包括大將軍炮、滅虜炮、鳥銃、三眼銃等。

〔註3〕〔明〕明實錄〔O〕，神宗實錄，卷二十四，萬曆二年三月辛丑。
〔註4〕〔明〕明實錄〔O〕，神宗實錄，卷五百七十，萬曆四十六年五月丙申。

萬曆四十八（1620）年二月工部奏，遼東經略熊廷弼奏討的火器已裝載，并解往遼東，

> 工部奏：「經略熊廷弼疏討大炮，隨行兵仗局查發大砲二千位，
> 正在裝載發解間……臣等復簡出盔甲、王恭兩廠湧珠鐵砲二千位、
> 連珠鐵砲五百位，一一演放，甚皆堪用。」〔註5〕

這批火器包括大炮、湧珠鐵炮、連珠鐵炮。

天啓二年三月工部開具自萬曆四十六年起至天啓元年，援遼的軍需總數：

> 工部將發過援遼軍需自萬曆四十六年起至天啓元年止總數開具
> 以聞：天威大將軍十位，神武二將軍十位，轟雷三將軍三百三十位，
> 飛電四將軍三百八十四位，捷勝五將軍四百位，滅虜砲一千五百三十
> 位，虎蹲砲六百位，旋風砲五百位，神砲二百位，神鎗一萬四千四十
> 杆，威遠砲十九位，湧珠砲三千二百八位，連珠砲三千七百九十三位，
> 翼虎砲一百一十位，鐵銃五百四十位，鳥銃六千四百二十五門，五龍
> 鎗七百五十二杆，夾把鎗七千二百杆，雙頭鎗三百杆，鐵鞭鎗六千杆，
> 鈎鎗六千五百杆，旗鎗一千杆，大、小銅佛狼機四千九十架，清硝一
> 百三十六萬零六千九百五十斤，硫黃三十七萬六千二百八斤，火藥九
> 萬五百斤，大、小鉛彈一十四萬二千三百六十八個，大、小鐵彈一百
> 二十五萬三千二百個，帽兒、擺錫等盔三十六萬二百九頂，紫花、梅
> 花等甲二十六萬一千五百八十九副，綿紙甲一萬四千副，腰刀九萬八
> 千五百四十七把，長柄斧一千把，角弓四萬二千八百張，大、小攢箭
> 二百二十八萬四千枝，神箭十八萬枝，撒袋六百副，絲絃六萬四千六
> 百條……武剛車二百二十輛，輕車一百二十倆。外，本部解銀二萬兩
> 分發順天、山西、大同、宣府四鎮代造盔甲一萬副，又解順天撫院銀
> 一千兩修理戰車一百輛。以上俱經解廣寧應用訖。〔註6〕

這份奏章中顯示，自萬曆四十六（1618）年至天啓元年（1621），即自明與後金在遼東的戰爭開始，工部援遼的火器包括天威大將軍、神武二將軍、轟雷三將軍、飛電四將軍、捷勝五將軍、滅虜炮、虎蹲炮、旋風炮、神炮、神槍、威遠炮、湧珠炮、連珠炮、翼虎炮、鐵銃、鳥銃、五龍槍、夾把槍、大、小銅佛郎機，以及硝黃、鉛彈等。

〔註5〕〔明〕明實錄〔O〕，神宗實錄，卷五百九十一，萬曆四十八年二月丙子。
〔註6〕〔明〕明實錄〔O〕，熹宗實錄，卷二十，天啓二年三月庚戌。

3.2.2　工部成造的火器

結合萬曆四十三年（1615）年何士晉編纂的《工部廠庫須知》，萬曆後期王恭廠所成造的主要火器有：

盔甲王恭廠

虞衡分司注差主事三年，有關防二廠兼領，專掌修造軍器，所屬有軍器局。

年例軍器，每年成造。

成造連珠砲鉛彈二十萬個。

成造　夾靶鎗　鉛彈二十萬個

以上二項鉛彈係京營年例，春秋二操支領，向來京管濫領至二百六十餘萬個。

萬曆三十九年，部科酌議裁減，移會京營查取每年操演的數，大小鉛彈二百六萬七千二十個，本部復減六萬七千二十個。四十一年議題每年定額連珠鉛彈四十萬個，夾靶鉛彈一百六十萬個，

成造　夾靶等鎗砲、火藥三十萬斤，內：夾靶鎗火藥一十五萬斤。

成造　連珠砲火藥一十五萬斤。

成造　鳥嘴銃火藥三萬斤，

成造　起火屏風。

成造　夾靶鎗　五千杆

成造　湧珠砲六百位。

成造　連珠砲八百位。

成造　迅砲。

成造　大鐵銃。

成造　鳥嘴銃。

成造　大佛朗機一架，提炮六個，事件全。

前件，鐵佛狼機、提砲係京營官軍兌換火器，最爲吃緊。三年一次，赴廠兌換。若於按數，分別工料修理。如遇該營兌換缺額，不拘年分造成。

成造　火箭一架，計三十枝。〔註7〕

〔註7〕〔明〕何士晉撰，江牧校注，據明代萬曆刻本校注，工部廠庫須知〔O〕，卷

萬曆末年工部王恭廠成造的火器有大佛郎機、鳥嘴銃、大鐵銃、連珠炮、湧珠炮、夾把槍、火箭、起火屏風、迅炮。

3.2.3　明軍常備火器匯總

通計以上各文獻，萬曆末年明軍中配備的火器有：鐵鑄佛郎機、大佛郎機、中樣銅佛郎機、小銅佛郎機、馬上佛郎機、鳥嘴銃、夾把槍、湧珠炮、連珠炮、滅虜炮、虎蹲炮、三眼銃、神炮、神銃、大鐵銃、威遠炮、翼虎炮、旋風炮、火箭、起火屏風、迅炮、天威大將軍、神武二將軍、轟雷三將軍、飛電四將軍、捷勝五將軍。其中火箭、起火屏風爲傳統火器；威遠炮、虎蹲炮、神槍、神銃、三眼銃、神炮、翼虎炮、夾把槍、連珠炮、湧珠炮、旋風炮、迅炮、滅虜炮皆爲明初平交趾所得神機槍炮所衍生出來的火器，三眼銃即爲三捷神機；而各式佛郎機和鳥嘴銃則爲正德、嘉靖年間傳入的西洋火器；大將軍、二將軍等在不同時期爲不同的火器，《兵錄》當中所言的大將軍即爲佛郎機。

且根據文獻的記載，鳥銃、佛郎機、連珠炮、湧珠炮、夾把槍爲萬曆末年明軍中最爲常備的火器。

3.3　佛郎機核心技術特徵及其轉變

根據以上兩小節的內容可知《武備志》所載火器雖類目繁多，花樣別出，然萬曆末年在明軍中依然有所應用的火器不足二十種，而常備火器僅鳥銃、佛郎機、連珠炮、湧珠炮、夾把槍等少數幾種。這幾種火器當中僅鳥銃和佛郎機爲正德、嘉靖年間傳入的西洋火器，代表了萬曆末年明軍中常備火器的眞正水平。

由於《武備志》成書萬曆四十七年（1619），此時紅夷炮尚未應用於明代軍事活動當中，因而鳥銃和佛郎機即代表了萬曆末年火器的發展水平，因而對於鳥銃和佛郎機的研究顯得十分重要。而對於鳥銃的研究，筆者較前輩學者並不能有更多創見，因而筆者此處將不會對鳥銃作更多探討，僅就明代佛郎機進行研究。且鳥銃的來源正是嘉靖二十七年（1548），在明廷與倭寇的戰爭中，在雙嶼島繳獲的，因而鳥銃的製造技術對於明廷而言並非秘不可宣，

之八，盔甲王恭廠，北京：人民出版社，2013 年，第 222～252 頁。

對於鳥銃也能夠提供更多的文獻記載；而佛郎機的製造技術則被視作秘技，即便在《工部廠庫須知》這樣的官方文獻當中，也沒有詳實的記載，需要通過文獻和實物參數相互參校的方式展開研究。

本節中所要探討的正是《武備志》中所錄火器——佛郎機，佛朗機自正德年間傳入中國，是明末應用最爲廣泛的火器之一。《武備志》的編纂時間在1618～1619 年左右，此後在薩爾滸之役結束後，明廷轉而製造威力更爲強大的紅夷火炮，佛郎機漸遭淘汰，退出歷史舞臺，因而這一時期恰是佛郎機在明代發展的完成階段，借由《武備志》及其同時代的兵書對佛郎機進行研究分外合適。

3.3.1 相關研究綜述及問題的提出

伴隨 15 世紀末西歐大航海時代的到來，東西方世界開始了眞正的接觸，海上交通線日益建立起來；明正德年間（1506～1521），西歐火器泛海而來，自此佛郎機初傳中國，拉開了西洋火器傳華的序幕。本章所要探討的歷史階段，是從明正德年間佛郎機初傳中國，到崇禎元年（1628），明廷仿製出與佛郎機大小相仿的紅夷炮，佛郎機在明軍中的地位被紅夷炮所取代，這一歷史階段適逢西洋火器傳華，並在中國被大量仿製的時期；這一歷史階段又遭際明清政權的更迭，西洋火器在明清政權鼎革之際扮演了重要的角色。佛郎機恰是這一歷史時期傳入中國的最具代表性的西洋火器。本章將以 16～17 世紀間傳華的西洋火器佛郎機爲中心，通過爬梳史料，梳理出明代佛郎機製造標準化的推進脈絡，將文獻記載和現存明代實物佛郎機參數相互參校，進而指出明代佛郎機製造過程中所包涵的核心技術特徵，以及這些技術特徵的轉變方向。

現有的研究成果中，對明清之際傳華的佛郎機進行研究的著述頗爲豐富，從技術標準化角度對中國古代科學技術進行研究的也不乏論著，對於明末西洋火器仿製過程中的技術進步的實踐，史學界尚缺乏系統性的研究，僅有國防科技大學張煌的碩士論文《三大技術進步效應與明清軍事技術對抗格局的逆轉》，這篇文章中所涉及到的技術標準，多爲紅夷火炮鑄造過程中的技術標準。而對明末佛郎機的核心技術特徵進行深入研究，史家涉及此問題的直接研究尚屬空白。不過這並不意味著前人的研究成果不能爲涉此問題的研究提供幫助。如臺灣學者黃一農的《明末薩爾滸之役的潰敗與西洋火炮的引

進》〔註 8〕、《明代獨特複合金屬炮的興衰》〔註 9〕，周維強的《佛郎機銃與宸
濠之叛》〔註 10〕、《佛郎機銃在中國》〔註 11〕；大陸學者劉旭的《中國古代火
藥火器史》〔註 12〕、朱子彥的《明代火器的發展、運用與軍事領域的變革》〔註
13〕、王兆春的《中國火器史》〔註 14〕、徐新照的《論明代火器研製者探討彈
道學理論的特點》〔註 15〕、劉鴻亮的《明清王朝紅夷大炮的盛衰史及其問題
研究》〔註 16〕，王若昭的《明代對佛郎機炮的引進與發展》〔註 17〕等，都或
多或少地爲涉此問題的研究提供了幫助。本章將立足於原始資料的基礎上，
對此問題提出作者的一孔之見，以就教於大方。

3.3.2　明代佛郎機發展歷程回溯

「至明成祖平交趾，得神機槍炮法，特置神機營肄習」〔註 18〕，明代開
始批量製造大小神機槍炮，「大利於守，小利於戰，隨宜而用，爲行軍要器」
〔註 19〕，神機槍炮成爲明代的主流火器。此後近二百年間，明代火器製造再
無更大進展。「從十四世紀三四十年代起，中國的火器逐步形成了自己的固定
模式後，直至十六世紀初，很少發生過突破性的變化。」〔註 20〕

〔註 8〕黃一農，明末薩爾滸之役的潰敗與西洋火砲的引進〔J〕，臺灣：中央研究院歷
　　　史語言研究所集刊，2008，79（3）：377～413。
〔註 9〕黃一農，明清獨特複合金屬砲的興衰〔A〕，超越文本：物質文化研究所新視
　　　野〔C〕，2009 年 4 月 23 日刊登，74～136。
〔註 10〕周維強，佛郎機銃與宸濠之叛〔J〕，東吳歷史學報，2002（8）：93～127。
〔註 11〕周維強，佛郎機銃在中國〔M〕，北京：社會科學文獻出版社，2013 年。
〔註 12〕劉旭，中國古代火藥火器史〔M〕，鄭州：大象出版社，2004 年。
〔註 13〕朱子彥，明代火器的發展、運用與軍事領域的變革〔J〕，學術月刊，1995（5）：
　　　81～86。
〔註 14〕王兆春，中國火器史〔M〕，軍事科學出版社，1991 年。
〔註 15〕徐新照，論明代火器研製者探討彈道學理論的特點〔J〕，明史研究，2003
　　　（00）：013。
〔註 16〕劉鴻亮，明清王朝紅夷大炮的盛衰史及其問題研究〔J〕，哈爾濱工業大學學
　　　報（社會科學版），2005，7（1）：1～5。
〔註 17〕王若昭，明代對佛郎機炮的引進與發展〔J〕，清華大學學報（哲學社會科學
　　　版），1986（1）：101～110。
〔註 18〕〔清〕張廷玉等撰，明史〔O〕，卷九十二，志六十八，兵四，二二六六頁，
　　　北京：中華書局，1974 年。
〔註 19〕〔清〕張廷玉等撰，明史〔O〕，卷九十二，志六十八，兵四，二二六六頁，
　　　北京：中華書局，1974 年。
〔註 20〕王若昭，明代對佛郎機炮的引進與發展〔J〕，清華大學學報（哲學社會科學

　　明正德四年（1509），葡萄牙人抵達滿剌加，並於兩年後佔領其地。跟隨葡萄牙「蜈蚣船」泛海而來的，還有葡萄牙人藉以橫行海上的利器——佛郎機。佛郎機是 15 世紀末至 16 世紀前期流行於歐洲的炮種，佛郎機同當時明軍所裝備火炮相較，在構造上有著根本性差別。關於佛郎機初傳中國的時間學界尚未有定論，大致存在五種說法。〔註21〕然佛郎機初傳中國的時間雖不能確悉，卻也仍然可以大致推知大約在明正德年間，明人已經初次接觸到佛郎機，這裡不再糾結於佛郎機初傳中國的具體時間，下文將通過幾條史料，對佛郎機在明代的發展歷程進行簡單的回溯。

　　史料一：顧應祥云：佛狼機，國名也，非銃名也。正德丁丑，余任廣東僉事，署海道事。驀有大海船二隻，直至廣城懷遠驛，稱係佛狼機國進貢。〔註22〕

　　史料二：正德末，其國舶至廣東。白沙巡檢何儒得其制，以銅爲之，長五六尺，大者重千餘斤，小者百五十斤，巨腹長頸，腹有修孔。以子銃五枚，貯藥置腹中，發及百餘丈，最利水戰。駕以蜈蚣船，所擊輒糜碎。〔註23〕

　　史料三：「有東莞縣白沙巡檢何儒前因委抽分曾到佛狼機船，見有中國人楊三、戴明等年久住在彼國，備知造船鑄銃及製火藥之法。鋐令何儒密遣人到彼，以賣酒米爲由，潛與楊三等通話，諭令向化，重加賞費。彼遂樂從，約定其夜何儒密駕小船接引到岸，嚴審是實，遂令如式製造。」〔註24〕

　　史料四：其銃以鐵爲之，長五六尺。巨腹長脛，腹有長洞。以小銃九個，輪流貯藥，安入腹中放之。銃外又以木包鐵箍，以防決裂。海船舷下，每邊置四五個，於船艙內暗放之。他船相近，經其

版），1986（1）：101～110。

〔註21〕 尹曉冬、儀德剛，明末清初西方火器傳華的兩個階段〔J〕，內蒙古師範大學學報（自然科學漢文版），2007，36（4）：504～508。

〔註22〕 〔明〕鄭若曾撰，李致忠點校，籌海圖編〔O〕，卷十三下，北京：中華書局，2007 年版，第 903 頁。

〔註23〕 〔清〕張廷玉等撰，明史〔O〕，卷九十二，志六十八，兵四，二二六六頁，北京：中華書局，1974 年。

〔註24〕 〔明〕嚴從簡著，殊域周咨錄〔O〕，卷九，佛狼機條，《中外交通史籍叢刊》第 13，北京：中華書局，2000 年，第 321～322 頁。

一彈，則船板打碎，水進船滿。以此橫行海上，他國無敵。時因征海寇，通事獻銃式一個，并火藥方。此器會於教場中試之，止可百步。海船中之利器也，守城亦可。持以征戰則無用矣。後汪誠齋鋐為兵部尚書，請於上，鑄造千餘，發於三邊」〔註25〕

史料五：「嘉靖二年，佛郎機遂寇新會之西草灣，明官軍得其炮，即名為佛狼機，副使汪鋐進之朝。」〔註26〕

史料六：至嘉靖八年，始從右都御史汪鋐言，造佛狼機砲，謂之大將軍，發諸邊鎮。佛狼機者，國名也。〔註27〕

史料七：（佛郎機）小如二十斤以下，遠可六百步者，則用之墩臺，每墩一銃，以三人守之；大如七十斤以上，遠可五六里者，則用之城堡，每堡三銃，以十人守之。五里一墩，十里一堡，大小相依，遠近相應，可以收不戰之功。〔註28〕

史料八：十二年初，廣東巡檢何儒，常招降佛狼機國番人，因得其蜈蚣船銃等法，以功升上元主簿，令於操江衙門監造以備江防。〔註29〕

史料九：大樣中樣小樣佛狼機銅銃【大樣、嘉靖二年、造三十二副、發各邊試用。管用銅鑄、長二尺八寸五分、重三百餘斤。每把另用短提銃四把、輪流實藥腹內、更迭發之。中樣、嘉靖二十二年、將手把銃、碗口銅銃改造、每年一百五副。又停年例銃砲銃箭石子麻兜馬子等件、添造一百副。小樣、嘉靖七年、造四千副、發各營城堡備敵。重減大銃三分之一。八年、又造三百副。二十三年、造馬上使用小佛朗機一千副。四十三年、又造一百副】

〔註25〕〔明〕茅元儀撰，鵜飼石齋訓點，武備志〔O〕，卷二百二十二，軍資乘，火四，火器圖說一，佛狼機條，日本早稻田大學圖書館藏，大阪：睹春堂，寬政四年（1792）重修本。

〔註26〕〔清〕張廷玉等撰，明史〔O〕，乾隆武英殿刻本，卷三百二十五列傳第二百十三。

〔註27〕〔清〕張廷玉等撰，明史〔O〕，卷九十二，志六十八，兵四，二二六六頁，北京：中華書局，1974年。

〔註28〕〔明〕王圻，續文獻通考〔O〕，第134卷，續修四庫全書，乾隆本，上海：上海古籍出版社，2002年，第3996～3997頁。

〔註29〕〔明〕徐學聚，國朝典匯〔O〕，卷一百五十二，兵部十六，戰具，明天啓四年本。

佛朗機鐵銃【嘉靖四十年造】

流星砲【嘉靖七年、用黃銅鑄一百六十副、發各邊試驗。式如佛朗機。每副砲三筒、共重五十九斤一十四兩】

百出先鋒砲【式如佛朗機、損其筒十之六、納小炮十、繫火繩於筒外、連發連納、末有銳鋒如戈形、長六寸、以代鐵槍。一人持放、馬上亦可】

連珠佛朗機砲【用熟鐵造、二管合為一柄、每管各盛小砲一個、□二接連點放。上二器、俱嘉靖二十三年題准、山西三關自造】〔註30〕

通過上述九則史料，我們可以對佛郎機傳入中國的歷程有所瞭解。即，正德十二年（1517），明人初識佛郎機；正德末，明白沙巡檢何儒得佛郎機火炮并火藥方，並在廣東如式仿製；嘉靖二年（1523），時任廣東按察副使的汪鋐將佛郎機進獻明廷，同年，造大中小樣佛郎機，發往各邊試用；嘉靖八年（1529），嘉靖皇帝從汪鋐之請，鑄造佛郎機千餘，發往各邊；嘉靖九年（1530），汪鋐奏請批量製造佛郎機，以裝備各邊鎮；嘉靖十三年（1534），何儒於操江衙門監造水上佛郎機；嘉靖十六年（1537），造馬上佛郎機；嘉靖四十年（1561），造佛郎機鐵銃。至此，佛郎機在明朝得到大規模的製造，至嘉靖末年，佛郎機逐漸成為明軍裝備之主流火器之一，戚繼光稱之為「天下通有之利器」。

3.3.3 核心技術特徵之一：子母銃結構

應當注意的是，明廷在仿製佛郎機的過程當中，結合邊防與海防的實際，對佛郎機進行了一系列的仿造和改進。發展出大中小樣佛郎機，大利於守，小利於攻；結合北方邊防的實際，製造出適合騎兵使用的馬上佛郎機；為抵禦倭寇的入侵，又製造出適合江防與海防的水上佛郎機；明代一批優秀的軍事技術家如翁萬達、趙士禎、戚繼光等，將佛郎機與傳統火器相結合，製造出了百出先鋒炮、掣電銃、無敵先鋒炮和萬勝佛郎機，實現了佛郎機的本土化〔註31〕，如自嘉靖二十二年（1543）起，軍器局每年將數以百計的銅手銃、

〔註30〕〔明〕申時行等，大明會典〔O〕，卷一百九十三，工部十三，軍器軍裝二，火器，《續修四庫全書》第791冊，上海：上海古籍出版社，2002年。

〔註31〕馮震宇，論佛郎機在明代的本土化〔J〕，自然辯證法通訊，2012（3）：57～62。

碗口銃依照佛郎機進行改造，「中樣，嘉靖二十二年，將手把銃、碗口銅銃改造，每年一百五十副」〔註32〕；戚繼光將重達千餘斤的「大將軍」發熕改裝成佛郎機式。本文將這些火器統稱爲「佛郎機系火器」。

明廷對佛郎機的仿製和改制，在明代兵書中有所記載。「（佛郎機）其制出於西洋番國，嘉靖年始得而傳之，中國之人更運巧思而變化之，擴而大之以爲發鑛，發鑛者，乃大佛狼機也；約而精之，以爲鉛錫銃，鉛錫銃者，乃小佛狼機也。其制雖若不同，實由此以生生之耳」〔註33〕，《兵錄》亦云「夫此一器也，擴而大之爲發熕，約而精之爲鉛錫銃，發熕者大佛鑛機也，鉛錫銃者小佛鑛機也，其制雖若不同，實由此以生生耳」。〔註34〕然而，這些源自佛郎機銃的火器系列是否存在共同的技術特徵？下文中將通過對現存明代火炮的考察，同時參考文獻中對這些火炮的記述，對其進行考證，以期解答這一問題。

嘉靖二年仿造的大樣佛郎機，長爲明尺 2 尺 8 寸 5 分，重 300 餘斤，子母銃結構，有提銃 4 個，中、小樣佛郎機，都依佛郎機仿製，并損益之〔註35〕；依據佛郎機仿製的火器先鋒炮，亦稱百出先鋒炮，其長度較佛郎機短，子母銃結構，長度約爲明尺 1.8 尺，有子銃 10 個〔註36〕；嘉靖七年製造的流星炮，重 59 斤 14 兩，子母銃結構，有子銃 3 個〔註37〕；嘉靖二十三年製造的連珠佛郎機，爲雙管雙子銃結構〔註38〕；飛礞炮母銃長 1 尺，子銃長 4 寸，母銃口徑 3 寸，或 2 寸 5 分〔註39〕；子母銃母銃 6 斤，子銃 1 斤，母銃長 4 尺 2 寸，子銃長 7 寸〔註40〕；大將軍銃子銃 250 斤，母銃重 1000 斤，長 6 尺〔註41〕；還有

〔註32〕　〔明〕李東陽等，大明會典〔O〕，卷一百九十三，工部十三，軍器軍裝二，火器，《續修四庫全書》第 791 冊，上海古籍出版社，2002 年。

〔註33〕　〔明〕茅元儀撰，鵜飼石齋訓點，武備志〔O〕卷二百二十二，軍資乘，火四，火器圖說一，佛狼機條，日本早稻田大學圖書館藏本，大阪：賭春堂，寬政四年（1792）重修本。

〔註34〕　〔明〕何汝賓，兵錄〔O〕，卷之十二，佛郎機條。

〔註35〕　〔明〕李東陽等，大明會典〔O〕，卷之一百九十三，軍器軍裝二，火器。

〔註36〕　〔明〕李東陽等，大明會典〔O〕，卷之一百九十三，軍器軍裝二，火器。

〔註37〕　〔明〕李東陽等，大明會典〔O〕，卷之一百九十三，軍器軍裝二，火器。

〔註38〕　〔明〕李東陽等，大明會典〔O〕，卷之一百九十三，軍器軍裝二，火器。

〔註39〕　〔明〕茅元儀撰，武備志〔O〕，卷二百二十二，軍資乘，火四，火器圖說一，佛狼機條，日本寬政四年（1792）重修本。

〔註40〕　〔明〕何汝賓，兵錄〔O〕，卷之十二，子母銃條。

〔註41〕　〔明〕何汝賓，兵錄〔O〕，卷之十二，大將軍銃條。

諸如馬上佛郎機、飛雲霹靂炮等佛郎機系火器。這些火器儘管在炮身長度、炮體重量、子銃數量等方面都存在極大差異，但無一例外，這些火器都採用了子母銃結構。由此可以推知子母銃結構是佛郎機系火器的基本結構，因而佛郎機系火器的核心技術特徵之一便是子母銃結構。

學界普遍認爲佛郎機系火器皆爲後裝滑膛式火器，然事實並非如此。明代依佛郎機仿製的飛礦炮、子母銃、七星銃、拐子銃、萬勝佛郎機、三眼槍、六合炮皆爲前裝填式子母銃，現以萬勝佛郎機爲例進行簡要說明，

> 萬勝佛狼機　母砲長一尺六寸，底上稍許有孔，旁系鐵捎，底至火門一寸六分，子砲長一尺七寸，底稍上有門，底至火門一寸，如望下放打，以捎從孔關在子砲之間，已防倒出。

> 每位人三名，仍各帶銃棍一根，此器蓋彷佛狼機，而略爲更易者也，佛狼機重大，利於船不利於步騎，且提砲短小，氣泄無力。今改子砲，子砲三套九位，身長氣全而有力，一裝一放，循環無端。照星照門對準方發，平放兩百餘步，每用藥三錢，鉛子一枚，重三錢，可佐威遠與連砲。〔註42〕

依據文獻記載，萬勝佛郎機母炮炮長 1 尺 6 寸，子炮炮長卻達 1 尺 7 寸，子炮長於母炮，明顯已不適用與採用後裝填式。而其子炮加長的主要目的，顯然是爲了解決傳統佛郎機由於子銃短小，當子銃裝入母銃時，子銃與母銃之間存在接縫，導致銃氣洩露，打放無力的狀況。子銃銃長大於母銃，則打放之時，彈丸全然不經過母銃的銃管，而是直接從子銃銃管打出，不會造成銃氣外泄的狀況發生。然此種方式顯然不適用於中大型佛郎機，只適用於小型佛郎機系火器。但無論如何子母銃結構作爲佛郎機系火器的核心結構特徵，是沒有疑義的。

3.3.4　核心技術特徵之二：母銃銃長不超過六尺

茅元儀在《武備志》中對明代佛郎機的具體形制有詳細的描述：

> （佛郎機）其妙處在母銃管得法，子銃在腹中，亦要兩口得法，使火氣不泄，又每放得擊出子銃數丈傷人，必用鐵鬥者佳，其妙處在前後二照星，後柄稍從低庶不礙，托面以目照對其準，在放銃之

〔註42〕〔明〕茅元儀撰，武備志〔O〕，卷二百二十二，軍資乘，火七，火器圖說四，銃二，萬勝佛狼機條，日本寬政四年（1792）重修本。

人,用一目眇看後照星孔中對前照星,前照星孔中對所打之物。……
每位子銃九門、鐵拴二條、鐵錘一把、合口凹心鐵送一根、鐵剪一
把、鐵錐一把、鐵藥匙一把;火藥,每子銃一門備十出,九子共九
十出。一號長九八尺、口必容鉛子每丸一斤、用藥一斤、二號長七
六尺、口必容鉛子每丸十兩、用藥十一兩、三號長五四尺、口必容
鉛子每丸五兩、用藥六兩、四號長三二尺、口必容鉛子每丸三兩、
用藥三兩半、五號長一尺、口必容鉛子每丸三錢、用藥五錢、以上
銃有大小、藥有多寡、隨機大小照子銃口加減分兩、合口鉛子九十
出、每出一丸、分兩照銃號大小坐數、火繩三條、每條長合一丈五
尺、粗可如指、以舊布爲之、三條共重一斤、母銃銅鐵不拘、子銃
必用熟鐵、惟以堅厚爲主、一號二三號者可用於舟城營壘,四號者
可用於行營、五號者只可爲玩具。〔註43〕

即佛郎機銃爲子母銃,每位佛郎機配備子銃九門,每子銃配備火藥十出,銃
身有前後二照星,有些還配備有木製炮架,在使用時還配備有其他部件,鐵
拴二條、鐵錘一把、合口凹心鐵送一根、鐵剪一把、鐵錐一把、鐵藥匙一把,
以便裝填火藥,發射鉛子之用。明代仿製的大中小樣佛郎機,根據其質量大
小和體型大小,大致有五種型號,如下表所示:

表9 《武備志》載各型號佛郎機

佛郎機型號	長度（明尺）	長度（單位：cm）	鉛子重（明斤）	鉛子重（單位：g）	火藥用量（單位：/丸）	火藥用量（單位：g/丸）	子銃個數
一號佛郎機	8～9尺	256～288	1斤	596.8	1斤	596.8	9
二號佛郎機	6～7尺	192～224	10兩	373	11兩	410.3	9
三號佛郎機	4～5尺	128～160	5兩	186.5	6兩	223.8	9
四號佛郎機	2～3尺	64～96	3兩	111.9	3.5兩	130.55	9
五號佛郎機	1尺	32	3錢	11.19	5錢	18.65	9

注：第3列將長度單位由明代尺度換算爲米制,明尺1尺約爲今32釐米,第5列將
　　重量單位由明代的斤換算爲千克,明斤1斤約爲今596.8克〔註44〕

〔註43〕〔明〕茅元儀撰,武備志〔O〕,卷二百二十二,軍資乘,火四,火器圖說一,
　　　　佛狼機條,日本早稻田大學圖書館藏本,大阪:賭春堂,日本寬政四年（1792）
　　　　重修本。

〔註44〕丘光明,中國古代度量衡〔M〕,北京:商務印書館,1996年,第190頁。

　　明代仿製的佛郎機分爲諸多型號，通過上表可以知悉，不同規格的佛郎機在炮管長度、炮身重量、彈丸大小、裝藥量多少方面都存在極大的差別，因而炮管長度、炮身重量、彈丸大小、裝藥量多少顯然都不能夠作爲佛郎機的核心技術特徵來考察。

　　爲了便於將現存實物佛郎機與史籍所載佛郎機相互印證與對照，現依照明代一些軍事文獻中的記載，將諸佛郎機系火器的形制稍作整理於下表當中，然由於明代視火器爲神器，嚴禁民間私造火器，「私販硝磺之禁固嚴，而火器私造之禁尤嚴。我太祖自平群凶之後，火器收之神機庫，庫曰神機，言不欲輕泄也。雖邊鎮總兵，亦不得私藏私置，蓋謂此無敵之器不敢輕用，亦不容人人曉其制度而私相授受也」〔註45〕；同時也對各軍鎮製造火器實行嚴格管制，正統六年（1441 年），邊將黃眞、楊洪在宣府獨立設立神銃局製造火器，英宗朱祁鎮「以火器外造，恐傳習漏泄，敕止之。」〔註46〕弘治九年（1496 年），明孝宗朱祐樘重申：「神槍神炮，在外不許擅造，遇邊官奏討，工部奉行內府兵仗局照數給」〔註47〕。因而這些軍事文獻當中對火器的記載多有不詳之處，但用以佐證現存明代實物火器，亦具有一定參考價值。

表 10　文獻所載佛郎機系火器參數〔註48〕

名　稱	製造時間	材質	火炮重量	炮身長度	口徑	裝填火藥量	子銃個數
大樣佛郎機	嘉靖二年	銅	300 斤	二尺八寸五分（91.2cm）			4
中樣佛郎機	自嘉靖二十二年始	銅					
小樣佛郎機	嘉靖七年、八年	銅	200 斤				

〔註45〕〔明〕王鳴鶴，火攻答〔O〕。
〔註46〕〔清〕張廷玉，明史〔O〕，卷九十二，志六十八，兵四。
〔註47〕〔明〕李東陽等，大明會典〔O〕，卷之一百九十三，軍器軍裝二，火器。
〔註48〕該表內容主要來源於四個主要文獻：明會典〔O〕，卷之一百九十三，軍器軍裝二，火器；〔明〕茅元儀撰，武備志〔O〕，卷二百二十二至卷二百二十五，軍資乘，火四、五、六、七，火器圖說一、二、三、四；日本寬政四年（1792）重修本；〔明〕何汝賓，兵錄〔O〕，卷之十二；〔明〕畢懋康，軍器圖說〔O〕，四庫禁燬書叢刊〔O〕，影印明崇禎十一年張繼孟刻本，北京：北京出版社，2000年，第348頁。

馬上佛狼機	嘉靖十七年、嘉靖二十三年、四十三年					
佛狼機鐵銃	嘉靖四十年	鐵				
流星炮	嘉靖七年	黃銅	59斤14兩			3
百出先鋒炮	嘉靖二十五年			損佛狼機之十之六，約1.8尺（57.6cm）		10
發熕	隆慶三年	銅	500斤			
連珠佛郎機	嘉靖二十三年	熟鐵				雙管雙子銃
飛雲霹靂炮		生鐵				
飛礦炮		鐵		母銃長一尺（32cm），子銃長四寸（12.8cm）	母銃口徑三寸，子銃口徑二寸五分	
子母銃		鐵	母銃6斤，子銃1斤	母銃長四尺二寸（142.8cm），子銃長7寸（22.4cm）		4
子母百彈銃		熟鐵		每銃長一尺五寸，子銃長五寸		外箍小銃10條
萬勝佛郎機		熟鐵		母炮長一尺六寸，底至火門一寸六分，子炮長一尺七寸，底至火門七寸		三套9位
七星銃		淨鐵		子銃各長一尺三寸		七銃，居中一大銃，圍旋六銃
六合銃		堅木		母銃體長三尺，內自上口至腹深二尺，子銃厚五分，徑五寸，高五寸		子銃1門
拐子銃		熟鐵		母銃長一尺二寸、長子銃三寸	母銃徑二寸二分，子銃徑一寸七分	

大將軍銃		子銃 250 斤，母銃 1000 斤	長 6 尺（約 192cm）			
提心銃						提心五個
神飛炮一號		重 1000 斤	母炮長 8 尺，子炮長 15 寸	母炮徑 8 寸，子炮內徑 7 寸	5 斤	5
神飛炮二號		重 800 斤	母炮長 7 尺	母炮徑 7 寸		5
神飛炮三號		重 600 斤	母炮長 6 尺	母炮徑 5 寸		

注：該表採用的單位均爲明代度量衡單位

　　爲便於研究，本文參考了多位學者的研究成果與實地測量結果，將具備有效參數的「現存明代實物佛郎機」，整理成參數表，當然也對其中一些空缺項，進行了合理的推斷和塡補。

表 11　現存明代實物佛郎機參數表〔註49〕

序號	製造時間	全長（cm）	口徑（cm）	全長／口徑	子銃／母銃	材質	銘文	編號	出土地點或收藏處
1	嘉靖九年（1530年）	29.5	2.7	10.9	子銃	銅	子銃：勝字捌百拾捌號流星炮嘉靖庚寅年造	勝字818號	中國人民革命軍事博物館藏，1984 年 11 月 8 日《解放報》報導
2	嘉靖九年（1530年）	29	2.6	11.2	子銃	銅	子銃：勝字捌百貳拾貳號流星炮嘉靖庚寅年造	勝字822號	中國人民革命軍事博物館藏，1984 年 11 月 8 日《解放報》報導

〔註49〕　本圖表參考了成東，明代後期有銘火炮概述〔J〕，文物，1993（4）：79～86；王兆春，中國火器史〔M〕，軍事科學出版社，1991 年版，第 284～310 頁，「中國古代火炮一覽表」；黃一農，明清獨特複合金屬砲的興衰〔A〕，超越文本：物質文化研究所新視野〔C〕，2009 年 4 月 23 日刊登，74～136；尹曉冬，16～17 世紀西方火器技術向中國的轉移〔M〕，山東教育出版社，2014 年，第 51～54 頁，「出土佛郎機實物一覽表」；劉旭，中國古代火藥火器史〔M〕，大象出版社，2004 年版，第 106～116 頁，「明代有銘火炮一覽表」；周維強，佛郎機銃在中國〔M〕，北京：社會科學文獻出版社，2013 年；……多位學者研究成果的基礎之上，筆者剔除了部分沒有具體參數的條目，並依據分析對個別條目做出了補充。

3	嘉靖九年（1530年）	30.9	2.5	12.4	子銃	銅	嘉靖庚寅年造流星炮重柒斤肆兩		首都博物館藏，成東：《明代後期有銘火炮概述》，載《文物》，1993（4）
4	嘉靖九年（1530年）	29.3	2.7	10.9	子銃	銅體鐵心		勝字6443號	楊豪：《遼陽發現明代佛郎機銃》，載《文物資料叢刊》，1983（7）
5	嘉靖九年（1530年）	30.9	2.5	12.4	子銃	銅	嘉靖庚寅年造流星炮，重柒斤肆兩		首都博物館藏，成東：《明代後期有銘火炮概述》，載《文物》，1993（4）
6	嘉靖十年（1531年）	120	4	30	母銃	銅	勝字壹仟貳拾壹號流星炮筒嘉靖辛卯年兵仗局造	勝字1021號	首都博物館藏，成東：《明代後期有銘火炮概述》，載《文物》，1993（4）
7	嘉靖十二年（1533）	29.5	2.6	11.3	子銃	銅	勝字二千四百五十一號，佛郎機中樣銅銃，嘉靖癸巳年兵仗局造，重九斤四兩	勝字2451號	藏中國歷史博物館
8	嘉靖十二年（1533年）	29.5	2.6	11.3	子銃	銅體鐵心	勝字貳千肆百伍拾壹號佛郎機中樣銅銃嘉靖癸巳年兵仗局造重玖斤肆兩	中樣勝字2451號	中國歷史博物館藏，成東：《明代後期有銘火炮概述》，載《文物》，1993（4）
9	嘉靖十二年（1533年）	29.5	2.6	11.3	子銃	銅體鐵心	勝字貳千柒百貳拾貳號佛郎機中樣銅銃嘉靖癸巳年兵仗局造重拾斤	中樣勝字2722號	中國歷史博物館藏，成東：《明代後期有銘火炮概述》，載《文物》，1993（4）
10	嘉靖十九年（1540年）	15.4	2.8	5.5	子銃	銅	馬上佛郎機銃貳千肆百肆拾號嘉靖庚子年兵仗局造重壹斤拾兩	馬上2440號	1984年北京延慶出土，程長新：《北京延慶發現明代馬上佛郎機》，載《文物》，1986（12）

11	嘉靖十九年（1540年）	15.4	2.8	5.5	子銃	銅	馬上佛郎機銃 貳千伍百伍拾柒號 嘉靖庚子年兵仗局造 壹斤拾貳兩	馬上2567號	1978年遼寧遼陽出土
12	嘉靖二十年（1541）	29.3	2.7	10.9	子銃	銅體鐵心	勝字六千二百七十四號，佛郎機中樣銅銃，嘉靖辛丑年兵仗局造，重八斤八兩	勝字6274號	1978年遼陽出土
13	嘉靖二十年（1541年）	29.3	2.7	10.9	子銃	銅體鐵心	勝字陸千貳百柒拾肆號佛郎機中樣銅銃 嘉靖辛丑年兵仗局造 重捌斤捌兩	中樣勝字6274號	1978年遼寧遼陽出土，楊豪：《遼陽發現明代佛郎機銃》，載《文物資料叢刊》，1983（7）
14	嘉靖二十年（1541年）	91	3.75	24.3	母銃	銅	嘉靖二十年造 勝字四十二號劉桂	勝字42號	首都博物館藏，成東：《明代後期有銘火炮概述》，載《文物》，1993（4）
15	嘉靖二十二年（1543）	23	3.5	6.6	子銃		勝字十七號	勝字17號	北京首都博物館
16	嘉靖二十二年（1543年）	91	4	22.8	母銃	銅體鐵心	嘉靖二十二年造 年例勝字三百六號 工匠張敏 子銃：勝字十七號	勝字306號、17號	首都博物館藏，成東：《明代後期有銘火炮概述》，載《文物》，1993（4）
17	嘉靖二十三年（1544年）	74	3	24.7	母銃	銅	柒仟捌佰陸拾壹號 重九斤八兩 嘉靖甲辰年兵仗局	馬上7861號	1976年北京西城區出土，程長新：《北京延慶發現明代馬上佛郎機》，載《文物》，1986（12）
18	嘉靖二十四年（1545年）	64.5	2.3	28	母銃	銅	嘉靖二十四年造 年例勝字三百七號 作頭阮義	勝字307號	首都博物館藏，成東：《明代後期有銘火炮概述》，載《文物》，1993（4）

19	嘉靖二十八年（1549年）	91	4	22.8	母銃		嘉靖二十八年 勝字四十二號	勝字42號	首都博物館藏國防科工委編輯室：《中國大百科全書·軍事卷》
20	萬曆十年（1582年）	131	3.2	40.9	母銃	鐵	萬曆十年正月 匠易二天五號	天5號	日本遊就館藏，有馬成甫：《火炮の起原とその伝流》
21	天啓五年（1625年）	15.4	1.6	9.6	子銃	銅			故宮博物館藏
22		127	3.5	36.3	母銃	鐵	七十三番		日本遊就館藏，有馬成甫：《火炮の起原とその伝流》
23		124	4.2	29.5	母銃	鐵			日本遊就館藏，有馬成甫：《火炮の起原とその伝流》
24		184	5.8	31.7	母銃	鐵			有馬成甫：《火炮の起原とその伝流》
25		57	3	19	母銃	鐵			有馬成甫：《火炮の起原とその伝流》

　　該表當中，包括佛郎機母銃 11 架、子銃 14 架，火炮類型包含了流星炮、馬上佛郎機、大中小樣佛郎機等多種類型的佛郎機系火器，如上表中的 1-4 號火器即是流星炮。將表 9 與表 11 兩相對照，已知表 10 中的 5、6、9、20、21 皆為中樣佛郎機子銃，這些子銃的長度皆在 29～30cm 左右，表 9 當中「一號佛郎機」長度在 256～288cm 之間，即便「四號佛郎機」長度亦在 64～96cm 之間，中樣佛郎機長度應當長於 64cm，而中樣佛郎機子銃長度僅為 29～30cm 左右，因而表 9 中所指的佛郎機的長度當為佛郎機母銃銃身長度，而非子銃長度。

　　依據表 11：現存實物佛郎機參數表，將該表中佛郎機母銃和子銃的銃長分別用散點圖來表現如下：

圖 11　現存實物佛郎機母銃長度散點圖

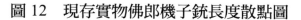

圖 12　現存實物佛郎機子銃長度散點圖

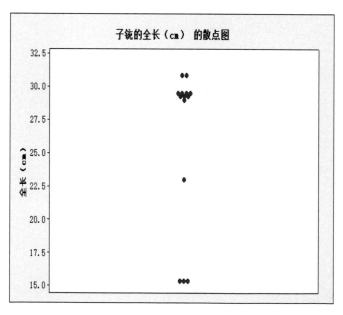

　　從圖 11 當中可以清楚地看到，現存最大的實物佛郎機母銃長約 184 釐米。此長度與表 10 中大將軍銃的長度 192 釐米，極為接近，兩者僅僅相差 8

釐米，這一差異就明代的火器鑄造技術而言，可以被當作一個合理的誤差範圍，由此推知該佛郎機銃即爲表 10 所記載的大將軍銃無疑。又根據何汝賓《兵錄》的記載「火器之大者莫過於大將軍銃」，又載大將軍銃的長度爲 6 尺，可知明代仿製的最大的佛郎機銃長度約爲明尺 6 尺左右。然這就與從表 9 中獲知的一號佛郎機長度在 8 到 9 尺，即便二號佛郎機長度也在 6 到 7 尺，這一記載產生了衝突，大將軍銃從長度來看勉強算得上二號佛郎機，而像一號佛郎機般巨大的佛郎機既沒有其他文獻的佐證，也不能通過實物佛郎機來驗證，由此可以推斷《武備志》中所記載的「一號佛郎機」僅爲理論上的存在，並不曾大量製造，也不曾廣泛應用於戰場。

表 9 中銃長一尺的「五號佛郎機」，在表 11 當中也難尋蹤跡，由圖 11：母銃長度分佈散點圖，可知現存實物佛郎機母銃最小者銃長爲 57 釐米，接近於明尺兩尺（64cm），在合理誤差範圍內，應當歸爲「四號佛郎機」或表 10 中的百出先鋒炮，這也恰印證了《武備志》中「五號者只可爲玩具」的說法，顯然「五號佛郎機」亦不曾在明代大量製造和應用。因而可知明代製造的佛郎機長度幾乎都在 1 尺 8 寸到 6 尺之間，即 57.6～192cm 之間，當然這一範圍上下還存在一定的合理誤差範圍。然銃長小於 1 尺 8 寸，並不是制約佛郎機製造的關鍵技術因素，銃長小於 1 尺 8 寸的佛郎機，僅是由於殺傷力極小，不利於戰場實際應用，而並非技術性限定因素。

而佛郎機系火器母銃銃長不大於 6 尺，卻是一個明顯制約佛郎機製造的關鍵技術因素，直到紅夷炮的出現，才眞正打破了這一制約，因而銃長不超過 6 尺顯然是明代佛郎機的又一核心技術特徵。形成這一制約因素的原因，誠然是由於前文所述佛郎機核心技術特徵之一——子母銃的結構所造成的，且上文中也探討過前裝塡式子母銃的結構只適用於小型佛郎機系火器，中大型佛郎機仍需採用後裝塡式子母銃的結構，銃長在 6 尺及以上的佛郎機顯然是大型佛郎機。採用後裝塡式子母銃的結構，子銃與母銃之間存在接縫，閉氣性能差，容易產生漏氣的狀況，若母銃過長，由於銃氣洩露，彈丸出母銃銃口時便愈無力，射程反而更短，明末在佛郎機的仿製過程中，必然是經過了反覆試驗，得到當銃長在 6 尺左右時，佛郎機射程達到最大有效值；還由於佛郎機鑄造過程中（如圖 14 所示），「務要子母二銃之口，圓徑分毫不差，方爲精器」〔註 50〕，即要求子銃口徑與母銃口徑大小一致，即如圖 14 所示，

〔註50〕 〔明〕茅元儀撰，武備志〔O〕，卷二百二十二，軍資乘，火四，火器圖說一，

在理想狀態下，子銃口內徑 d＝母銃口內徑 D。又由於佛郎機又要求「是器之妙，全在子母銃筒，大小合一，……渾湊緊密，不得絲毫大小」〔註51〕，即在理想狀態下子銃內徑 d＝母銃口內徑 D＝母銃管內徑 D'，然「今人不諳此義，以銃身後截，既為半徑托銃，蓋托銃既窄，則子銃必小而薄，合之母銃，竟小數分……彈才脫口，而母銃寬大熿蕩，藥力散漫」〔註52〕，即在實際的鑄造過程當中，由於佛郎機母銃銃管內徑前後一致，即母銃口內徑 D＝母銃銃管內徑 D'，母銃銃管內徑 D'大於子銃口內徑 d，子銃鑄造裝填稍有不慎，彈丸出子銃時運行軌跡與母銃銃管走向不一致，發生歪斜，極端情況下，亦會碰撞銃壁，出現圖14中連續碰撞母銃銃管，作折線運動的狀況，在這種情況下，每次碰撞管壁都會消耗動能，甚至可能引起彈丸未出母銃銃管之前，已經炸裂的狀況，造成母銃膛裂，并傷及銃手，且母銃越長，彈丸在母銃銃管中發生歪斜的可能性也越大，因而母銃銃管長度亦不能過長。以上兩點顯然是造成佛郎機銃長不能長於6尺這一制約因素的原因。

圖13　首都博物館藏明嘉靖二十四年阮義造佛郎機

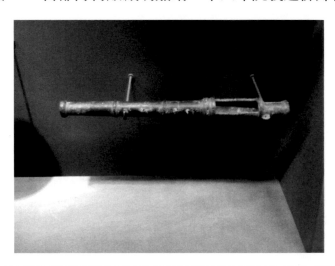

佛狼機條，日本早稻田大學圖書館藏本，大阪：賭春堂，日本寬政四年（1792年）重修本。

〔註51〕〔明〕湯若望授，焦勗輯，火攻挈要〔O〕，卷上，製造狼機鳥銃說略，影印清道光年間潘仕成輯《海山仙館叢書》刊本，《百部叢書集成·初編》，藝文印書館，1968年，第26b頁。

〔註52〕〔明〕湯若望授，焦勗輯，火攻挈要〔O〕，卷上，製造狼機鳥銃說略，影印清道光年間潘仕成輯《海山仙館叢書》刊本，《百部叢書集成·初編》，藝文印書館，1968年，第26b頁。

圖 14　佛郎機銃剖面簡圖

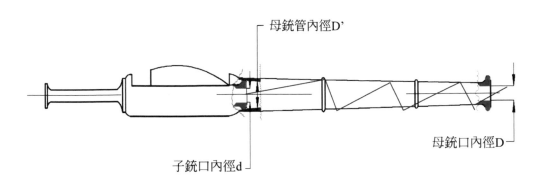

注：本圖未對佛郎機銃管管壁厚度進行標識，子銃口內徑標記爲 d，母銃口
　　內徑標記爲 D，子銃出口所在位置母銃的管內徑 D'

3.3.5　核心技術特徵之三：子銃長徑比多在 10 左右或以下

　　依據「表 11：現存實物佛郎機參數表」中實物佛郎機銃長/口徑的數據，
即長徑比數據，製作散點圖如下：

圖 15　現存明代實物佛郎機長徑比散點圖

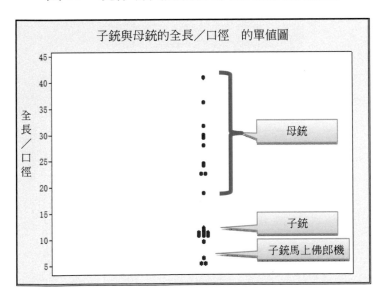

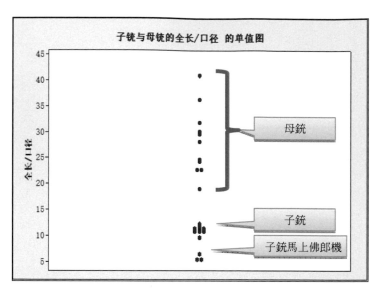

從實物佛郎機長徑比散點圖中，可以知悉佛郎機系火器，母銃長徑比多在 20～45 之間，子銃的長徑比多在 9～12 之間，當然馬上佛郎機子銃除外，馬上佛郎機子銃長徑比為 5.5。許多學者依據現代火炮理論，探討倍徑（火門至炮口之距離與口內徑的比例）技術在明代火炮製作過程中的應用與影響，其中自然不免涉及到佛郎機的倍徑問題，然而筆者認為倍徑這一概念不適合應用於對佛郎機系火器製作技術的探討，這主要是由於彼時的機械製造精度不高，導致火藥的爆炸氣體常從子銃與母銃的接縫處泄出，這與 16 世紀末 17 世紀初出現的前裝滑膛式火炮有著極大的區別，倍徑技術只適合於對前裝滑膛式火炮的探討，而不適用於對明代佛郎機系火器母銃的探討，因而本文中將不在就倍徑問題對佛郎機系火器母銃進行研究。

明代佛郎機系火器母銃的長徑比多在 20～45，首先由圖 15 可以看出其分佈極為分散，其次就佛郎機火器而言，長徑比與倍徑有著極大的相關性，倍徑與母銃的長徑比幾乎變化方向一致，因而母銃的長徑比並不具備太大的參考意義，母銃的長徑比存在的意義可能僅僅是在製造過程中用來中母銃銃長進行限定。

排除了上圖中佛郎機系火器母銃長徑比的參考意義之後，再來探討圖 15 中佛郎機系火器子銃的長徑比。圖 15 中顯示現存實物佛郎機子銃的長徑比多在 9～12 之間，馬上佛郎機子銃的長徑比在 5～6 之間。

佛郎機子銃可以單獨看作一個前裝滑膛式火炮，因而倍徑技術應當對於佛郎機子銃具有十分重要的意義，然由於子銃銃尾至火門的數據缺失，佛郎

機子銃的倍徑無從考量。且就佛郎機子銃而言，銃尾至火門距離通常較小，另外文獻中也從未出現對於子銃火門至銃尾距離的記載，因而可推知倍徑技術在明代佛郎機子銃鑄造過程當中沒有被作為一個重要因素被考量。反而長徑比被更多作為一個核心技術因素進行考量，一者或許由於佛郎機子銃的銃尾至火門距離極小，可以忽略不計；一者更可能由於明人尚不知倍徑技術為前裝滑膛式火炮的核心技術，長徑比是指銃尾至銃口的銃全長與銃口內徑的比例，倍徑是指火門至銃口的距離與銃口內徑的比例，火門至銃口的距離＝銃全長～炮尾至火門的距離，因而長徑比與倍徑之間存在著正相關性。因而明代在鑄造佛郎機子銃時，將長徑比作為一個核心技術參數，長徑比對於佛郎機子銃製造技術的探討具有十分重要的意義，就佛郎機子銃而言，長徑比可能與倍徑大致相同。

除馬上佛郎機長徑比在 5～6 之間外，其餘現存實物佛郎機的長徑比多在 9～12 之間，這與現代火炮製造過程中的實踐恰恰吻合，現代火炮製造的「實踐表明，炮膛燒蝕比較嚴重的部位，僅在從膛線起始部向炮口方向大約 10 倍口徑的長度上，為此而更換整個內管是不合算的」〔註53〕，即火門至 10 倍口內徑這一段距離，由於佛郎機子銃，銃尾至火門的距離極短，可以忽略不計，佛郎機子銃的長徑比在 9～12 之間，馬上佛郎機子銃的長徑比在 5～6 之間，恰恰都是是線膛炮最易毀損的部位。因而佛郎機系火器，一母多子的結構，將容易毀損的部位，即炮尾至 10 倍口內徑的部位，用可取換的子銃來代替，即便發生膛裂和燒蝕的狀況，只需更換子銃即可，不僅有效節約了鑄炮成本，更方便戰時循環打放之用。而馬上佛郎機，由於其自身銃短，體輕，因而裝填火藥量較小，火藥燃燒對彈丸產生的推動力也就較小，又加之佛郎機子母銃的結構，會導致銃氣洩露，因而即便子銃長徑比小於 10，也不會對佛郎機母銃的銃管產生多大的徑向作用力。由此可以推知佛郎機核心技術特徵之三：子銃長徑比在 10 左右，或小於 10。

3.3.6 明末佛郎機技術特徵的轉變

上文中的內容，對明代佛郎機仿製過程中的核心技術特徵進行了分析和

〔註53〕張相炎主編，火炮設計理論〔M〕，北京：北京理工大學出版社，2005 年，第 10 頁。

歸納，然而明末自正德年間至萬曆末年的佛郎機仿製過程當中，這些核心技術特徵，又在內部發生著分化，直至被更先進的西洋火炮所取代。

現以馬上佛郎機為例進行說明，根據《大明會典》所載馬上佛郎機始造於明嘉靖十六年（1537），最後一次鑄造在嘉靖四十三年（1566），且兵仗局僅鑄造 100 架，而表 11 當中現存三架實物馬上佛郎機，其鑄造年代分別為嘉靖十九年（1540）和嘉靖二十三年（1544），其中編號最大的一架為 7861號，恰在 1537～1566 年之間。在此期間，嘉靖二十七年（1548），在明廷與倭寇的戰爭中，在雙嶼島繳獲倭人所持鳥銃，并加以仿製；〔註 54〕僅嘉靖三十七年（1558），兵仗局一次仿製的鳥銃數量便有 10000 架，一舉超過了現存實物馬上佛郎機的最大編號。鳥銃的傳入和仿製，打破了明代鑄造馬上佛郎機的路徑和熱情，馬上佛郎機的鑄造數量驟減，而鳥銃鑄造數量乍增，至戚繼光在 1568～1571 年間編訂的《練兵實紀》中，已稱「馬上步下，為鳥銃為利器」，鳥銃已取代馬上佛郎機成為馬上作戰的利器。至（萬曆四十三年）1615 年何士晉編纂的《工部廠庫須知》當中，兵仗局所鑄火器中已完全沒有了馬上佛郎機的蹤跡，鳥銃卻仍然是兵仗局所鑄小型火器的大宗。〔註 55〕黃一農在《明末薩爾滸之役的潰敗與西洋火炮的引進》一文中，也談到薩爾滸之役（1619）前，明軍中常備火器，鳥銃仍為明軍常備火器，馬上佛郎機卻亦不在列。由此可知，馬上佛郎機由於與鳥銃功能相似，均可應用於馬上作戰，至 1568 年左右，馬上佛郎機幾乎已完全被功能更強大的鳥銃所取代，成為馬上作戰的利器。這顯然是由於馬上佛郎機子母銃的結構，會導致銃氣洩露，而輕型火器自身裝填的火藥量較小，因而火藥燃燒對彈丸產生的推動力也就較小，子母銃的結構又導致銃氣外泄，則彈丸出母銃便會愈加無力，不僅殺傷力差，且射程極小。

從表 11 當中，可以看到現存實物馬上佛郎機最大編號為 7861 號，表明馬上佛郎機作為佛郎機系輕型火器的代表，在明嘉靖年間曾被批量製造和使用過，然而至 1568 年左右，其在單兵作戰中的應用，已被性能更好的鳥銃全

〔註54〕〔明〕鄭若曾撰，李致忠點校，籌海圖編〔O〕，卷十三下，北京：中華書局，2007 年版，第 909 頁。

〔註55〕〔明〕何士晉撰，江牧校注，據明代萬曆刻本校注，工部廠庫須知〔O〕，卷之八，盔甲王恭廠，成造鳥嘴銃、鳥嘴銃火藥條，北京：人民出版社，2013年，第 222、252 頁。

部取代。在嘉靖中期曾批量製造的馬上佛郎機，至嘉靖後期已然被淘汰。更不要說表 10 當中所出現的其他諸多佛郎機系火器，根據黃一農、王兆春、成東等人的研究，至薩爾滸之役（1618 年）前，明軍中常備佛郎機系火器，僅剩大將軍銃和佛郎機銃，其餘佛郎機系火器也消失在歷史的洪流中，被淘汰出局。對萬曆末年明軍中僅存的兩種佛郎機系火器進行分析，會發現這兩種佛郎機系的火器的銃長多在 3 尺到 6 尺之間。銃長小於 3 尺的馬上佛郎機等適用於單兵作戰的輕型佛郎機，均被明軍所淘汰，餘者皆為後裝滑膛式子母銃、母銃銃長 3 尺到 6 尺之間、子銃長徑比在 10 左右的佛郎機。

因而由此可以推知，至萬曆年間，明軍中所使用的佛郎機，已經被固定為中大型佛郎機，或稱重型佛郎機，這些佛郎機都符合以下核心技術特徵：1. 後裝滑膛式子母銃；2. 母銃銃長 3 尺到 6 尺之間；3. 子銃長徑比在 10 左右。而適宜單兵作戰的輕型佛郎機，如馬上佛郎機、萬勝佛郎機等等，已被性能更優越的鳥銃所取代。然這並不是結束，至萬曆末年（1617），紅夷火炮傳入中國；薩爾滸之役後，紅夷火炮在明代被大量仿製，最初的仿製集中在體型更大，射程更遠的紅夷火炮的仿製上，這一時期製造出來的紅夷大炮體長多在兩米以上，因而可以推測是為了填補佛郎機在此長度火炮上的空白；至崇禎年間，明廷開始製造出體長在一米到兩米之間的紅夷炮，佛郎機系重型火器在紅夷炮技術革新的衝擊下，最終也走入了歷史的塵埃當中。

嘉靖末年（1568 年左右），輕型佛郎機被鳥銃所取代；崇禎初年（1628 年左右），重型佛郎機被紅夷炮所取代，自此佛郎機退出了歷史舞臺。回顧佛郎機系火器的技術演變進程，可以看到，這是一個在技術革新的推動下不斷變化的過程，而歷史的發展進程，便是在一次又一次的技術革新推動下完成的。

第四章 《武備志》所載屯田戶口賦役的研究

本章將繼續對《武備志》的內容進行研究，依據「1.3.3《武備志》構成分析」，「占度載」是《武備志》最重要的部分，而「方輿」部分又占據「占度載」最爲重要的部分；且這部分內容恰恰反映了茅元儀最爲重要的兵學思想——「非富國無以強兵」的思想；因而本章將圍繞明代屯田、戶口、賦役展開探討，以《武備志》「軍資乘」中「屯田」部分和「占度載」中「方輿」部分作爲核心史料，考察明末屯田的變動，並進一步就明代戶口賦役制度展開探討。

4.1 《武備志》中的明代屯田、戶口和賦役

4.1.1 軍事技術與國家財政的互動

軍事活動和軍事技術的發展都與所處時代的政治經濟環境脫不開關係，而軍事技術的發展又有其特殊性，由於軍事技術的發展幾乎完全被政治主導，尤其是中央集權下的中國封建時代，因而軍事技術的發展在封建時代的中國，完全受制於統治階級。反映到經濟層面，中央集權統治之下，軍事技術的發展與整個社會的經濟發展狀況沒有必然的直接的聯繫，反而與所處時代的財政、國庫狀況直接相關。明末火器製造技術的發展狀況，恰恰反應了這一關聯性。

在上一章節當中，已就佛郎機在明代的發展進程進行了探討，至萬曆末年，明代佛郎機製造技術已然停滯不前，直至崇禎元年（1628），其在明軍中的地位被紅夷炮所取代，佛郎機在明代的發展終結。而紅夷大炮在明代被仿製，則自明與後金薩爾滸之役潰敗始，1620 年左右明廷仿製出首架紅夷炮。而此時努爾哈赤的後金尚倚仗弓馬騎射，在火器方面幾乎是一片空白，

即便在薩爾滸一役繳獲明軍火器多達 20,000 餘件,卻並沒有應用於戰場。天命六年（天啓六年 1626）,努爾哈赤在寧遠一役中遭遇生涯最大挫敗,袁崇煥憑藉 11 門紅夷大炮,擊潰努爾哈赤的軍隊,更有言努爾哈赤亦中炮不治身亡。天聰元年（天啓七年 1627）,皇太極再次攻打寧遠,圍困錦州,明軍再度憑藉紅夷大炮,將其擊退。直到此時,皇太極始決定發展火器,至天聰五年（1631）後金始鑄成紅夷炮,整整比明廷晚了 11 年,然紅夷火炮在後金的發展速度要遠快於大明,無論從數量還是質量而言,這從後金最終取代明政權即可知悉。

究其深層原因,則是由於明代財政的崩潰。這一點可以通過崇禎年間,守邊將領、官員士紳多次捐資鑄炮便可窺知明末財政崩潰、國庫空虛的狀況,已到無力支付鑄炮資金的地步,更何談紅夷火炮在明末的發展。而後金則恰恰相反,皇太極依靠努爾哈赤多年經營遼東積累的財富,如毛皮貿易、奴役漢人農民耕種等,他給予漢人鑄炮師、炮手以豐厚的酬勞,甚至爵位,紅夷火炮在後金發展迅速。對比二者,可知財政對於軍事技術發展的直接制約作用。因而本章當中將依據《武備志》所載明代戶口賦役數額,對明代的戶口賦役及其變化狀況進行考察,意在考察明末國家財政惡化的狀況,及其對明末軍事技術發展的制約。

4.1.2 研究概況與期許

對於明代人口賦役的研究,學界已多有建樹,其中亦不乏專著,如葛劍雄主編、曹樹基撰寫的《中國人口史·第四卷》〔註1〕便是明代人口史,以及更早期的王育民主編的《中國人口史》〔註2〕,何炳棣的《1368～1953 年中國人口研究》〔註3〕以及葛劍雄的另一部《中國人口發展史》〔註4〕,這些論著中都對明代人口進行了較爲全面系統的研究;而對於明代人口賦役進行研究的論文成果就更爲豐富,如王毓銓的《明朝人論明朝戶口》〔註5〕《明朝徭役的審編

〔註1〕 曹樹基著,中國人口史（第四卷）明時期〔M〕,上海:復旦大學出版社,2000年。
〔註2〕 王育民,中國人口史〔M〕,南京:江蘇人民出版社,1995年。
〔註3〕 〔美〕何炳棣著,葛劍雄譯,1368～1955 年中國人口研究〔M〕,上海:上海古籍出版社,1989年。
〔註4〕 葛劍雄,中國人口發展史〔M〕,福州:福建人民出版社,1991年。
〔註5〕 王毓銓,明朝人論明朝戶口〔J〕,中國歷史博物館館刊,1989年第13、14期合刊。

與土地》〔註6〕、欒成顯的《明代黃冊人口登載事項考略》〔註7〕、《明代戶丁
考釋》〔註8〕、《明初人口數值研究中的兩個問題》〔註9〕《明代人口統計與黃
冊制度的幾個問題》〔註10〕，高壽仙的《明代人口數額的再認識》〔註11〕、《明
代北京城市人口數額研究》〔註12〕、《關於明朝的籍貫與戶籍問題》〔註13〕，
劉士嶺的《試論明代的人口分佈》〔註14〕、《大河南北，斯民厥土：歷史時期的
河南人口與土地（1368～1953）》〔註15〕，田培棟的《明代人口變動的考察》〔註
16〕，張民服的《對明代人口問題的幾點再認識》〔註17〕、《明代人口分佈對社
會經濟的影響》〔註18〕、《試析明代的人口分佈》〔註19〕，李艷芝《明朝戶籍
制度研究》〔註20〕，張志斌《明初賦役制度新探——關士戶帖、均工夫和黃冊》
〔註21〕，王守稼、繆振鵬的《明代戶口流失原因初探》〔註22〕，葛劍雄、曹樹
基的《對明代人口總數的最新估計》〔註23〕，馬順平的《明代都司衛所人口

〔註6〕 王毓銓，明朝徭役審編與土地〔J〕，歷史研究，1988（1）：162～180。
〔註7〕 欒成顯，明代黃冊人口登載事項考略〔J〕，歷史研究，1998（2）：38～52。
〔註8〕 欒成顯，明代戶丁考釋〔A〕，第八屆明史國際學術討論會論文集〔C〕，中國
　　　 明史學會、湖南省社會科學界聯合會、湖南省社科院，1999：8。
〔註9〕 欒成顯，明初人口數值研究中的兩個問題〔J〕，中國社會經濟史研究，2001
　　　 （4）：33～40。
〔註10〕欒成顯，明代人口統計與黃冊制度的幾個問題〔J〕，明史研究論叢，2007（00）：
　　　 25～40。
〔註11〕高壽仙，明代人口數額的再認識〔J〕，明史研究，2001（00）：58～76。
〔註12〕高壽仙，明代北京城市人口數額研究〔J〕，海淀走讀大學學報，2003（4）：
　　　 32～36。
〔註13〕高壽仙，關於明朝的籍貫與戶籍問題〔J〕，北京聯合大學學報：人文社會科
　　　 學版，2013，11（1）：25～35。
〔註14〕劉士嶺，試論明代的人口分佈〔D〕，鄭州大學，2005年。
〔註15〕劉士嶺，大河南北，斯民厥土：歷史時期的河南人口與土地（1368～1953）〔
　　　 D〕，復旦大學，2009年。
〔註16〕田培棟，明代人口變動的考察〔J〕，首都師範大學學報（社會科學版），1996：
　　　 1～9。
〔註17〕張民服，對明代人口問題的幾點再認識〔J〕，中州學刊，2006（1）：193～196。
〔註18〕張民服，明代人口分佈對社會經濟的影響〔J〕，史學集刊，2006（3）：27～33。
〔註19〕張民服、路大成，試析明代的人口分佈〔J〕，中州學刊，2012（1）：131～134。
〔註20〕李艷芝，明朝戶籍制度研究〔D〕，山東大學，2009年。
〔註21〕張志斌，明初賦役制度新探——關士戶帖、均工夫和黃冊〔J〕，吉林師範大
　　　 學學報：人文社會科學版，1990（4）：36～40。
〔註22〕王守稼、繆振鵬，明代戶口流失原因初探〔J〕，北京師範學院學報（社會科
　　　 學版），1982（2）：61～69。
〔註23〕葛劍雄、曹樹基，對明代人口總數的新估計〔J〕，中國史研究，1995（01）：

數額新探——方志中兩組明代陝西行都司人口數據的評價》〔註24〕等，這裡就不再一一說明，如許豐碩的研究成果，都表明學界對於明代戶口賦役的研究興趣十分濃厚，然這並不代表對於明代戶口賦役的研究已然完備，無孔可入。本章當中將從《武備志》的記錄出發，結合《明史》等相關文獻的記載，對明代戶口賦役稍作探討，以期對此一方向的研究提供稍許支持，敬待大方之家指正。

4.2 明代屯田數額的變動

4.2.1 各衛所屯田額

茅元儀在《武備志・軍資乘・餉》當中，談及明代的屯田制度，指出「久戰莫利於屯田」〔註25〕，并援引《大明會典》對明代屯田制度的建立進行說明。最初明代設立屯田制度是針對「國初兵荒之後，民無定所，耕稼盡廢，糧餉匱乏」〔註26〕的狀況，令諸將屯田於龍江等處，此後洪武年間設衛所創制屯田，以都司統攝。屯田制是指令軍士和平民墾種國有荒地，以供養軍隊和軍事活動的支出，屯田又有軍屯、民屯和商屯之分。軍屯是指由衛所下轄的軍士屯種，以保障兵源和糧餉，明初「三分守城，七分屯種」；民屯是指招募無地的流民或平民由國家授予田地進行屯墾；商屯是明代較為特殊的一種屯田方式，由商人屯墾以換取鹽引，商屯在明代後期已然完全崩潰，多數鹽商選擇納銀代屯的方式換取鹽引。這三種屯田方式在明代都長期存在，其目的皆為保障明代軍隊以及軍事活動的支出，也同時保障明政府的財政收入。

根據《武備志》所載明代屯田數額〔註27〕，列於下表當中，其中屯田原額是指洪武年間丈量土地之額，屯田現額是指嘉靖四十一年屯田數：

33～44。

〔註24〕 馬順平，明代陝西行都司及其衛所建置考實〔J〕，中國歷史地理論叢，2008（2）：109～117。

〔註25〕 〔明〕茅元儀撰，武備志〔O〕，卷一百三十五軍資乘，餉一，日本早稻田大學圖書館藏本，大阪：賭春堂，日本寬政四年（1792）重修本。

〔註26〕 〔明〕茅元儀撰，武備志〔O〕，卷一百三十五軍資乘，餉一，日本早稻田大學圖書館藏本，大阪：賭春堂，日本寬政四年（1792）重修本。

〔註27〕 〔明〕茅元儀撰，武備志〔O〕，卷一百三十五軍資乘，餉一，日本早稻田大學圖書館藏本，大阪：賭春堂，日本寬政四年（1792）重修本。

表12 《武備志》

		銀（兩）	鈔（原版）	鈔（貫）	草（原版）	草（束）
在京錦衣等54衛，並後軍都督府	6338 釐零	1,791.24	56940貫（萬曆七年屯田御史冊報數）	56,940		
北直隸各衛所	1006 8釐	0,462.72			221453束（秋青草）、187束（穀草）	221,640
南京錦衣等四十二衛	9368 釐零	0,266.49				
南直隸各衛所	2704 零	6.38				
浙江都司	2274					
江西都司	5623 釐					
湖廣都司並留守司行都司	1131					
福建都司並行都司	5381					
山東都司	2060					
河南都司	3639 2釐					
廣東都司	72頃					
廣西都司	513頃					

4.2.2 「屯田原額」與「屯田今制」的比較

根據表 12 的統計，可知茅元儀在《武備志》中言，國家原額屯田 893172 頃 48 畝 9 分 3 釐（89317248.93 畝），屯田現額 655512 頃 8 畝 7 分 2 釐（65551208.72 畝），然根據表 12 所錄的各衛所屯田數統計之後得原額屯田數 89319448.93 畝，現額 65551264.72，兩組數據之間存在一定的差異，結果比書中所載屯田原額總數多出 2200 畝，現額多出 56 畝。

另根據表 12 所錄的各衛所屯田合計數額，明嘉靖四十一年的屯田數量較洪武年間相差了 23768184.21 畝，約占原額的 26.6%左右，由此可以看出嘉靖末年屯田毀損的狀況，因而也就出現了本文第一章中出現的明末從國庫支出的軍費日益增長的狀況〔註28〕，對明廷的財政打擊甚大。

上表當中還有一組數據值得注意，洪武二十六年的明朝全國總耕地數為 8507623 頃（850762300 畝），該年屯田額占到土地總額的 10.5%，由此也可以對明代軍費在財政收入中所佔的比重作一有效參考。而弘治十五年、萬曆六年，明朝清查全國土地數得到的數值分別為 4228058 頃和 7013976 頃，根據葛劍雄和曹樹基的研究，假設弘治年間所載耕地數額未包含屯田數，這個數額仍然是很小，即便弘治年間的屯田額度與洪武年間相若，弘治年間的耕地總額也僅為 500 萬頃，這與洪武二十六年的 893 萬頃亦相差甚大，與萬曆六年的 701 萬頃亦相差頗多。至弘治年間，明代的土地兼併和隱匿田畝的狀況已然十分嚴重，由於弘治年間統計田畝的結果並非是像洪武年間和萬曆年間是全國範圍內丈量土地、清查田畝的結果，而僅僅是作為徵收田賦的一個單位來使用，因而不能確切說明弘治年間耕地的真實狀況。萬曆六年恰逢張居正推進下的改革，全國範圍內丈量田畝，其意在清查各地土地兼併狀況，從而增加國家賦稅和財政收入，因而萬曆六年統計的結果較弘治年間有了大幅提升，大量隱匿的田地被發現，納入了明代賦役體系之下，然此時較洪武年間清查田畝數額仍然減少了 190 萬頃左右。

〔註28〕 本文第一章第三節 1.3。

4.3 明代戶口賦役的再考察

4.3.1 各省戶口賦役的統計

戶口，是封建國家徵發賦役的重要依據。首先需要明確的是戶口的概念，所謂的口數並非是真實的人口數量，戶口本身在封建時代存在的意義在於統治階級徵收徭役賦稅的單位，因而戶口數反映的是政府所控制的納稅人口數。《武備志・占度載・方輿》當中對明代所轄兩直隸十三布政布政司的地理環境、下轄地區、戶口賦役都做了詳細的記錄，這一內容主要集中《武備志》卷一百八十九至卷二百零三，現在根據這些內容，將明代各地區戶口賦役作一統計如下：

4.3.2 統計結果的解讀與分析

根據上表的內容，將各府戶口單獨提取，并就各府人戶比例關係作一核算，如下表 14：

表 14 明代各府人戶關係統計

地 區	年 代	人 戶	人 口	人口與戶的比率
北直隸	洪武二十六	334,792	1,926,595	5.8
	弘治四年	394,500	3,430,537	8.7
	萬曆六年	425,463	4,264,898	10.0
福建計府	洪武二十六	815,527	3,916,806	4.8
	弘治四年	508,039	2,106,060	4.1
	萬曆六年	515,307	1,738,793	3.4
廣東計府	洪武二十六	675,597	3,007,932	4.5
	弘治四年	467,390	1,817,384	3.9
	萬曆六年	530,712	2,040,655	3.8
廣西計府	洪武二十六	211,263	1,482,671	7.0
	弘治四年	459,640	1,678,274	3.7
	萬曆六年	218,712	1,186,179	5.4
貴州計府	洪武二十六	（空白）	（空白）	
	弘治四年	43,367	258,693	6.0
	萬曆六年	43,405	290,972	6.7
河南計府	洪武二十六	315,617	1,916,567	6.1
	弘治四年	436,843	2,614,398	6.0
	萬曆六年	633,067	5,193,602	8.2
湖廣計府	洪武二十六	775,851	4,702,660	6.1
	弘治四年	504,875	3,781,714	7.5
	萬曆六年	541,310	4,398,785	8.1
江西計府	洪武二十六	1,553,923	8,982,481	5.8
	弘治四年	1,363,629	6,549,800	4.8

	萬曆六年	1,341,005	5,859,026	4.4
南直隸	洪武二十六	1,912,914	10,755,938	5.6
	弘治四年	1,511,843	7,983,519	5.3
	萬曆六年	2,069,067	10,502,651	5.1
山東計府	洪武二十六	753,894	5,255,876	7.0
	弘治四年	770,555	6,759,675	8.8
	萬曆六年	1,372,206	5,664,099	4.1
山西計府	洪武二十六	593,894	4,072,127	6.9
	弘治四年	575,249	4,360,476	7.6
	萬曆六年	596,097	5,319,359	8.9
陝西計府	洪武二十六	294,526	2,316,569	7.9
	弘治四年	306,644	3,912,370	12.8
	萬曆六年	394,423	4,502,067	11.4
四川計府	洪武二十六	215,719	1,466,778	6.8
	弘治四年	253,830	2,598,460	10.2
	萬曆六年	262,694	3,102,073	11.8
雲南計府	洪武二十六	59,576	259,270	4.4
	弘治四年	15,950	125,955	7.9
	萬曆六年	135,560	1,476,692	10.9
浙江計府	洪武二十六	2,138,225	10,487,567	4.9
	弘治四年	1,503,124	5,205,843	3.5
	萬曆六年	1,542,408	5,153,005	3.3

　　根據表 14 的統計結果，作明代各府戶口數額柱狀圖（按戶數多少排列），如下：

圖 16 明代各府戶口數額統計柱狀圖

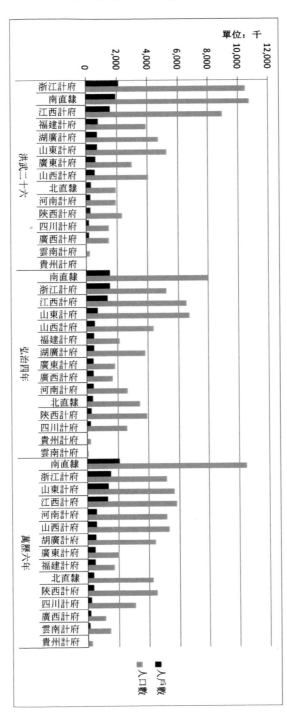

由上圖可知，洪武二十六年，明代兩直隸十三布政司，戶數從多至少依此爲：浙江府－南直隸－江西府－福建府－湖廣府－山東府－廣東府－山西府－北直隸－河南府－陝西府－四川府－廣西府－雲南府－貴州府，口數自多至少依次爲南直隸－浙江府－江西府－山東府－湖廣府－山西府－福建府－廣東府－陝西府－北直隸－河南府－廣西府－四川府－雲南府－貴州府；弘治四年，明代各府戶數自多到少依次爲：南直隸－浙江府－江西府－山東府－山西府－福建府－湖廣府－廣東府－廣西府－河南府－北直隸－陝西府－四川府－貴州府－雲南府，口數自多至少依次爲：南直隸－山東－江西－浙江－山西－陝西－湖廣－北直隸－河南府－四川府－福建府－廣東－廣西府－貴州府－雲南府；萬曆六年，明代各府戶數自多至少依次爲：南直隸－浙江府－山東府－江西府－河南府－山西府－湖廣府－廣東府－福建府－北直隸－陝西府－四川府－廣西府－雲南府－貴州府，口數自多至少依次爲：南直隸－江西府－山東府－山西府－河南府－浙江府－陝西府－湖廣府－北直隸－四川府－廣東府－福建府－雲南府－廣西府－貴州府。由此可知明代整個歷史時期南直隸、江西府、浙江府三府戶口數都位居前列，山東府戶口數在明代亦有長足發展。而雲南、貴州戶口數則長期處於較低水平。

4.3.3 明代以「戶」爲單位的賦役徵收體系

自明初始，明政府爲了保障賦役徵收，提出了天下丁口、田土「務不失原額」的要求。就此亦可知，明統治階層所眞正關心的僅是賦役「不失原額」，而對於戶口統計過程中戶數與口數怎樣增減並不感興趣，他們只對徵收到的賦役總額感興趣。因而明代戶口統計過程當中，就存在著諸多問題，或謄抄舊額，或漏登，或隱匿，這也就導致了戶口統計結果的不可靠，然亦不能就此認爲明代的戶口統計就沒有意義。

王毓銓先生言「就一般情況說，《明實錄》和明朝史書裏的官府戶口數字，不可爲據……明初立法嚴猛，一般人不敢輕易犯法脫漏戶口。《明史》謂『戶口增減，由於政令張弛』。明朝和其他各朝一樣，政令都是先張後弛。政令張時，隱漏可能不會太多，官府戶口數字或與實際大致相符……遇有認眞辦事的知府、知縣，他們編造的戶口數字就比較可信。認眞的知府如況鍾，認眞的知縣如桂萼、海瑞、葉春及、沈榜等。可惜的是像他們那樣的認眞辦事的

地方官爲數極少」〔註29〕，認爲明代的戶口統計結果在兩種情況下較爲可靠，在政令嚴肅的年代，戶口統計結果就相對可信，如洪武年間之戶口統計結果；負責戶口統計的官員個人較爲認眞負責，其統計結果也就較爲可靠。

　　根據王毓銓先生的說法，可以認爲洪武二十六年的戶口統計結果是較爲信實的。將表 13 中三個時期戶口統計結果求和，如表 15，根據表 15 作各年戶口總和柱狀圖 17，雖然《武備志》所載各時期戶口數與《明史》略有差異，但仍然可以看出萬曆六年與洪武二十六年戶數與口數都相差無幾，戶數減少了 29,882 戶，口數增加了 144,019 口；弘治四年戶數則較洪武二十六年有較大減少，戶數減少了 1,535,840 戶，約 14.4%，口數減少了 7,366,679，約 12.2%。然回看表 13，洪武二十六年、弘治十五年、萬曆六年各地所徵收的夏稅和秋糧額度卻變化不大，甚至弘治十五年還略高於洪武、萬曆年間，但變化均不明顯，這一狀況也進一步體現了明統治階層對賦役徵收「務不失原額」的要求。

表 15　《武備志》所載各時期戶口總額與《明史》之比較

時　　間	求和項：人戶	求和項：人口	人口／人戶
洪武二十六 1393 年	10,651,318	60,549,837	5.68
《明史》	10,652,870	60,545,812	5.68
差值（明史－武備志）	1,552	-4,025	
弘治四年 1491 年	9,115,478	53,183,158	5.83
《明史》	9,113,446	53,281,158	5.85
差值（明史－武備志）	-2,032	98,000	
萬曆六年 1578 年	10,621,436	60,692,856	5.71
《明史》	10,621,426	60,692,856	5.71
差值（明史－武備志）	-10	0	5.74（平均值）

〔註29〕 王毓銓，明朝人論明朝戶口〔J〕，中國歷史博物館館刊，1989 年第 13、14 期合刊。

圖 17　分年戶口總和柱狀圖

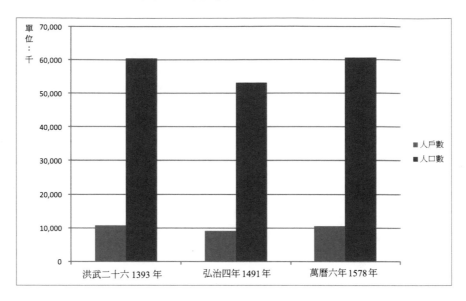

基於表 14 的統計結果，作圖 18 各時期明代各府戶口數據及人戶比例關係圖和圖 19 明代各府不同時期人戶關係圖。根據表 15 第四列的統計結果，可知明代三個時期，口數/戶數比值約為 5.68、5.83、5.71，即每戶口數平均值約 5.74 口左右，這幾乎能反應明代的平均水平。

然而根據表 14 和圖 18、23，明代各府各時期口戶比都存在巨大差異。先以洪武二十六年為例，各府口戶比，北直隸 5.8、福建 4.8、廣東 4.5，廣西 7.0、貴州無、河南 6.1、湖廣 6.1、江西 5.8、南直隸 5.6、山東 7.0、山西 6.9、陝西 7.9、四川 6.8、雲南 4.4、浙江 4.9，其中福建、廣東、雲南、浙江三府口戶比遠低於明代平均值 5.74，而廣西、山東、山西、陝西、四川則遠高於平均值；至弘治四年，北直隸 8.7、福建 4.1、廣東 3.9，廣西 3.7、貴州 6.0、河南 6.0、湖廣 7.5、江西 4.8、南直隸 5.3、山東 8.8、山西 7.6、陝西 12.8、四川 10.2、雲南 7.9、浙江 3.5，其中福建、廣東、廣西、江西、浙江五府口戶比遠低於明代平均值 5.74，其中浙江、廣西、廣東均低於 4，北直隸、湖廣、山東、山西、陝西、四川、雲南七府遠高於平均值，其中陝西和四川最高，超過 10；萬曆六年，北直隸 10.0、福建 3.4、廣東 3.8，廣西 5.4、貴州 6.7、河南 8.2、湖廣 8.1、江西 4.4、南直隸 5.1、山東 4.1、山西 8.9、陝西 11.4、四川 11.8、雲南 10.9、浙江 3.3，其中福建、廣東、廣西、江西、山東、浙江六府口戶比遠低於明代平均值 5.74，以浙江、福建、廣東為最低，

低於 4，而山東口戶比下降最多，北直隸、貴州、湖廣、山西、陝西、四川、雲南七府遠高於平均值，其中北直隸、陝西、四川、雲南四府都超過 10。

又根據表 14 中浙江府在三個不同時期，戶數分別爲 2,138,225、1,503,124、1,542,408，口數分別爲 10,487,567、5,205,843、5,153,005，結合表 13 三個時期浙江府賦役徵收額度，分析戶和口到底哪個是明代徵收賦役的基本單位呢？筆者認爲是戶，以浙江府爲例加以說明。依據表 14 的統計結果可知弘治四年浙江府口戶比爲 3.5、萬曆六年浙江府口戶比爲 3.3，這裡有一個明顯的下降；且浙江府的口數，萬曆六年也略少於弘治四年；然所徵夏稅加秋糧總額，萬曆六年卻略高於弘治四年；基於一個常規判斷，同一地區每個基本徵稅單位所徵稅額相等，那麼口數減少徵稅總額卻增加的原因只有一種可能，就是戶數的增加。這一論斷，恰與上文中萬曆六年戶數 1542408 戶略多於弘治四年 1503124 戶的狀況相符。因而筆者推斷明代徵收賦役的基本單位是戶，而不是口。

4.3.4 「口戶比」與賦役地域不均衡

根據上文統計結果可知福建、廣東、浙江三府口戶比在三個時期的統計結果中都遠低於明代口戶比的半均值 5.74，山西、陝西、四川三府口戶比在三個時期的統計結果中都遠高於明代的平均值。再根據前文的結論知明代徵收賦役的基本單位當爲「戶」，因而可知每戶口數越少，則賦役越繁重，反之則越輕，即口戶比越小，賦役越繁重，口戶比越大，賦役越輕。由此可以推知，福建、廣東、浙江三府在整個明代都是賦役最爲繁重的地區，山西、陝西、四川三府則爲明代賦役最輕的地區。

除上述六府外，在不同時期各府的賦役輕重程度都有所變化，如圖 19，北直隸口戶比，自洪武至萬曆年間不斷變大，表明北直隸賦役逐漸減輕；而南直隸口戶比，則呈現逐年變小的態勢，表明南直隸賦役漸重。這顯然與明成祖朱棣遷都北京不無關係，首都所在的北京，及其周邊的北直隸，賦役日漸減輕，而舊都南京及其周邊的南直隸，則賦役日漸加重。再如山東府口戶比，在洪武萬曆至弘治年間，山東府口戶比都遠高於明代平均值，而到萬曆六年則急劇下降到口戶比 4.1，成爲這一時期除上述福建、廣東、浙江三府外，賦役最繁重的地區，這顯然與山東人口的增殖和土地的開發脫不開關係。又如南直隸和江西兩府，在三個時期的統計結果當中口戶比都較低，或

者說處於明代平均值之下，由此可知江西和南直隸兩府在整個明代，賦役也較爲繁重。

通過上文中的論述，以及圖 18、23 所顯示的結果，可知在明代整個時期，福建、廣東、浙江、南直隸、江西五府，一直是明代賦役最爲繁重的地區，《中國通史·明史卷》中認爲浙江、南直隸、江西三府賦役沉重的主要原因在於這一地區官田甚多〔註 30〕。然根據筆者的考察除此三府之外，福建、廣東兩府的賦役也甚爲沉重，因而官田問題似乎並不能解釋這一狀況。由此筆者認爲福建、廣東、浙江、南直隸、江西五府賦役繁重的主因，是由於長三角和珠三角地區，在明代日益成爲國家財賦重地，明代國家耗費日繁，不可能削減這些地區的賦役；另一方面，這五個地區的農村經濟在明代得到長足發展，因而賦役也隨之不斷加重的；再者，《中國通史·明史卷》中所述明代中期以后土地兼併日益嚴重也是一大原因。

陝西、山西兩地賦役在明代長期處於較輕的狀況，則是由於兩地是關乎明代邊防的要地，兩地有大量的屯田存在；且兩地較長江三角洲和珠三角地區，土地生產能力要低得多；而且這兩地地處邊鎭，經常受到戰爭的波及，因而賦役較輕。而四川、雲南、貴州三府，由於四川產井鹽，因而也就存在大量的商屯，且此三府有大量的少數民族存在，這些少數民族地區由土官管理，其並不嚮明廷繳納賦役，因而這三府口戶比遠高於明代平均值，賦役較輕。

其餘各府在不同時期口戶比的變化，可以結合時代特徵與事件進行相關分析。

〔註 30〕白壽彝主編，中國通史·明史卷〔M〕，上海：上海人民出版社，2013 年，上卷，第 462～465 頁。

圖 18 基於三個時間軸的明代各府戶口數據及人戶比例關係圖

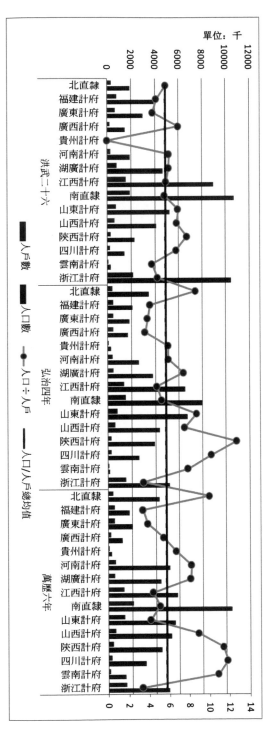

圖 19　明代各府不同時期戶口及人戶比變化圖

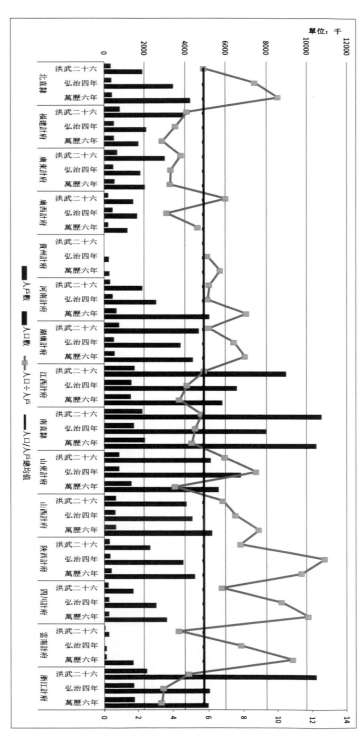

4.4 一些反思

本章第二節當中，根據《武備志》所載明代各衛所屯田數額，對明代的屯田進行了考察，通過數據分析，得知明代中後期屯田制遭破壞的狀況，當然這主要表現在屯田數額的減少上。然筆者卻又產生了一些疑惑，至明中晚期，屯田數額減少了約 26.6%，即約 1/4，而屯田僅占明代土地總數的 10.5% 左右，即屯田減少的數額約占總耕地的 2.5% 左右，如此比例是否能對明代的財政收入造成致命的打擊，是很值得商榷的。

在本章當中，就《武備志》所載明代三個時期洪武二十六年、弘治四年、萬曆六年，各府戶口及賦役統計結果，進行了處理和分析，通過認真細緻的考察，筆者認為明代賦役徵收的基本單位是「戶」，而非「口」；得出這一結論的一個重要支持因素便是「口戶比」，通過考察明代各時期各府口戶比的變化，筆者認為「口戶比」大小與賦役的輕重，存在負相關，即「口戶比」越大賦役越輕，「口戶比」越小賦役越重，根據這一論斷，筆者考察出明代賦役最為繁重的區域為浙江、南直隸、江西、福建、廣東五府，而並非僅前學所言的江南地區。

關於明代賦役征收的基本單位問題前學的研究多較為複雜，很難釐清，筆者試圖從口戶比這個角度釐清此問題。然筆者對明代戶口的研究尚屬初試，只是試圖從繁蕪叢雜的研究中，尋找出一個清晰的思路，因而筆者並未引入更多明代的戶口賦役統計數據，希望筆者的這一研究能為明代戶口賦役的研究提供一個新的思路。若要更為細緻的研究，待筆者以後再做探討。

第五章 《武備志》的海外傳播
——《武備志》入日考

5.1 明代兵書東傳日本的潮流

自公元 607（推古 15）年日本女帝推古天皇向中國委派「遣隋使」「求買書籍」始，至 1868（明治元）年日本明治天皇頒布「五政復古」詔書實行明治維新止的 1200 多年，和漢之間以書籍爲載體的文化交流就未曾中斷過，而漢籍東傳日本無疑是這一時期中日書籍交流的主體，日籍西傳中國作爲客體其數量則極爲微少。

5.1.1 和漢書籍交流史的研究狀況

早在 9 世紀末藤原佐世編纂的《本朝見在書目錄》著錄的漢籍已達一千五百七十八部，19 世紀中期森立夫等人編撰的《經籍訪古志》著錄江戶末期日本保存的漢籍善本尚有六百六十二種，流佈日本的漢籍數量之大可見一斑。關於漢籍東傳日本的研究，日本史學界已然作了大量系統性的工作，有諸多研究成果問世，中國史學界的研究起步雖晚於日本，但研究成果亦頗豐。尤以日本學者大庭修〔註 1〕和中國學者嚴紹璗〔註 2〕等人的研究影響最爲深

〔註 1〕 大庭修（1927～2002），日本著名學者，其研究領域涉及中日交流史、秦漢法制史、秦漢簡牘研究，著述宏豐，本文主要參考其《江戶時代中國典籍流播日本之研究》，《江戶時代中國文化傳播之研究》兩部著作。

〔註 2〕 嚴紹璗（1940～），1940 年 6 月生於上海，北京大學中文系教授，其長期從事

遠，中國學者王勇基於他們的研究成果，結合「絲綢之路」的概念，提出了
中日「書籍之路」的說法。前賢們的工作已然構建出了漢籍東傳日本研究的
體系，不過，這並不意味著對於中日書籍交流再無研究空間，對特定入日漢
籍個體的研究尚存在極大的研究空間，正如本章即將進行的《武備志》東傳
日本研究便是此例。

5.1.2 明清之際兵書入日的潮流

　　日本江戶時代（1603～1867）對應明萬曆三十一年（1603）至清同治七
年（1867），在這一歷史時期和漢之間的書籍交流頗爲頻繁，大量漢籍東傳日
本，這些漢籍當中就囊括大量的兵學著作。日本社會向來重視兵學，江戶時
代日本從中國和西洋引進和翻譯了大量兵學和科技著作，日本引入西洋科技
著作主要是在江戶時代的中後期，不在本章的研究之列，這裡要談到的是江
戶時期日本大量引進中國兵學著作的潮流。在這一潮流當中，明代的兵書大
量傳入日本，如唐順之的《武編》，鄭若曾的《江南經略》，王鳴鶴的《登壇
必究》，戚繼光的《練兵實紀》、《紀效新書》等，茅元儀的《武備志》也在這
一時期被傳入日本。

　　根據大庭修和嚴紹璗兩位先生的研究成果，現將明清之際入日兵書整理
如下：

表16　明清之際入日兵書

書　名	著　者	版　本	藏　書
六韜（殘本）三卷	舊題（周）呂望撰	舊寫本，共一冊	靜嘉堂文庫藏本，原宮島藤吉舊藏
孫子集注十三卷	（周）孫武撰，（宋）吉天保集注	明嘉靖年間（1522～1566年）刊本，共五冊	尊經閣文庫藏本，原江戶時代加賀藩主前田綱紀等舊藏
孫子集注十三卷	（周）孫武撰，（宋）吉天保集注，（明）黃邦彥校	明萬曆年間（1573～1620年）刊本	內閣文庫，靜嘉堂文庫藏本
孫武子十三篇講意二卷	（明）楊魁講意	明嘉靖年間（1522～1566年）京衛武學校刊本，共一冊	內閣文庫，蓬左文庫藏本

　　以中國文化研究爲基礎的東亞文化與文學關係的研究。本文主要參考其《漢
籍在日本流佈的研究》、《日藏漢籍善本書錄》二書。

（新刊校正京本）孫武子兵法本義二卷	（明）鄭靈注解，傅震校正	明嘉靖年間（1522～1566年）金陵李氏刊本，共一冊	內藏文庫藏本，原吉田意庵，昌平阪學問所舊藏
（新刊校正京本）孫武子兵法本義二卷	（明）鄭靈注解，傅震校正	明嘉靖年間（1522～1566年）北京傅氏覆金陵李氏刊本，共一冊	蓬左文庫藏本，原江戶幕府大將軍德川氏尾張藩主德川家舊藏
（新刊校正京本）孫武子兵法本義三卷	（明）鄭靈注解	明嘉靖年間（1522～1566年）積善書堂刊本共一冊	內閣文庫藏本，元楓山官庫舊藏
孫子參同三卷	（明）李贄評	明刊本，共三冊	尊經閣文庫藏本，原江戶時代加賀藩主前田綱紀等舊藏
孫子參同（孫子參同廣注）五卷，首一卷	（明）李贄評，王世貞批點，松筠館主人（閔於忱）編	明萬曆四十八年（1620年）吳興松筠館朱墨套印刊本，共六冊	內閣文庫，尊經閣文庫，蓬左文庫，東京大學綜合圖書館藏本
孫子明解八卷 師卦解一卷	（明）鄭二陽解	明崇禎元年（1628年）刊本	國會圖書館，內閣文庫藏本
孫武子會解四卷	（明）郭良翰解	明崇禎三年（1630年）萬卷樓刊本共四卷	內閣文庫，尊經閣文庫藏本
孫子合符全集二卷	（明）鄭元極解	明崇禎年間（1628～1644年）刊本，共二冊	內閣文庫，尊經閣文庫藏本
孫子書解引類（孫子書）三卷	（明）趙本學編注	明刊本	內閣文庫，尊經閣文庫藏本
吳子二卷 吳子傳一卷	（周）吳起撰 （明）劉寅注	明天啓六年（1626年）刊本共二冊	內藏文庫藏本，原昌平阪學問所舊藏
素書一卷	（漢）黃石公撰 （宋）張商英注	明萬曆年間（1573～1620年）翠岩館刊本共一冊	靜嘉堂文庫，東洋文庫藏本
素書一卷	（漢）黃石公撰 （宋）張商英注 （明）稱榮校	明刊本（《漢魏叢書》零本）共一冊	內閣文庫藏本 原木村蒹葭堂舊藏
黃石公秘傳素書（不分卷）	題（秦）黃石公撰	明人寫本共一冊	尊經閣文庫藏本，原江戶時代加賀藩主前田綱紀等舊藏

孫子一卷 吳子二卷 司馬子一卷 黃石公素書一卷	（周）孫武等撰 （明）吳中珩等校	明刊本共一冊	關西大學附屬圖書館內藤文庫藏本 原內藤湖南恭仁山莊舊藏
諸葛武侯兵書（不分卷）	（漢）諸葛亮撰	明刊本共十冊	尊經閣文庫藏本，原江戶時代加賀藩主前田綱紀等舊藏
（新鐫）諸葛武侯八陣圖秘法一卷	（漢）諸葛亮撰 （明）喻汝礪解	明刊巾箱本共一冊	蓬左文庫藏本
（新鐫）漢丞相諸葛孔明異傳奇論注釋評林七卷	（漢）諸葛亮撰 （明）章嬰評注	明刊本共三冊	尊經閣文庫藏本，原江戶時代加賀藩主前田綱紀等舊藏
（郭春螺先生批評）諸葛武侯兵要十一卷	（明）郭青螺批評	明天啓三年（1623年）朱墨套印刊本共五冊	內閣文庫藏本 原楓山官庫舊藏
（新鐫漢丞相）諸葛孔明異傳奇論注釋評林五卷	（明）章嬰注評	明余文臺刊本	內閣文庫藏本
白猿奇書兵法雜占象詞（不分卷）	題（唐）李靖撰 （明）蘇茂相校	明刊本共二冊	內閣文庫藏本 原楓山官庫舊藏
李衛公望江南集（不分卷）	（唐）李靖撰	明萬曆十年（1582年）刊本共一冊	國會圖書館藏本
李衛公天象占候秘訣歌一卷	（唐）李靖撰	明天啓年間（1621～1627年）刊本共一冊	陽明文庫藏本 原江戶時代近衛家熙等舊藏
神機制敵太白陰經十卷	（唐）李筌撰	舊寫本共八冊	靜嘉堂文庫藏本
武經七書二十五卷	（周）孫武等撰 （宋）朱服奉敕校定	南宋刊本共六冊	靜嘉堂文庫藏本 原汪士鍾、郁松年、陸心源皕宋樓舊藏
武經七書二十五卷	（周）孫武等撰 （宋）朱服奉敕校定	明嘉靖年間（1522～1566年）刊本共十四冊	內閣文庫藏本 原明人陸深 昌平阪學問所舊藏
武經七書二十五卷	（周）孫武等撰 （宋）朱服奉敕校定	明刊本共十七冊	龍谷大學大宮圖書館藏本 原寫字臺文庫等舊藏
武經七書二十五卷	（周）孫武等撰 （宋）朱服奉敕校定	明刊本共七冊	尊經閣文庫藏本，原江戶時代加賀藩主前田綱紀等舊藏

（新鐫）武經七書七卷	（宋）佚名輯（明）王守仁批評胡宗憲校	明天啓年間（1621～1627年）朱墨套印刊本共八冊	蓬左文庫尊經閣文庫藏本
（新鐫增補標題）武經七書七卷附錄十九卷	（周）孫武等撰（明）陳玖學編《附》（明）李元瑛編	明萬曆四十二年（1614年）刊本共八冊	內閣文庫藏本原楓山官庫舊藏
武經參同（武經七書參同集）六卷	（宋）謝枋得編（明）李贄校	明刊本共二冊	內閣文庫藏本原楓山官庫舊藏
武經總要前集二十二卷後集二十卷	（宋）曾公亮、丁度等奉敕編撰	明正統年間（1436～1449年）刊本共二十四冊	靜嘉堂文庫藏本原陸心源十萬卷樓舊藏
武經總要前集二十二卷百戰奇法十卷附天河轉運流星年月	（宋）曾公亮、丁度等奉敕編撰	明弘治年間（1488～1505年）刊本共八冊	內閣文庫藏本原楓山官庫舊藏
武經總要前集二十二卷附百戰奇法一卷　後集二十一卷　附行軍需知二卷	（宋）曾公亮、丁度等奉敕編撰	明萬曆二十七年（1599年）金陵富春堂刊本共十九冊	米澤市立圖書館藏本，原上杉氏興讓館等舊藏
武經總要前集二十二卷後集二十一卷　附武經總要百戰奇法前集一卷後集一卷　附武經總要行軍需知二卷	（宋）曾公亮、丁度等奉敕編撰	明萬曆年間（1573～1620年）刊本	蓬左文庫尊經閣文庫藏本
（新刻批評）百將傳正集十卷　評林四卷　附錄一卷　續集四卷	（宋）張預編撰（明）趙光裕批評《評林》（明）顧其言編撰胡邦正、楊元同校評《續集》（明）何喬新編撰	明天啓四年（1624年）武林積秀堂刊本共八冊	蓬左文庫東京大學綜合圖書館藏本
（新刻官板批評）正百將傳十卷	（宋）張預編撰趙光裕批評	明萬曆年間（1573～1620年）刊本共二冊	蓬左文庫藏本原江戶幕府大將軍德川氏尾張藩主家舊藏
（新刊官板批評）正百將傳十卷續四卷	題（宋）張預撰《續》（明）何喬新撰	明萬曆十七年（1589年）金陵周日校刊本	國會圖書館內閣文庫尊經閣文庫藏本

（新刊官板批評）正百將傳十卷續四卷	題（宋）張預撰《續》（明）何喬新撰	明萬曆二十一年（1593年）余氏萃慶堂刊本共五冊	內閣文庫藏本原江戶時代林羅山等舊藏
（新刊官板批評）正百將傳十卷續四卷	題（宋）張預撰《續》（明）何喬新撰、趙光裕評	明刊本共十冊	內閣文庫藏本
虎鈐經二十卷	（宋）許洞撰（明）蘇茂相訂	明刊本共四冊	尊經閣文庫藏本，原江戶時代加賀藩主前田綱紀等舊藏
明人著作之屬			
武經直解十二卷	（明）劉寅撰	明嘉靖年間（1522～1566年）刊本共十冊	尊經閣文庫藏本，原江戶時代加賀藩主前田綱紀等舊藏
武經直解（七書直解）十二卷	（明）劉寅撰、張居正增訂、翁鴻業重校	明萬曆年間（1573～1620年）錢塘翁鴻業刊本共八冊	內閣文庫蓬左文庫藏本
武學經傳句解十卷	（明）王圻撰	明萬曆年間（1573～1622年）刊本共六冊	尊經閣文庫藏本，原江戶時代加賀藩主前田綱紀等舊藏
（新刊）續武經總要七卷續編一卷	（明）趙本學撰《續》俞大猷撰	明嘉靖年間（1522～1566年）刊本	內閣文庫尊經閣文庫藏本
武經題旨明說十三卷	（明）汪本源撰	明崇禎年間（1628～1644年）刊本，共四冊	尊經閣文庫藏本，原江戶時代加賀藩主前田綱紀等舊藏
（新刊京本策論品題）武經通鑒七卷	（明）鄭靈撰	明萬曆三十九年（1611年）楊氏四知書堂刊本	內閣文庫尊經閣文庫藏本
（新鐫）武經標題佐議（武經佐議）七卷	（明）臧應驥編撰	明天啓四年（1624年）序刊本共四冊	內閣文庫尊經閣文庫靜嘉堂文庫藏本
（新鐫）武經標題正義七卷附錄一卷	（明）趙光裕編	明萬曆年間（1573～1620年）刊本共二冊	內閣文庫東北大學附屬圖書館藏本
（新鐫）武經標題正義七卷附錄二卷	（明）趙光裕編	明萬曆年間（1573～1620年）刊本	尊經閣文庫 東北大學附屬圖書館藏本

（重訂箋注）孫吳合編四卷	（明）趙光裕編	明刊本共三冊	尊經閣文庫藏本，原江戶時代加賀藩主前田綱紀等舊藏
（新鐫）武經標題七書十卷	（明）謝弘毅編	明刊本共三冊	尊經閣文庫藏本，原江戶時代加賀藩主前田綱紀等舊藏
武經七書合箋武經續書十卷	（明）張明弼編	明崇禎年間（1628～1644年）刊本共五冊	尊經閣文庫藏本，原江戶時代加賀藩主前田綱紀等舊藏
衰穀子商騭武經七書十卷	（明）孫履恒編	明崇禎年間（1628～1644年）刊本共六冊	尊經閣文庫藏本，原江戶時代加賀藩主前田綱紀等舊藏
武經通義（孫子司馬法通義）七卷	（明）陸萬垓編、陸長卿校、王堯年參閱	明崇禎十年（1637年）金陵陸氏刊本共四冊	內閣文庫 蓬左文庫藏本
（新鐫）武經七書集注七卷兵法淵源一卷	（明）李清集注	明天啓四年（1624年）刊本	內閣文庫 尊經閣文庫藏本
武經七書解義七卷附兵法一卷	（明）王升解義	明萬曆年間（1573～1620年）刊本共八冊	尊經閣文庫藏本，原係江戶時代加賀藩主前田綱紀等舊藏
（標題評釋）武經七書七卷	（明）陳元素評釋	明刊本共七冊	尊經閣文庫藏本，原江戶時代加賀藩主前田綱紀等舊藏
（新鐫）武經七書類注十五卷，首一卷，武經圖考一卷	（明）黃華暘類注	明崇禎十年（1637年）富酉堂刊本	內閣文庫 尊經閣文庫藏本
武經翼十五卷	（明）方家振編撰	明崇禎年間（1628～1644年）信筆齋刊本共四冊	內閣文庫 尊經閣文庫藏本
武經開宗十卷	（明）黃獻臣編撰	明末芙蓉館刊本	宮內聽書陵部 內閣文庫 東京大學綜合圖書館藏本
（重刻）武經必讀四十五卷	（明）李材編撰	明刊本共四十五冊	內閣文庫藏本 原豐後佐伯藩主毛利高標舊藏
兵政紀要五十卷	（明）李材撰、王民順編	明萬曆二十五年（1597年）跋刊本共十二冊	內閣文庫藏本 原楓山官庫舊藏

經武淵源十五卷	（明）李材撰	明萬曆二十三年（1595年）徐即登陳應芳刊本	國會圖書館內閣文庫藏本
將將記二十四卷	（明）李材撰	明萬曆二十二年（1594年）徐即登等刊本	國會圖書館內閣文庫藏本
（經世堂訂正）武經集注十四卷	（明）沈應明等編撰	明崇禎年間（1628～1644年）刊本共八冊	內閣文庫藏本原楓山官庫舊藏
（新鐫）注解武經七卷	（明）沈應明等編撰	明刊本共六冊	尊經閣文庫藏本原江戶時代加賀藩主前田綱紀等舊藏
武經類編二十卷	（明）王璜編撰	明刊本共二冊	內閣文庫藏本原楓山官庫舊藏
（唐荊川先生纂輯）武編前六卷後六卷	（明）唐順之撰、焦竑校	明武林徐象橒曼山館刊本	國會圖書館內閣文庫靜嘉堂文庫尊經閣文庫蓬左文庫東京大學綜合圖書館早稻田大學圖書館藏本
經國雄略四十八卷	（明）鄭大郁撰、王介爵校	明萬曆十三年（1585年）溫陵鄭氏觀社刊本	國會圖書館內閣文庫蓬左文庫藏本
武經注解考注八卷武備集要二卷武藝要法一卷	（明）周光鎬撰	明萬曆年間（1573～1620年）刊本	尊經閣文庫東京大學綜合圖書館藏本
武經考注（武經注解）八卷	（明）周光鎬撰	明萬曆二十五年間（1597年）序刊本共五冊	內閣文庫藏本原楓山官庫舊藏
將略標六十一卷	（明）周鑒撰	明崇禎十五年（1587年）刊本共十三冊（合七冊）	國會圖書館藏本
將略標六十六卷	（明）周□編撰	明萬曆年間（1573～1620年）刊本共四冊	尊經閣文庫藏本原江戶時代加賀藩主前田綱紀等舊藏

江南經略八卷	（明）鄭若曾撰	明隆慶二年（1568年）刊本共六冊（合三冊）	國會圖書館藏本
江南經略八卷	（明）鄭若曾撰、男應龍一鷥同校、孫玉清祖汴同重校	明萬曆四十二年（1614年）鄭玉清補刊本共八冊	東洋文庫藏本 原藤田豐八等舊藏
登壇必究四十卷	（明）王明鶴輯、袁世忠校	明萬曆年間（1573～1620年）刊本	國會圖書館 內閣文庫 尊經閣文庫 東洋文庫 蓬左文庫 東京大學 京都大學人文科學研究所東洋學文獻中心 東北大學附屬圖書館 早稻田大學圖書館 大東急紀念文庫 廣島市立圖書館 御茶之水圖書館藏本
講武全書兵占二十七卷	（明）丁繼嗣編撰	明萬曆二十一年（1593年）刊本	國會圖書館 尊經閣文庫藏本
講武全書兵占二十七卷	（明）丁繼嗣編撰	明崇禎十二年（1639年）修德堂刊本	宮內聽書陵部 內閣文庫藏本
講武全書兵占二十八卷	（明）丁繼嗣編撰	明刊本共十六冊（合七冊）	國會圖書館藏本
講武全書兵覽部三十二卷	（明）姜師閔編撰	明刊本共二十冊（合七冊）	國會圖書館藏本
講武全書兵覽部三十二卷兵律部二十八卷兵占二十四卷	（明）姜師閔、丁繼嗣編撰	明萬曆年間（1573～1620年）刊本	尊經閣文庫 蓬左文庫藏本
戎約十八卷	（明）蔡時春撰	明萬曆四十八年（1620年）刊本共五冊（合二冊）	國會圖書館藏本

備書二十卷	（明）王應遴撰、鄭熙庸訂	明萬曆四十八年（1620年）刊本共十冊（合三冊）	國會圖書館藏本
武備志二百四十卷首一卷	（明）茅元儀撰	明天啓年間（1621～1627年）刊本	宮內聽書陵部 內閣文庫 靜嘉堂文庫 東洋文庫 尊經閣文庫 東京大學 京都大學人文科學研究所東洋學文獻中心 早稻田大學圖書館 愛知大學附屬圖書館簡齋文庫藏本
火龍經三集二卷	（明）茅元儀撰、諸葛光榮校	明末刊本南陽隆中藏版共一冊	東洋文庫藏本
（三立堂新編）閫外春秋三十二卷	（明）尹商、於皇甫撰	明崇禎九年（1636年）刊本	國會圖書館 內閣文庫藏書
古今兵略六卷	（明）莊安世撰	明刊本共三冊	宮內聽書陵部藏本
古今兵鑒三十六卷	（明）鄭璧撰、黃似華校	明萬曆四十七年（1619年）跋刊本共六冊	內閣文庫藏本 原楓山官庫舊藏
談兵略四卷	（明）戴日昭編	明崇禎八年（1635年）序刊本共一冊	內閣文庫藏本 原楓山官庫舊藏
練兵節要四卷	（明）李自蕃撰	明天啓三年（1623年）序刊本共四冊	內閣文庫藏本 原楓山官庫舊藏
方略摘要三卷	（明）趙大綱撰、楊道會、蘇濬校	明萬曆年間（1573～1620年）刊本共三冊	內閣文庫藏本 原楓山官庫舊藏
詰戎踐墨六卷	（明）阮漢聞篆評	明天啓元年（1621年）大梁朱勤業校刊本共四冊	東京大學綜合圖書館藏本 原廣東籌賑日災總會寄贈本
兵機秘纂十三卷	（明）周永春編、王尚德校	明萬曆四十七年（1619年）序刊本共十冊	內閣文庫藏本 原楓山官庫舊藏

兵家運籌決勝綱目二十卷	（明）葉夢熊編撰	明萬曆年間（1573～1620 年）余氏萃應堂刊本	內閣文庫 東北大學附屬圖書館藏本
兵錄十四卷	（明）何汝賓編撰	明崇禎元年（1628年）粵之正氣堂刊本	宮內廳書陵部 國會圖書館 內閣文庫 尊經閣文庫 蓬左文庫 早稻田大學圖書館藏本
兵談二卷二刻二卷	（明）陶起龍撰	明刊本共四冊	內閣文庫藏本 原楓山官庫舊藏
兵垣四編	（明）臧懋循編撰	明天啓元年（1621年）序朱墨套印刊本共五冊	內閣文庫 尊經閣文庫藏本
兵鏡二十卷	（明）吳惟順、吳鳴球纂輯、張國經編定	明天啓年間（1621～1627 年）刊本	宮內廳書陵部 國會圖書館 內閣文庫 尊經閣文庫 蓬左文庫藏本
練兵實紀九卷雜集六卷類抄十五卷	（明）戚繼光撰	明人寫本共十二冊	宮內廳書陵部藏書
練兵實紀九卷雜集六卷	（明）戚繼光撰	明刊本共八冊	內閣文庫藏書 原昌平阪學問所舊藏
練兵實紀九卷	（明）戚繼光撰	明刊本共九冊	尊經閣文庫藏本，原江戶時代加賀藩主前田綱紀等舊藏
（重訂評點）練兵諸書十八卷	（明）戚繼光撰、陳士繽評點	明刊本共十冊	尊經閣文庫藏本，原江戶時代加賀藩主前田綱紀等舊藏
（類輯）練兵諸書十八卷	（明）戚繼光撰	明刊本共六冊	內閣文庫藏本 原楓山官庫舊藏
紀效新書十八卷首一卷	（明）戚繼光撰	明萬曆二十三年（1595 年）江氏明雅堂刊本	內閣文庫 尊經閣文庫 東京大學東洋文化研究所 築波大學附屬圖書館藏本

紀效新書十四卷首一卷	（明）戚繼光撰	明萬曆年間（1573～1620年）刊本共五冊	宮內聽書陵部尊經閣文庫藏本
（鐫中興運掌）百戰勝法（三軍百戰百勝奇法彙編）二卷武經將略一卷	題（明）戚繼光撰	明刊本共二冊	內閣文庫藏本原楓山官庫舊藏
（增訂）武備新書十四卷	（明）戚繼光編	明萬曆年間（1573～1620年）刊本共十五冊	尊經閣文庫藏本原江戶時代加賀藩主前田綱紀等舊藏
太乙武略集要七卷	（明）黃鍾和編集	明藍格寫本共六冊	宮內聽書陵部藏本
塞語一卷	（明）尹畊撰	明隆慶六年（1572年）成都高氏刊本共一冊	京都大學人文科學研究所東洋學文獻中心藏本原內藤湖南恭仁山莊舊藏
（新鐫吳兩生先生編輯）必讀武學四卷	（明）吳牲撰、余昌祚校	明崇禎三年（1630年）序刊本共四冊	內閣文庫尊經閣文庫藏本
（刪定）武庫益智錄二十卷	（明）何東序輯、劉敏寬刪定	明天啓年間（1621～1627年）劉茂勛刊本共二十冊	東洋文庫藏本
武德全書十五卷	（明）李榮彙編、彭好古校、李明世等注	明刊本共八冊（合四冊）	國會圖書館內閣文庫尊經閣文庫早稻田大學圖書館藏本
諸史將略十六卷	（明）劉畿編輯	明嘉靖四十五年（1566年）刊本共四冊	內閣文庫藏本原楓山官庫舊藏
諸史將略十六卷	（明）劉畿編輯	明嘉靖年間（1522～1566年）刊本共八冊	尊經閣文庫藏本原江戶時代加賀藩主前田綱紀等舊藏
古今將略四卷	（明）馮孜編纂、蔡貴易校	明萬曆十八年（1590年）刊本	內閣文庫早稻田大學圖書館藏本
古今將略四卷	（明）馮時寧編撰	明刊本共四冊	尊經閣文庫藏本原江戶時代加賀藩主前田綱紀等舊藏

古今百將傳四卷	（明）馮時寧輯	明遺經堂刊本共四冊	早稻田大學圖書館藏本
（注釋評點）古今名將傳十七卷附一卷	（明）陳元素編	明天啓三年（1623年）序刊本共十七冊	內閣文庫藏本原楓山官庫舊藏
（注釋評點）古今名將傳十七卷	（明）李溫陵編撰、陳元素評點	明天啓三年（1623年）閶門龔紹山刊本	宮內聽書陵部蓬左文庫藏本
（新刻）古今名將全史便覽（不分卷）	（明）臧應驤編、鄭嘉謨、何斌臣校	明天啓四年（1824年）龔氏樹德堂刊本共二冊	內閣文庫藏本原楓山官庫舊藏
古今戎政將略箋二卷	（明）計廷直編	明刊本共二冊	內閣文庫藏本原楓山官庫舊藏
（新刊官板批評）續百將傳四卷	（明）何喬新撰、趙光裕評	明萬曆年間（1573～1620年）刊本共二冊	足利學校遺跡圖書館藏本原足利學校舊藏
（新刻）皇明百將列傳評林四卷附一卷	（明）顧其言編	明刊本共二冊	內閣文庫藏本原江戶時代林氏大學頭家舊藏
（新鐫旁批詳注總斷）廣名將譜（廣百將傳）二十卷	（明）黃道周撰	明崇禎十六年（1643年）刊本	國會圖書館內閣文庫東洋文庫東京大學東洋文化研究所福井市立圖書館藏本
（新鐫旁批詳注總斷）廣名將譜二十卷	（明）黃道周編撰	明崇禎年間（1628～1644年）刊本共八冊	宮內聽書陵部尊經閣文庫藏本
百將提衡四卷	（明）穆文熙編撰	明萬曆年間（1573～1620年）刊本共四冊	尊經閣文庫藏本原江戶時代加賀藩主前田綱紀等舊藏
皇明將略（不分卷）附秘刻武略神機火藥（新刻）武備三場韜略全書（新刻朱批）武備全書海防總論（新鐫）武備全書國朝名公京省地與戶口錢糧絲綿絹布鈔總論	（明）李同芳編撰	明朱墨套印刊本共八冊	尊經閣文庫藏本原江戶時代加賀藩主前田綱紀等舊藏

（新鐫批選）百將傳合法兵戎事類正傳四卷續傳三卷　皇明將傳三卷　外紀外國諸將傳四卷	（明）趙光裕批評、趙子玄編撰	明吳勉學刊杭城趙吾山梓行本（玉成齋原版）共十四冊	蓬左文庫藏本
張靖峰將相轉世神機三卷	（明）張岳撰	明崇禎三年（1630年）聽月軒刊本共三冊	蓬左文庫藏本
（精選）分類將略鷹揚捷徑四卷	（明）邵曾容、邵師嚴編	明萬曆年間（1573～1620年）刊本共三冊	內閣文庫藏本原楓山官庫舊藏
歷朝武機捷錄十五卷附國朝武機捷錄三卷	（明）王守仁撰、郭子章注、《附》商周祚撰	明刊本	宮內聽書陵部內閣文庫藏本
歷朝武機圖說三卷	（明）王守仁撰	明刊本共一冊	內閣文庫藏本原楓山官庫舊藏
軍器圖說	（明）畢懋康繪撰	明刊本共一冊	內閣文庫藏本原楓山官庫舊藏
神器譜五卷	（明）趙士楨撰	明萬曆三十一年（1604年）刊本共三冊	內閣文庫御茶之水圖書館藏本
兵器六卷	（明）尹賓商編撰	明天啓三年（1623年）序刊本共二冊	內閣文庫藏本原楓山官庫舊藏
射史八卷	（明）程宗猷編撰	明崇禎二年（1629年）刊本共三冊	內閣文庫藏本原楓山官庫舊藏
（楊脩齡先生校定）武經射學正宗八卷	（明）高穎編輯	明崇禎年間（1628～1644年）刊本共二冊	內閣文庫尊經閣文庫藏本
（新刻劉翰林裁定武稿）射雕手四卷首一卷	（明）吳孔昭撰、吳膺狄編	明朱墨套印刊本共四冊	內閣文庫藏本原楓山官庫舊藏
穿楊捷指一卷	題「百元尊生周德子撰」	明崇禎年間（1628～1644年）刊本共一冊	蓬左文庫藏本
武略神機二卷附神機演習圖說一卷	（明）胡獻忠撰	明刊本	內閣文庫蓬左文庫藏本
（重刻校增）武侯八門神書一卷凡例一卷	（明）胡獻忠撰	明萬曆四十三年（1615年）刊本	內閣文庫蓬左文庫藏本

（重刻校增）武侯八門神書一卷	（明）胡獻忠撰	明萬曆年間（1573～1620年）刊本共二冊	東洋文庫藏本
少林棍決二卷	（明）程沖斗編	明刊本共一冊	內閣文庫藏本 原楓山官庫舊藏
火攻陣法四卷	（明）曹飛編撰	明天啓年間（1621～1627年）刊本共六冊	尊經閣文庫藏本 原江戶時代加賀藩主前田綱紀等舊藏
心略六卷	（明）施永圖撰	明刊本共六冊	宮內聽書陵部藏本
（新刻國朝名公批點）文武並用今古紆籌八卷	（明）施溥明撰、朱錦編	明萬曆三十三年（1605年）勾吳朱氏刊本	內閣文庫 蓬左文庫藏本
金湯借箸十二籌十二卷	（明）李盤等撰	明崇禎年間（1628～1644年）刊本	內閣文庫 尊經閣文庫藏本
一覽知兵武闈捷勝一卷	（明）陳君璠編撰	明天啓年間（1621～1627年）書林余仁公刊本	內閣文庫 尊經閣文庫 蓬左文庫藏本
經略奇問四卷	（明）趙時用撰	明崇禎二年（1629年）序刊本共四冊	內閣文庫藏本 原楓山官庫舊藏
握機經三卷首一卷握機緯十五卷	（明）曹胤儒編	明刊本共四冊	內閣文庫 尊經閣文庫藏本
（新鐫）握機彙雋六卷	（明）徐昌會編	明萬曆二十二年（1594年）序刊本共三冊	內閣文庫藏本 原豐後佐伯藩主毛利高標舊藏
古今中興籌略四卷	（明）余應虯編	明刊本共十七冊	內閣文庫藏本 原豐後佐伯藩主毛利高標舊藏
陣法全書五卷	（明）潘遊龍編輯	明刊本	內閣文庫 蓬左文庫藏本
古今平定略八卷	（明）洪承疇編撰	明崇禎年間（1628～1644年）古閩余璟刊本共十二冊	尊經閣文庫 蓬左文庫 御茶之水圖書館藏本
（洪尙書重補戚少保）南北平定略三集古陣法平定略一卷	（明）戚繼光撰、洪承疇評定、郭應響補	明萬曆年間（1573～1620年）刊本共六冊	內閣文庫藏本 原楓山官庫舊藏

左氏兵略三十二卷	（明）陳禹謨編撰	明四川都察院刊本共十二冊	內閣文庫藏本
左氏兵略三十二卷	（明）鄭維城撰	明崇禎年間（1628～1644年）刊本共十六冊	尊經閣文庫藏本 原江戶時代加賀藩主前田綱紀等舊藏
左氏兵法測要二十卷	（明）宋徵璧臆論、徐浮遠評閱	明崇禎年間（1628～1644年）刊本共十三冊	尊經閣文庫藏本 原江戶時代加賀藩主前田綱紀等舊藏
左氏兵法測要二十卷首二卷	（明）宋徵璧編撰	明劍閣齋刊本	內閣文庫藏本
（喻子十三種）秘書兵衡十三卷	（明）喻龍德撰、龔居中傳輯、徐惟惕參論	明天啓三年（1623年）鄭大經刊本	宮內聽書陵部 內閣文庫 尊經閣文庫 廣島市立淺野圖書館藏本
緯弢二卷	（明）郭增光撰	明崇禎元年（1628年）刊本共二冊	內閣文庫藏本 原楓山官庫舊藏
經武勝略二十四卷	（明）莊應會編撰	明刊本共十八冊	內閣文庫藏本原楓山官庫舊藏
經武要略六卷	（明）陳仁錫編撰	明刊本共六冊	內閣文庫藏本 原楓山官庫舊藏
師律十六卷	（明）范景文編撰	明崇禎十二年（1639年）序刊本共十冊	內閣文庫藏本 原楓山官庫舊藏
武書大全韜略世法二十九卷	（明）尹商等輯	明崇禎年間（1628～1644年）刊本	內閣文庫 尊經閣文庫藏本
（精選詳注武科三場）韜略全書五卷	（明）方儀鳳撰、汪萬頃等注	明萬曆年間（1573～1620年）萬卷樓刊本	內閣文庫 尊經閣文庫藏本
武書大全	（明）尹商等輯	明刊本共二十冊（合五冊）	國會圖書館藏本
武備要略十四卷	（明）程子頤編撰	明崇禎年間（1628～1644年）刊本共十二冊	尊經閣文庫藏本 原江戶時代加賀藩主前田綱紀等舊藏
武備全書	明人編輯不著姓名	明刊本共二十冊	內閣文庫藏本 原楓山官庫舊藏

武備全書	明人編輯不著姓名	明末刊本共九冊	東京大學綜合圖書館藏本 原谷干城家谷干文庫等舊藏
經世急切事務十卷補漏居寓言一卷	（明）顏季亨撰	明天啓三年（1623年）刊本共五冊	內閣文庫藏本 原楓山官庫舊藏
時務捷書二卷	（明）不著撰人	明刊本共二冊	內閣文庫藏本 原楓山官庫舊藏
新擬武闈論集一卷補一卷	（明）鄒復編	明刊本共二冊	內閣文庫藏本 原豐後佐伯藩主毛利高標舊藏
武學經傳三十九卷	（明）翁溥編	明嘉靖年間（1522～1566年）刊本共十冊	尊經閣文庫藏本 原江戶時代加賀藩主前田綱紀等舊藏
皇明經世全書九卷	（明）李成芬、王守仁撰	明刊本	內閣文庫藏本 原楓山官庫舊藏
止戈書四卷	（明）劉元命編	明崇禎八年（1635年）刊本共六冊	內閣文庫藏本 原楓山官庫舊藏

　　根據上表的統計，明清之際東傳日本的兵學著作多達 180 部，其中僅明人所著兵書便達 136 部，而剩餘 44 部兵學著作，也有 43 部為明刊本，僅《六韜》為舊寫本，而非明刊本，因而可以肯定的是明清之際，確實存在一個兵書入日的潮流。《武備志》正是在這一潮流當中東傳日本的。

5.2　《武備志》入日

　　本章所要考證的明末清初（1619～1664）僅是悠長的和漢書籍交流史中的一瞬，明末兵書《武備志》東傳日本也只是數量宏豐的漢籍中的一粟，然而卻因著《武備志》東傳日本的特殊時代背景，其後在清乾隆年間被列入禁燬書目的特殊境遇，以及傳入日本之後產生的巨大影響，而理所當然地成為本文的研究主題。《武備志》成書於 1619 年，是明末百科全書式的軍事學著作，全書共 240 卷，分為兵訣評、戰略考、陣練制、軍資乘、占度載五部分。作者茅元儀出於對明末邊患、海防、農民起義等狀況的憂慮，又感於明末武備廢弛，耗時兩年（1617～1619 年），整理編纂了《武備志》，並於崇禎元年（1628 年）進呈皇帝，以期對明末的武備狀況有所影響和改善。然《武

備志》成書之時（1621 年）已是明代末年，北方女眞人皇太極已於 1619 年稱帝，建號大清，并大舉向南入侵明朝，因而書中言邊事之時不免偶有牽涉女眞之語，這也直接導致《武備志》在清乾隆時期被列入禁燬書目，不能廣爲流傳，其影響力也大大降低。而在同一時期，《武備志》經由海路隨商船舶往日本，入日後被幾次刊印，廣爲流傳，且被作爲江戶時期日本海防戰略和「海軍」構想的理論來源，而爲日本有識之士所研習，對日本社會產生了極大的影響。

本章將立足於和漢原始資料的基礎之上，對《武備志》東傳日本這一主題進行研究。在本節中首先擬依據嚴紹璗先生的研究，考察日本現存明清刻版《武備志》的留存狀況；其次從日本江戶時代的記錄資料中檢出關於《武備志》入日的相關記錄，并借助筆者在明清文獻中發現的一條新史料，考訂出《武備志》東傳日本的具體時間；進而依據《武備志》入日時間，考察同時期中日之間貿易往來的方式與路線，并結合上述的新史料，同時參校明清史的基本史料，推斷《武備志》東傳日本的路線；最後考察日刊本《武備志》的版本流變狀況，並對清末日刊本《武備志》回流中國的狀況進行考證。

5.2.1 明清刊本《武備志》在日本保存狀況

日本現存明清刻版《武備志》，根據嚴紹璗先生在其《日藏漢籍善本書錄》〔註 3〕中對日本館藏天啓版《武備志》進行了考察，現列表如下：

表 17 日本館藏天啟版《武備志》的狀況

武備志版本	冊數	今 藏	舊 藏	備 注
天啓版	80	宮內廳書陵部		
天啓版	80	內閣文庫	楓山官庫舊藏	
天啓版	37	內閣文庫	林羅山舊藏	卷中有「江雲渭樹」印記
天啓版	60	內閣文庫	陸心源守先閣舊藏	
天啓版	50	靜嘉堂文庫		
天啓版	40	東洋文庫		卷中有寫補
天啓版	61	東洋文庫	藤田豐八等舊藏	卷中有修補

〔註 3〕嚴紹璗著，日藏漢籍善本書錄〔M〕，中冊・子部・兵家類，北京：中華書局出版社，2007 年，第 813 頁。

天啓版	46	東洋文庫	藤田豐八等舊藏	卷中有寫補
天啓版	80	尊經閣文庫	江戶時加賀藩主前田綱紀舊藏	殘本，存 230 卷，缺卷 224～240，卷中有後人補寫
天啓版	78	東京大學總合圖書館	廣東籌賑日災總會寄贈本	
天啓版		東京大學東洋文化研究所		
天啓版	80	京都大學		
天啓版	120	早稻田大學圖書館	多田駿實彀室文庫舊藏	
天啓版	60	愛知大學	小倉正恒舊藏	

　　由上表可知，日本現存天啓本《武備志》達 14 部之多，較其他江戶時代輸入的漢籍數量爲多，且《武備志》比之其他漢籍卷帙更爲浩大，全書達 240 卷，200 餘萬字，至今仍有大量留存可見江戶時代的日人對《武備志》的重視。

5.2.2　日籍對《武備志》入日的記載

　　依大庭修和嚴紹璗的研究，漢籍東傳日本，主要經由遣唐使、留學生、留學僧、渡來人〔註 4〕和商業貿易五種途徑。奈良、平安時代的日本，漢籍輸入主要依靠前四種方式，商人也偶有帶來書籍；自宇多天皇寬平六年（894年）日本正式廢止遣唐使制度起〔註 5〕，中日之間的民間貿易就成爲漢籍東傳日本的唯一渠道，而北宋政府還曾頒布禁令，對書籍的對外貿易進行限制；至江戶時代，德川幕府統治下的日本於 1612 年頒布禁止天主教傳播的法令，1616 年規定外國貿易船隻只准停靠長崎、平戶二港，1633 年日本實施全面的閉關鎖國政策，嚴禁日本人出海進行一切對外貿易〔註6〕，1636 年幕府又做出補充規定，特允許中國和荷蘭商船停駐長崎港，此後直至 19 世紀中期，長崎港成爲漢籍輸往日本的必由之徑。

〔註 4〕〔日〕大庭修著，戚印平等譯，江戶時代中國典籍流播日本之研究〔M〕，杭州：杭州大學出版社，1998 年，第 9 頁。

〔註 5〕894 年日本在菅原道眞的運作下廢止遣唐使。

〔註 6〕1633 年德川幕府頒佈《隱遁法令》，正式禁止基督教，禁止日本人出國旅行，並控制對外貿易。

　　《武備志》於天啓元年（1621 年）首次刊印，此後傳入日本，這一時間恰處於 1616 年之後日本貿易限制時期，在這一時期，中日民間貿易主要通過長崎、平戶二港進行，尤以長崎爲主。通過長崎、平戶二港輸入日本的商品，均由港口會所記錄在帳，這些記錄包括貨物帳〔註 7〕、見帳〔註 8〕、值入帳〔註 9〕、直組帳〔註 10〕、落札帳〔註 11〕，在港口交易諸帳中，唐船舶載書籍以書籍名稱作記錄。入港唐船所載書籍目錄又被彙編爲《外船書籍元帳》、《商舶載來書目》《書籍元帳》等書籍。港口書籍諸帳和舶載書籍目錄是研究江戶時代漢籍東傳的第一手資料，1647 年之後唐船經長崎載入的書籍皆記錄在冊，其中關於《武備志》輸入的記錄有如下幾條：

　　據《商舶載來書目》〔註 12〕記載中御門天皇寶永七年（1710 年），中國商船「不字號」載《武備志》一部八帙抵日本。其後，該船於正德元年（1711 年）又載《武備志全書》一部抵日本。又《外船齎來書目》〔註 13〕記載，桃園天皇寶曆九年（1759 年）中國商船「十番船」載《武備志》四部共三十二帙抵日本。光格天皇文化二年（1805 年）中國商船「醜二番」〔註 14〕載《武備志》一部抵日本。同年中國商船「醜七番」亦載《武備志》一部抵日本。再《外船書籍元帳》〔註 15〕記載，孝明天皇嘉永六年（1853 年）中國商船「子

〔註 7〕　貨物帳由唐商提供，交由港口貿易會所，並由「丸荷役」對貨物的品名數量進行確認。

〔註 8〕　由投標商人提供，貨物名稱、數量、特色及好壞情況逐一記錄。

〔註 9〕　由書籍目利役參考京都行情、輸入品數量、前一年的價格等因素，進行評估，即「值入帳」。

〔註 10〕　由當年的交易中間人和評議人進行價格評估，評估後製成「直組帳」。

〔註 11〕　在港口檢使、町年寄、會所目付的監督下對貨物進行投標，確定頭標後，由港口會所計算支出銀兩目錄附上「落札帳」，商人須在落札帳了按捺印信。

〔註 12〕　〔日〕向井富，商舶載來書目〔O〕，向井富時任長崎港「書籍改役」（即海關書籍檢查官），書中記載元祿六年（1693）～享和三年（1803），中國商船由長崎港登陸上岸所載來的漢籍書目。

〔註 13〕　〔日〕佚名，外船齎來書目〔O〕，類似於海關書籍登記簿，主要記載 18 世紀赴日商船所載書目。

〔註 14〕　〔日〕大庭修著，戚印平等譯，江戶時代中國典籍流播日本之研究〔M〕，杭州：杭州大學出版社，1998 年 3 月版，第 24 頁，「進入長崎的唐船每年都依據當年的干支編有入港番號。例如貞享二年爲乙丑年，該年的入港唐船就被稱爲『醜一番船』、『醜二番船』。再根據來船的出發地加上福州船或寧波船等稱號，如『醜八拾壹番寧波船』『醜八拾貳番福州船』」。

〔註 15〕　〔日〕外船書籍元帳〔O〕，類似於海關書籍登記簿，主要記載天保十一年（1841）～安政二年（1855）赴日商船所載書目。

二番」載《武備志》一部二帙抵日本，售價二十七匁〔註16〕。嘉永五年，中國商船「子五番」「新規持渡」《武備志》一部二帙抵日本，此本朱筆注明「學問所御用」，由於它並非新渡之書，昌平版本中已不存此書。

從以上記錄中，可以得到兩條有效信息，一、日本文獻中最早的一條關於《武備志》入日的記錄是在 1710 年；二、《武備志》在江戶時代輸往日本是通過對外貿易的方式，經由商船載往日本。由第一條有效信息，可以推知《武備志》最初傳入日本的時間應該不晚於 1710 年，即《武備志》最初傳入日本的時間應該是在 1621～1710 年之間。然而靈元天皇寬文四年（1664 年）《武備志》已經在日本被首次刊印，《武備志》入日時間當早於首次刊印的時間，因而《武備志》最早傳入日本的時間並不是文獻有所記錄的 1710 年，《武備志》傳入日本的時間應當不晚於 1664 年，即《武備志》入日時間應當在 1621～1664 年之間，這是日本已有的文獻記錄所能給出的《武備志》最初傳入日本的時間範圍。

5.2.3　一條新史料的發現——漢籍對《武備志》入日的記載

在同一時期的明清文獻中，也有一條《武備志》傳往日本的記錄。明人周楫在《西湖二集》卷三十四「胡少保平倭戰功」〔註17〕中講到：

> 我武爺最惡倭奴，嘗欲命將出師勦滅其國，倭奴遂成服罪，進金葉表文投降，始赦其罪。然而海禁最嚴，今奸商嗜利，閔不畏死，競以違禁等物至彼販賣，深可痛恨。近日竟有以《大明一統志》及《武備志》渡海求利者，罪不容於死。此等奸商即宜梟示海濱，雖加以赤族之誅，不爲過也，當事者其知之。

《西湖二集》是一部明末擬話本小說集共三十四卷。《西湖二集》第 34 卷中寫到萬曆二十一年朱鳳翔爲胡宗憲事上奏本敘功之事，故成書當在萬曆二十一年（1593 年）以後若干年。從該條史料可知，一、周楫作《西湖二集》時，明廷海禁「最嚴」；二、《大明一統志》和《武備志》在對外貿易中是違禁物品，奸商通過走私貿易方式運往日本獲利；三、《武備志》傳往日本的時間要早於《西湖二集》的成書時間。

〔註16〕 **匁**，羅馬音讀作「mo ne mi」，日本古代質量單位，1 **匁**=1/160 斤，作爲貨幣單位使用時 1 **匁**=1 文。

〔註17〕 〔明〕周楫，西湖二集〔O〕，卷三十四，崇禎雲林聚錦堂刊本，第 1565～1566 頁。

5.2.4　入日時間

　　由前文引述《西湖二集》「近日竟有以《大明一統志》〔註 18〕及《武備志》渡海求利者」一句可知,《西湖二集》著述期間即有《武備志》被走私貿易者運往海外販售,又依前文「倭奴」的表述,便知該走私貿易的目的地是日本,因而《武備志》傳入日本的時間應在《西湖二集》成書之前。所以要考訂《武備志》初傳日本的時間,可以先考訂《西湖二集》的成書時間。

　　根據前文考訂《武備志》初傳日本的時間應在 1621～1664 年之間,則若《武備志》初傳日本的時間為 1621 年,則《西湖二集》成書年代當不早於 1621 年;若《武備志》初傳日本的時間為 1664 年,則《西湖二集》成書當不早於 1664 年。據鄭振鐸先生考證,《西湖二集》的刊行年代約在明崇禎年間(1628～1644)。《西湖二集》已知的最早版本為明崇禎年間「雲林聚錦堂」刻本,文革紅在《江西小說刊刻地「雲林」考》〔註 19〕中考證「雲林」為江西金溪,其文中進一步引述龔平如《江西出版紀事》〔註 20〕「崇禎元年,河南新鄉商賈谷祥四在金溪縣滸灣鎮首開書坊一間,開金溪書坊業先河」。想來鄭振鐸先生的考訂便源於「雲林聚錦堂」五字,崇禎元年(1628 年)谷氏於金溪首開書坊,又依文革紅考證「雲林」即是金溪,則「雲林聚錦堂」書坊開坊時間應晚於谷氏書坊,即晚於崇禎元年(1628 年),《西湖二集》崇禎刊本也應當晚於 1628 年而早於 1644 年,《西湖二集》於成書當年便刊行,因而其成書時間也應該在 1628～1644 年之間。據前文考證,《武備志》初傳日本的時間在《西湖二集》成書之前,以《西湖二集》成書時間與《武備志》初傳日本時間互為參校,可以推知若《西湖二集》成書於 1628 年,則《武備志》輸往日本的時間應該在 1621～1628 年之間;若《西湖二集》成書於 1644 年,則《武備志》輸往日本的時間就在 1621～1644 年之間。又《武備志》在崇禎元(1628)年初呈皇帝,獲「該博」之名,此後《武備志》才開始引起時人的注意,並被大量刊印,因而《武備志》東傳日本的時間當在 1628 年之後即 1628～1644 年之間。

　　有明一代以來,在對外貿易中實行「海禁」政策,至「嘉靖倭亂」時止,

〔註 18〕〔明〕李賢等,大明一統志〔O〕,卷九十,成書於天順五年(1461 年)四月,
　　　　　為明代官修地理總志。
〔註 19〕文革紅,江西小說刊刻地「雲林」考〔J〕,明清小說研究,2010(1):212～
　　　　　219。
〔註 20〕龔平如,江西出版紀事〔M〕,南昌:江西人民出版社,1996 年。

明庭對外貿易以朝貢貿易為主，「海禁」政策之下，正常的海外貿易受到極大限制，使得私人海上貿易獲利豐厚，從而導致了私人海上貿易日益發展壯大。嘉靖二十七年明廷與日本最後一次勘合貿易之後，中日之間的朝貢貿易斷絕，自嘉靖倭亂始，至明亡，明廷禁止一切對日貿易，這一時期中日貿易主要是走私貿易。據前文引述《西湖二集》的內容，言「然而海禁最嚴，今奸商嗜利，閩不畏死，競以違禁等物至彼販賣，深可痛恨。近日竟有以《大明一統志》及《武備志》渡海求利者，罪不容於死」可知，周楫作《西湖二集》時明朝海禁甚嚴；《大明一統志》和《武備志》在這一時期的對外貿易中是「違禁物品」；商人通過海上走私貿易販賣《武備志》《大明一統志》獲利。前文考訂《西湖二集》成書時間為 1628～1644 年之間，即崇禎年間，崇禎年間閩、浙沿海一帶海禁時嚴時弛，其間海禁較為嚴厲的階段有兩個：崇禎元年（1628）三月到崇禎四年（1631）七月，崇禎五年（1632）十一月至崇禎十一年（1638）一月。因而《西湖二集》中「近日」所描述的走私活動，當在這兩個階段，進而推斷出《武備志》入日時間當在（1628～1631）或（1632～1638）之間，其中 1628～1631 年崇禎嚴海禁主要是針對江浙沿海，1632～1638 年崇禎嚴海禁主要是針對福建沿海商民出海，因而《武備志》最有可能的入日時間當在 1628～1631 年。明清之際，中國刻書業主要集中於江浙一帶，如金陵、寧波、溫州、杭州等地，根據大庭修先生的研究，這一時期東傳日本的漢籍多為江浙刻本，而《武備志》天啟版正是在南京刻印的，而《西湖二集》的作者周楫也恰居於杭州，這又佐證了《武備志》初次東傳日本的時間當在 1628～1631 年的論斷。

5.2.5　入日途徑和路線

江戶幕府時期，為控制貿易，將日本與中國之間的貿易限定在四條線路上，這四條路線分別是長崎線〔註21〕、朝鮮——對馬藩線〔註22〕、琉球——薩摩藩線〔註23〕、阿伊努——松前藩線。如下圖所示：

〔註21〕 江戶幕府官方唯一認可的貿易港。

〔註22〕 北方地區沿海私商則將朝鮮半島作為對日貿易的中轉站，朝鮮更迫於日本的壓力，開放釜山作為日中貿易港貿。

〔註23〕 自 1611 年薩摩藩攫取了琉球群島的宗主權後，在江戶時代日華貿易中，便存在著一條半公開的走私渠道，即中國沿海私商通過琉球與薩摩藩進行貿易。

圖 20　江戶時代中日貿易路線圖〔註24〕

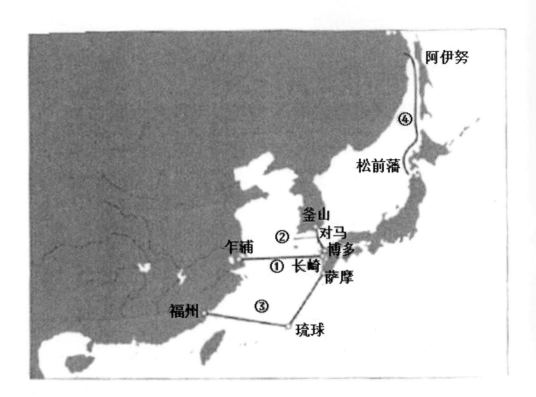

這四條線路中長崎線是由幕府直接控制，而其餘三條路線則由各藩的藩主控制，且被幕府統治者所默許的路線。

接下來需要考察的便是這四條線路之中，《武備志》最有可能的傳輸路徑。首先根據大庭修的研究，自 1611 年薩摩藩攫取了琉球群島的宗主權後，在江戶時代日華貿易中，便存在著一條半公開的走私渠道，即中國沿海私商通過琉球與薩摩藩進行貿易，「薩摩藩與琉球的貿易得到幕府的認可」，「通過這條通道曾輸入過不少書籍」〔註 25〕，可以確證琉球──薩摩藩線是一條書籍傳輸路徑；其次由《西湖二集》中「近日竟有以《大明一統志》及《武備志》渡海求利者」一句，可以推斷《武備志》是通過海上走私貿易的途徑輸

〔註24〕 根據上田信《海與帝國》第 305、306 頁內容與圖表繪製。〔日〕上田信著，高瑩瑩譯，海與帝國〔M〕，桂林：廣西師範大學出版社，2014 年。

〔註25〕 〔日〕大庭修著，戚印平等譯，江戶時代中國典籍流播日本之研究〔M〕，杭州：杭州大學出版社，1998 年，第 9 頁。

往日本的，因而其出發地不可能是廣州港〔註26〕，明末私人海商從廣州港出發，南走澳門或東南亞諸國，再從澳門或東南亞轉道日本進行貿易也是沿海私商赴日貿易的途徑，而《武備志》在明末是禁止作爲商品進行對外貿易，海商們通過廣州港出境貿易，需要通過港口盤查有無違禁物品，因而《武備志》不能通過廣州口岸運出。《西湖二集》的作者周楫爲浙江杭州人，這些攜《武備志》渡海求利的商人最有可能便是江浙一帶的走私商人，且《武備志》爲天啓年間在南京刊印，由於書籍並不是走私貿易中獲利最高的商品，私商多從自己家鄉採購書籍運往日本，鑒於《武備志》卷帙浩繁，不便運輸，因而最有可能是被江浙當地走私商人銷往日本。因而可以推斷《武備志》最初傳往日本的最有可能路徑通過江浙沿海私商的走私貿易，轉道琉球運往日本，即《武備志》東傳日本的路線當爲江浙──琉球──薩摩藩一線。

5.3　《武備志》在日本的流播

5.3.1　日刊本《武備志》及其回流

伴隨著《武備志》的傳入，日本在靈元天皇寬文四年（1664年），中野氏依照明天啓元年的刻本刊印《武備志》，共二百四十卷，并《首》二卷，鵜飼石齋訓點。此本即《倭版書籍考》〔註27〕所輯錄的版本。寬文本內容與天啓本相同，只是在漢字下面加假名注音，每半頁有界六行，每行有字十三，白口，四周單邊框。到光格天皇寬政年間（1789～1800年）寬文本又有修訂版，有大阪河內屋太助先生重印版，大阪河內屋喜兵衛重印版，大阪河內屋太右衛門重印版。修訂版內容與版式依然與寬文本相同，爲每半頁有界六行，每行有字十三。寬正本如下圖：

〔註26〕　由於廣州港是明政府唯一認可的海外貿易港，明末的私人海商和外國貿易船隻，均可通過廣州港合法出入境貿易，然明代終其一代都嚴禁與日本進行貿易往來。

〔註27〕　〔日〕幸島宗意，倭版書籍考〔O〕。

圖 21　早稻田大學藏《武備志》寬正本

　　值得注意的是，自清初汪允文依據天啓刻本（蓮溪草堂藏版）翻刻《武備志》，清乾隆四十年（1775 年）清廷將《武備志》列入禁燬書目，此後一直到道光年間《武備志》才得以再次刊印。在這一時期，日本寬文年間刊印的《武備志》，經由海路，又回流中國。

　　章炳麟在《訄書》「哀焚書第五」〔註 28〕中描述其讀《違礙書籍目錄》見《武備志》亦在列，歎道「雖茅元儀《武備志》不免於火」，後又用小字批註「《武備志》今存者終以詆斥尙少，故弛之耳」，從章炳麟的描述可以窺知《武備志》從清初被禁燬，到清末又被馳禁的過程。光緒年間丁仁編著八千卷樓藏書目錄《八千卷樓書目》〔註 29〕，卷十子部有「《武備志》二百四十卷，明茅元儀撰，日本刊本」，可知八千卷樓所藏正是日本寬文本《武備志》。清道光年間，書禁漸馳，《武備志》得以再次刊印，這一時期出現的《武備志》湖南刻本就是以日本寬文四年刻本爲底本覆刻的。這兩者都表明日本寬文年間刊印的《武備志》在清中晚期又回流中國，日刻本《武備志》基本保留了天啓版《武備志》的原貌，對漢籍的留存具有一定的意義。

5.3.2　江戶時代兵家對《武備志》的研究

　　《武備志》傳入日本之後，引起了日本兵家的濃厚興趣，嚴紹璗在其編

〔註 28〕　〔清〕章炳麟，訄書〔O〕，清光緒三年重訂本。
〔註 29〕　〔清〕丁仁，八千卷樓書目〔O〕，北京：北京圖書館出版社，2009 年。

著的《日藏漢籍善本書錄・子部》中，整理日本所藏《武備志》的版本和館藏信息時寫到，「靈元天皇寬文三年（1663 年）日本學者香西成資《南海治亂記》，稍後荻生徂徠《鈐錄》，光格天皇天明六年（1786 年）林子平《海國兵談》等，其基本理論構想皆來自《武備志》。」〔註30〕這一提法首先表明了江戶時代日本兵家對《武備志》的重視。然而江戶時期的日本兵學家對於《武備志》的眞實態度又如何？在《武備志》傳入之後，他們又對《武備志》進行了怎樣的研究？這些問題依據嚴紹璗先生的說法，江戶時期的日本兵學家對《武備志》極爲重視，並且嚴先生認爲日本江戶時代重要的兵學著作《南海治亂紀》、《鈐錄》、《海國兵談》都是以《武備志》爲思想和理論來源。本部分內容將首先對嚴先生的說法進行一定的考證，並進一步指出江戶時代的日本兵學家對《武備志》的重視程度，以及這些兵學家對《武備志》進行了怎樣的研究與借鑒。

5.3.2.1 《南海治亂記》與《武備志》的關聯不可考

《南海治亂記》〔註31〕在「書尾」有云「寬文三年卯癸三月上弦，香西成資稿贊州府」，可知其成書年代是在靈元天皇寬文三年，即 1663 年，全書共十七卷，書前有序云：

> 鏊爲十七卷，名曰「南海治亂記」，始起足利將軍戰爭之事，末至豐臣太閣服四州而終。外有南海王治考五冊并二十二策名「南海通紀」。其志不啻在詳明鄉國之事，實抑亦欲令觀者考索往跡以知先王之遺法也。

由是可知《南海治亂記》是香西成資以近乎親歷者的視角，來記錄南海道統一的歷史。其文中偶有論及「海賊」和「海防」的部分，但多推崇戚繼光、俞大猷的理論，於茅元儀的《武備志》並不曾稍有提及。

5.3.2.2 《鈐錄》與《武備志》的關聯緊密

《鈐錄》〔註32〕成書於「享保十二年丁未正月」〔註33〕，即 1727 年。

〔註30〕 嚴紹璗，日藏漢籍善本書目〔M〕，中冊，子部，兵學類，北京：中華書局，2007 年 3 月版，第 813 頁。
〔註31〕 〔日〕香西成資輯述，南海治亂記〔O〕，內閣文庫藏正德四年版，香川新報社出版大正二年七月重印版。
〔註32〕 〔日〕荻生徂徠撰，鈐錄〔O〕，共二十卷，神奈川大學圖書館藏本。
〔註33〕 〔日〕荻生徂徠撰，鈐錄〔O〕，卷首自序，神奈川大學圖書館藏本。

在每卷卷首都有注明「日本物茂卿撰」〔註34〕，「物茂卿」即「荻生徂徠」
〔註35〕，《鈐錄》全書共二十卷，著錄荻生徂徠的軍事學構想。《鈐錄》中
有兩處直接提及《武備志》：卷之六行軍・烽燧，提及狼煙時引述「又《武
備志》青烟、白烟、紅烟、黑烟、紫烟の法アリまり狼烟こ用」；卷之十教
旗上・車操中講到馬戰言「按ル《武備志》モ馬印ノ制アリ」，兩處引述可
以作爲直接證據，說明荻生徂徠在著錄《鈐錄》時參閱過《武備志》。

　　《鈐錄》序言有云：

　　　　　上古は右にいへること〈文武二つにわかれされとも、後世学
　　　問衰へて聖人の道を学ふ輩、軍旅を輕しむる事甚誤れる事なり。
　　　殊に宋儒の学問に至りて、王道の師といふ事を説て兵学に計策を
　　　いひたるを、古湯武の軍にはなき事の様にいへるより、文武全く
　　　二つになれり。」〔註36〕

序言中荻生徂徠批判自宋以來談兵必談謀略這種文武分離的狀況，認爲文和
武猶如車的兩個輪子，缺一不可，並進一步指出上古聖王之道實乃文武兼備
之道，因而當事之兵事需得以文武兼備之道治之。這與《武備志》茅元儀自
序中：「古者文武之途合」，「夫有文事必有武備，此三代之所以爲有道之長
也，自武備弛，而文事遂不可保。」〔註37〕所表達的文武兼備思想相一致。
由此可見，茅元儀《武備志》與荻生徂徠《鈐錄》兩書都將文武兼備的兵學
理論作爲核心思想，因而兩者在編著過程中都兼輯兵學理論和武備。

　　《鈐錄》之目次如下圖：

〔註34〕　〔日〕荻生徂徠撰，鈐錄〔O〕，第一卷卷首，神奈川大學圖書館藏本。
〔註35〕　荻生徂徠，1666～1728 年，名雙松，字茂卿，徂徠爲其號，又被稱爲物茂卿、
　　　　　物夫子。日本江戶時代中期的儒學家，古學派之一的萱園學派（又稱古文辭
　　　　　學派）的創始人，被稱爲日本江戶時代最具影響力的學者之一。著有《政談》、
　　　　　《弁道》、《弁名》、《太平策》等。
〔註36〕　〔日〕荻生徂徠撰，鈐錄〔O〕，卷首自序，神奈川大學圖書館藏本。
〔註37〕　〔明〕茅元儀撰，鵜飼石齋訓點，武備志〔O〕，卷首武備志自序，日本早稻
　　　　　田大學圖書館藏，大阪：賭春堂，寬政四年（1792）重修本。

圖 22　神奈川大學藏本《鈐錄》目次〔註 38〕

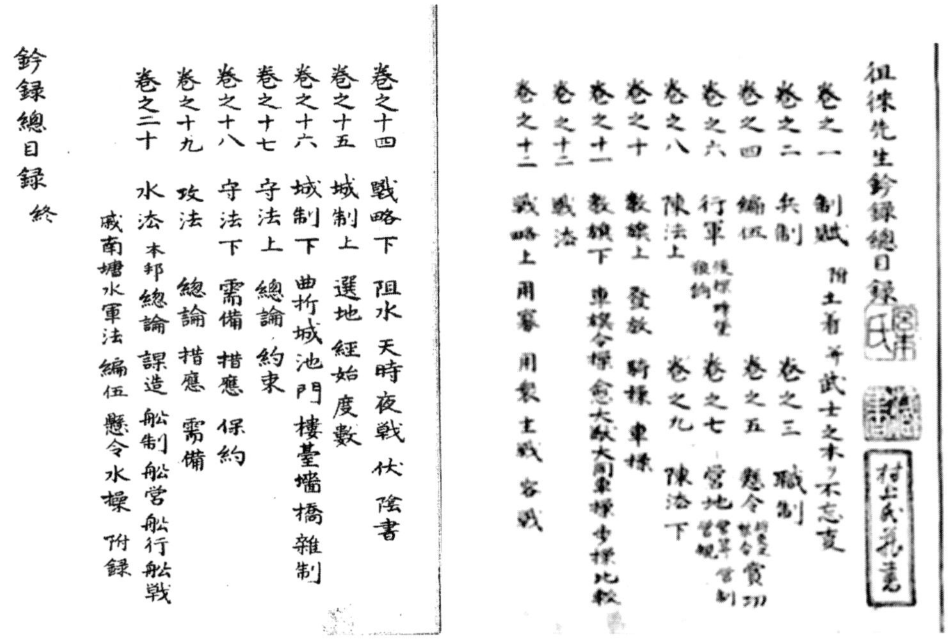

這二十卷目與《武備志》「陣練制」「軍資乘」兩部分內容基本相同。《武備志》「陣練制」分為「陣」與「練」兩部分，其內容可以與《鈐錄》中卷二、三、四、五、六、八、九對應，如陣法、編伍、教旗都屬於陣練制部分；茅元儀又言「軍資不出八端，一曰營，一曰戰，一曰攻，一曰守，一曰水，一曰火，一曰餉，一曰馬」，因而將「軍資乘」分為「營、戰、攻、守、水、火、餉、馬」八個類目，這八個類目的內容可以與《鈐錄》卷一、七、十、十一、十二、十三、十四、十五、十六、十七、十八、十九、二十相對應，如守法、城制對應「守」。不僅如此，就其具體內容而言，《鈐錄》每個卷目下所輯錄的具體內容也與《武備志》近乎相同，這裡僅舉一例進行說明，《鈐錄》卷之六行軍・烽燧與《武備志》第九十七卷軍資乘・戰・烽火。

「鈐錄」烽燧　唐朝ノ法ハ邊塞テハ三十里有一烽、山嶺高峻ノ所可立。若山岡隔　絕ノ地形便利不成ハ里數ニ不抱。兔角段マニ繫テ将ノ在所ニテ注進テ也、邊塞ニテ烽火ノリニ城障シ築トテ城力ヘノ如クスル也是ヲ主ル役人烽帥一人、副帥一人、餘多ノ烽

〔註 38〕　〔日〕荻生徂徠撰，鈐錄〔O〕，第一卷卷首，神奈川大學圖書館藏本。

ヲル、一烽二烽子六人ッノ内五人ハ時替二。……」〔註39〕

　　《武備志》烽火　唐法凡邊城，堠望每三十里置一烽，須在山
嶺高峻處，若有山崗隔絕地形不便，則不限里數，要在烽烽相望。
若隔邊界，則烽火外周築城障。反掌烽火，置帥一人，副一人，每
烽置烽子六人，并取謹信。……」〔註40〕

對比之後可以發現，兩部分輯錄內容幾乎完全一樣，且兩者都指明輯錄自戚
繼光的著作。可以據此推斷，《鈐錄》所載內容最初來源是《武備志》，儘管
《鈐錄》言書中內容輯自呂坤《實政錄》、趙普《城取》、尹耕《堡約》、戚繼
光《練兵實紀》等兵學著作，但是就《鈐錄》與《武備志》內容上相似性如
此之高，《鈐錄》輯錄的內容極有可能轉載自《武備志》。

　　經過以上分析可知，《鈐錄》與《武備志》無論在兵學思想、輯錄內容、
編纂方式，還是章節分目上，都有極大的相似之處。可以推斷，荻生徂徠《鈐
錄》中兵學思想和主要內容均來源於《武備志》，也可以說《鈐錄》是荻生徂
徠基於《武備志》編纂而成的。

5.3.2.3　《海國兵談》與《武備志》的並存與超越

　　《海國兵談》成書於光閣天皇天明六年（1786年），卷首有「天明丙午夏
五月念六仙臺工藤球卿撰」〔註41〕「海國兵談序」，天明丙午年即天明七年
（1787年），《海國兵談》於1787年刊印首卷，至寬政三年（1791年）得以
全卷刊行，全書共16卷，仙臺林子平〔註42〕述。《海國兵談》全書有七處提
及《武備志》，依次羅列如下：

　　【1】「竊に是ヲ：日本武備志ト云とも、罪無ン歟。」〔註43〕

　　【2】「異國の武備志にも海寇を防禦する手段樣々あれとも、是ハ唐山
にて倭寇ト名付て、日本の海賊船を防ク仕形にして、甚手輕キ事どもなれ

〔註39〕〔日〕荻生徂徠撰，鈐錄〔O〕，卷六，神奈川大學圖書館藏本。
〔註40〕〔明〕茅元儀撰，鵜飼石齋訓點，武備志〔O〕，卷九十七，日本早稻田大學
　　　　圖書館藏，大阪：賭春堂，寬政四年（1792）重修本。
〔註41〕〔日〕林子平撰，村岡典嗣校訂，海國兵談〔O〕，卷首·海國兵談自序，東
　　　　京：岩波書店，1939年版，2014年第5次印刷，第12頁。
〔註42〕〔日〕林子平撰，村岡典嗣校訂，海國兵談〔O〕，卷首·海國兵談自序，東
　　　　京：岩波書店，1939年版，2014年第5次印刷，第15頁。
〔註43〕〔日〕林子平撰，村岡典嗣校訂，海國兵談〔O〕，卷首·海國兵談自序，東
　　　　京：岩波書店，1939年版，2014年第5次印刷，第12頁。

ば、是を我國にて異船を防ク手本とは致難シ。日本にて外寇を防クの術ハ、是に反して事大イ也。甚大イなるわけは異國より、日本を并吞すべき爲に来レる事なれば、其仕形も大仕懸なるはづ也。其大仕懸を碎クべき備なれば、是又大仕懸にあらざれば叶さる事ト知べし。其大仕懸の條々左に記ス。」〔註44〕

　　【3】「和蘭人の持渡シ、ゲレイキスフックといふ歐羅巴版の武備志を見たるに、水戰の事ハ此船のミならず、都て廣大無上にして、甚タ巧ミなる戰艦多クある也。其書ヲ見て大略を知べし。」〔註45〕

　　【4】「然とも其製法ハ兵衡及ヒ武備志、亦はゲレイキスブック等に詳也。」〔註46〕

　　【5】「異國にて磚ト云物を製して、城の塀、石垣等に用ル也。其制、好土を煉て磁器の如ク火に燒て堅ムル也。甚堅固なるもの也。武備志にも其製法見ユ。」〔註47〕

　　【6】「右守貝の大概也。猶武備志、兵衡、鈴錄、ゲレイキスブック等見合せて新制あるべし。」〔註48〕

　　【7】「馬に三等ある由、武備志に見たり。」〔註49〕

七處當中，【1】處出自作者林子平的「海國兵談自序」，直譯出來就是「我（林子平）私心以爲它就是日本的「武備志」，希望不要見怪。」，林子平認爲《海國兵談》就是日本的《武備志》。【2】處指出明末兵書《武備志》中所謂的海防、海寇、倭寇，僅僅是指日本所謂的海賊，日本是「海國」，要防禦的海寇要遠甚於中國，這些海寇不僅包括海賊，還有來自異國的侵

〔註44〕〔日〕林子平撰，村岡典嗣校訂，海國兵談〔O〕，卷一・水戰，東京：岩波書店，1939年版，2014年第 5 次印刷，第 12 頁。

〔註45〕〔日〕林子平撰，村岡典嗣校訂，海國兵談〔O〕，卷一・水戰，東京：岩波書店，1939年版，2014年第 5 次印刷，第 21 頁。

〔註46〕〔日〕林子平撰，村岡典嗣校訂，海國兵談〔O〕，卷一・水戰，東京：岩波書店，1939年版，2014年第 5 次印刷，第 45 頁。

〔註47〕〔日〕林子平撰，村岡典嗣校訂，海國兵談〔O〕，卷一・水戰，東京：岩波書店，1939年版，2014年第 5 次印刷，第 145 頁。

〔註48〕〔日〕林子平撰，村岡典嗣校訂，海國兵談〔O〕，卷十二・籠城，東京：岩波書店，1939年版，2014年第 5 次印刷，第 177 頁。

〔註49〕〔日〕林子平撰，村岡典嗣校訂，海國兵談〔O〕，卷十五・馬之飼立仕入樣付騎射之事，東京：岩波書店，1939年版，2014年第 5 次印刷，第 209 頁。

略，因而海防對於日本要重要的多。【3】處講ゲレイキスフック〔註50〕可以說是「歐羅巴的武備志」，作者詳細參閱了其中水戰和船艦製造之法。【4】【5】【6】【7】處則是從《武備志》當中直接引述或摘錄的內容。

以上七處內容或直接引述《武備志》，或與《武備志》相對比，都表明《海國兵談》與《武備志》有著相當密切的關係。在「海國兵談自序」中（即【1】處），林子平稱自己的著作《海國兵談》爲「日本的武備志」，【3】處又將レイキスフック稱爲「歐羅巴的武備志」，足見林子平對《武備志》的推崇。而上文【4】【5】【6】【7】處對《武備志》內容的引述，則更爲直接的表明，林子平在《海國兵談》編撰過程中參考了《武備志》的相關內容。

「海國兵談自序」又言：

　　　　察スベし。さて海國のわけト唐山の時勢トを弁シ得たる上に、又一ツの心得あり。其心得トいふハ、偏武に不陷して文武兩全なるべきことを欲シ願フべし」〔註51〕

講作者考察日本和中國的時勢，得獲又一心得，即自 1753 年黑船來航之後，日本海防形勢驟然危急，當此之時，日本當以武備海防之事爲重，卻也不能僅重武備之事，「有文事者必有武備矣」，應當以文事和武備兼而備之。正是在這一思想作用之下，林子平在《海國兵談》中不僅談日本作爲一個「海國」應有的武備之事，同時兼論國家的經濟，認爲文事和武備不可偏廢，在書尾更進一步提出了「經濟は武備の根本、武備は經濟〔註52〕の輔佐」〔註53〕的國防論。

《海國兵談》與《武備志》二書，在自序中林子平和茅元儀均引述了孔子「有文事者必有武備」論斷，二者都以文武兼備的兵學思想爲核心。然由於二者所處的時代和國情不同，兩者在兵學思想上也有極大的不同。《武備志》是茅元儀出於對明末邊患、海防、農民起義等狀況的憂慮，又感於明末

〔註50〕 ゲレイキスフック，據荷蘭語的發音音譯，在岩波文庫版《海國兵談》外來語示例中譯作「歐羅巴阪の武備」。
〔註51〕 〔日〕林子平撰，村岡典嗣校訂，海國兵談〔O〕，卷一・水戰，東京：岩波書店，1939 年版，2014 年第 5 次印刷，第 10 頁。
〔註52〕 此處經濟是指「抑國家ヲ經濟するの要九ッあり。食貨、禮式、學政、武備、制度、法令、官職、地理、章服也。」
〔註53〕 〔日〕林子平撰，村岡典嗣校訂，海國兵談〔O〕，卷十六・略書，東京：岩波書店，1939 年版，2014 年第 5 次印刷，第 257 頁。

武備廢弛的狀況輯錄而成的，因而《武備志》意在扭轉明政權重文事而輕武備的狀況；而《海國兵談》江戶時代中期，此時的日本並不存在武備空虛的狀況，黑船來航讓林子平意識到日本的危機來自於海上，海上貿易也使得林子平認識到日本武器裝備的落後，而《海國兵談》則力圖使日本統治階層認清日本作為海國的現實，建立「海國相當の武備有て」。

《海國兵談》在思想層面上要超越《武備志》，兩者都強調「有文事必有武備」，《海國兵談》進一步提出了「經濟は武備の根本、武備は經濟の輔佐」的論斷；林子平沒有因循於《武備志》和ゲレイキスフック，而是一針見血地指出日本作為海國當有與海國相當之武備；更值得注意的是林子平在《海國兵談》最後一卷中提出了建立「文武兼備的大學」的構想〔註54〕。

正如上文【1】處，林子平稱《海國兵談》為日本的「武備志」，由於國情不同，兩國「武備志」的側重點也不同，然而兩者都以文武兼備的兵學思想為核心，且《海國兵談》借鑒和吸收了《武備志》的內容，可以說《海國兵談》受到了《武備志》的極大影響，但不能就此推斷《海國兵談》理論構想皆來源於《武備志》。

圖23　日本國立國會圖書館藏本《海國兵談》目錄〔註55〕

5.3.2.4　對流播日本影響的客觀評價

《武備志》在江戶時代的日本顯然引發了廣泛的關注，不僅包括前文所述的荻生徂徠、林子平等人，甲州流兵家山鹿素行也多次在其著作中引

〔註54〕　〔日〕林子平撰，村岡典嗣校訂，海國兵談〔O〕，卷十六‧略書，東京：岩波書店，1939年版，2014年第5次印刷，第225～230頁。
〔註55〕　〔日〕林子平撰，海國兵談〔O〕，日本國立國會圖書館藏本。

述《武備志》的內容；彌生吉且在《倭版書籍考》中言《武備志》爲「武門之最要」〔註56〕；……這裡就不在一一贅述。然而就此言「《南海治亂記》、《鈐錄》、《海國兵談》的基本理論構想都來自於《武備志》」，似乎言過其實，似是誇大了《武備志》的影響力。

　　《武備志》對江戶時代的日本產生的影響並不是直接的，然而透過江戶時代日本學者和兵家的著述，它所產生間接影響力極爲深遠。單以《海國兵談》爲例，它倡導的海國武備，是日本海防理論的先聲，它所構想的文武兼備的大學，也爲日本軍事學校的建立提供了借鑒，這也成爲構建日本海軍的基石。

〔註56〕〔日〕彌生吉且撰，倭版書籍考〔O〕，卷四‧武書之部，東山天皇元祿十五年（1702年）。

第六章 陸國與海國認知下的中日《武備志》比較研究

　　陸國與海國，顧名思義，即大陸國家與海洋國家。這既是從地理位置角度對國家進行的天然劃分，又是從政治、經濟、戰略等角度的劃分。黑格爾將人類文明的自然形態分為三種，一、廣闊的平原和草原、乾旱的高地；二、大江大河流經的平原流域，但這些區域與海洋並無積極的關係；三、與海洋相連接的海岸區域與海島。依據黑格爾的理論，誕生於黃河流域和長江流域的早期中華文明當屬於第二種形態，在中國境內的少數民族文明則屬於第一種形態。明清中國廣闊的疆域之內雖然也包括了漫長的海岸線和廣闊的沿海地區，但整個中華文明就其總體而言，是一個以大陸為主導的國家。而日本作為一個島國則是作為第三種形態而存在，日本的建國神話以及日本最初形成的數百個部落，雖然其中也包含了大量的農耕文明，但其主體仍然是一個以海洋為主導的國家。

6.1　問題的提出與研究背景

　　《武備志》與《海國兵談》，一個成書於明萬曆四十七年（1619），另一個成書於日本光閣天皇天明六年（1786），成書時間跨越了 168 年，看似毫無關聯的兩本著作，由於作者林子平在《海國兵談》自序中「竊に是ヲ：日本武備志ト云とも、罪無ン歟」〔註1〕一句，將《海國兵談》稱作「日本的『武

〔註1〕〔日〕林子平，海國兵談〔O〕，村岡典嗣校訂，東京：岩波書店，1939 年，

備志』」，而聯繫起來。

　　本章中所涉及的歷史時期，是從《武備志》成書的 1619 年，到《海國兵談》問世的 1786 年，這一階段於中國而言，恰處於明清政權更迭，以及之後清政權長期穩定的統治時期；類比於日本，這一歷史階段則處於德川幕府長達 260 多年的統治之下，日本逐步進入了鎖國時代；而這一歷史階段，放在更廣闊的世界範圍之內，適逢西歐殖民者將新大陸瓜分殆盡，並在世界各處建立起海上交通線和殖民地，侵略視野逐漸轉向東方，以 1600 和 1602 年英國、荷蘭殖民者分別建立東印度公司爲標誌，西方殖民勢力逐步侵入東南亞和南亞，并試圖進一步侵入東亞的日本和中國。但此時距離 1840 年英國通過鴉片戰爭打開中國大門和 1853 年美國海軍艦隊來航日本〔註 2〕尚有一段時間。在 1621～1783 年這一歷史時期當中，龐大的明清帝國與德川幕府統治下的日本，卻日益走上了不同的發展道路。爲躲避西方殖民勢力的入侵，明清帝國統治者依託龐大的帝國版圖，和自給自足的小農經濟模式，走上了閉關鎖國之路；而相對孱弱的日本，則從德川幕府建立的鎖國體制之下，逐漸醞釀出海防和擴張思想。茅元儀的《武備志》和林子平的《海國兵談》恰恰反映出中日之間的這種差異，而這種差異正是明清帝國之大陸國家意識與江戶時代日本之海洋國家意識的不同所造成的。本章中將通過幾個方面的比較研究，來闡明二者之間的巨大差異，並進而指出導致二者之間巨大差異的深層次原因，正是由於明清中國的大陸國家意識與江戶時代日本的海洋國家意識的差異。

　　現有的研究成果當中，對《武備志》與《海國兵談》分別進行研究的著述頗爲豐富，關於中日兩部「武備志」之間關係的研究，中國史家尚缺乏系統性的研究，日本學界具體研究成果亦甚少。僅有中國學者嚴紹璗先生在《日藏漢籍善本書錄・子部》〔註 3〕中對二者關係的一段論述，以及日本學者太田弘毅的《「海国兵談」が「武備志」より受けし影響について》〔註 4〕一文。而在探討二者關係的基礎之上，進一步剖析形成《武備志》與《海國兵談》

　　　　第 12 頁。
〔註 2〕即日本歷史上著名的黑船來航事件。是指日本嘉永六年（1853 年）美國海軍准將馬休・佩里率艦隊駛入江戶灣浦賀海面，威逼日本打開國門的事件。
〔註 3〕嚴紹璗，日藏漢籍善本書錄・子部〔M〕，北京：中華書局出版社，2007 年。
〔註 4〕〔日〕太田弘毅，「海國兵談」が「武備志」より受けし影響について〔J〕，日本：歷史教育，1968（16）：75～82。

間巨大差異的深層次原因,中日史家涉及此問題的直接研究尚屬空白。不過,這並不意味著前人的研究成果不能為涉此問題的研究提供幫助,如大陸學者陳景彥的《西風東漸與中日知識分子的回應》〔註5〕、陳秀武的《幕末日本的海洋國家論》〔註6〕、劉雅軍的《明治時代日本人的世界歷史觀念》〔註7〕、于桂芬的《西風東漸——中日攝取西方文化的比較研究》〔註8〕、王秀萍的《日本「海洋國家論」之歷史發展過程和主要內容》〔註9〕、廉德瑰的《略論日本「海洋派」的對外戰略思想》〔註10〕、陳尚勝的《懷夷與抑商:明代海洋力量興衰研究》〔註11〕;臺灣學者藍弘岳的《面向海洋,成為西洋:「海國」想像與日本的亞洲論述》〔註12〕、徐興慶的《德川幕末知識人吸收西洋文明的思想變遷》〔註13〕;日本學者河野健二的《日本的近代和知識分子》〔註14〕、松原晃的《林子平傳》〔註15〕、田村安興的《富國強兵日本の來歷》〔註16〕、上田信的《海與帝國——明清時代》〔註17〕等,都或多或少地為此問題的研究提供了支持。本章立足於原始資料的基礎之上,對此問題提出筆者的一孔之見,以就教於大方。

〔註5〕 陳景彥,西風東漸與中日知識分子的回應〔J〕,歷史研究,2006(03):150
～191。

〔註6〕 陳秀武,幕末日本的海洋國家論〔J〕,日本學論壇,2007(4):44～49。

〔註7〕 劉雅軍,明治時代日本人的世界歷史觀念〔J〕,歷史教學,2005(12):28～
34。

〔註8〕 于桂芬,西風東漸——中日攝取西方文化的比較研究〔M〕,北京:商務印書
館,2001年。

〔註9〕 王秀萍,日本「海洋國家論」之歷史發展過程和主要內容〔J〕,改革與開放,
2011(04):22。

〔註10〕 廉德瑰,略論日本「海洋派」的對外戰略思想〔J〕,日本學刊,2012(01):
10～21。

〔註11〕 陳尚勝,懷夷與抑商:明代海洋力量興衰研究〔J〕,歷史研究,1998(05):
189。

〔註12〕 藍弘岳,面向海洋,成為西洋:「海國」想像與日本的亞洲論述〔J〕,臺灣:
文化研究,2012(06):273～315。

〔註13〕 徐興慶,德川幕末知識人吸收西洋文明的思想變遷〔J〕,臺灣:臺大歷史學
報,2007(40):149～199。

〔註14〕 〔日〕河野健二,日本的近代和知識分子〔M〕,東京:岩波書店,1995年。

〔註15〕 〔日〕松原晃,林子平傳〔M〕,東京:奧川書房,1942年。

〔註16〕 〔日〕田村安興,富國強兵日本の來歷〔J〕,高知論叢(社會科學)第90號,
2007年11月,第1～29頁。

〔註17〕 〔日〕上田信,海與帝國:明清時代〔M〕,高瑩瑩譯,廣西:廣西師範大學
出版社,2014年。

6.2　中日兩部「武備志」的關聯

談及《武備志》與《海國兵談》的關係，在第三章 3.3.2 小節當中，已經述及了兩者之間的直接關聯，然前文中的論述僅是爲了闡明《武備志》對《海國兵談》產生了怎樣的影響，是作爲客觀評價《武備志》在江戶時代的日本所產生影響的一個論據而存在，本節當中將進一步探討《武備志》與《海國兵談》的關聯性。

6.2.1　直接關聯

《海國兵談》成書於光閣天皇天明六年（1786 年），卷首有「天明丙午夏五月念六仙臺工藤球卿撰」〔註 18〕「海國兵談序」，天明丙午年即天明七年（1787 年），《海國兵談》於 1787 年刊印首卷，至寬政三年（1791 年）得以全卷刊行，全書共 16 卷，仙臺林子平（1738～1793）〔註 19〕述。《海國兵談》全書有七處提及《武備志》，依次羅列如下：

【1】「竊に是ヲ：日本武備志ト云とも、罪無ン歟。」〔註20〕

【2】「異國の武備志にも海寇を防禦する手段樣々あれとも、是ハ唐山にて倭寇ト名付て、日本の海賊船を防ク仕形にして、甚手輕キ事どもなれば、是を我國にて異船を防ク手本とは致難シ。日本にて外寇を防クの術ハ、是に反して事大イ也。甚大イなるわけは異國より、日本を并呑すべき爲に来しる事なれば、其仕形も大仕懸なるはづ也。其大仕懸を碎クべき備なれば、是又大仕懸にあらざれば叶さる事ト知べし。其大仕懸の條々左に記ス。」〔註21〕

【3】「和蘭人の持渡シ、ゲレイキスフックといふ歐羅巴版の

〔註18〕　〔日〕，林子平撰，村岡典嗣校訂，海國兵談〔Ｏ〕，卷首・海國兵談自序，東京：岩波書店，1939 年版，2014 年第 5 次印刷，第 12 頁。

〔註19〕　林子平（1738～1793），生於元文 3 年 6 月 21 日（1738 年 8 月 6 日），卒於寬政 5 年 6 月 21 日（1793 年 7 月 28 日）），日本江戶時代後期著名政治學者，與高山彥九郎，蒲生君平合稱爲「寬政三奇人」，號六無齋主人，著有《三國通覽圖說》，《海國兵談》。

〔註20〕　〔日〕，林子平撰，村岡典嗣校訂，海國兵談〔Ｏ〕，卷首・海國兵談自序，東京：岩波書店，1939 年版，2014 年第 5 次印刷，第 12 頁。

〔註21〕　〔日〕林子平撰，村岡典嗣校訂，《海國兵談》〔Ｏ〕，第一卷・水戰，東京：岩波書店，1939 年版，2014 年第 5 次印刷，第 18 頁。

武備志を見たるに、水戰の事ハ此船のミならず、都て廣大無上にして、甚タ巧ミなる戰艦多クある也。其書ヲ見て大略を知べし。」〔註22〕

【4】「然とも其製法ハ兵衡及ヒ武備志、亦はゲレイキスブック等に詳也。」〔註23〕

【5】「異國にて磚ト云物を製して、城の塀、石垣等に用ル也。其制、好土を煉て磁器の如ク火に焼て堅ムル也。甚堅固なるもの也。武備志にも其製法見ユ。」〔註24〕

【6】「右守貝の大概也。猶武備志、兵衡、鈴錄、ゲレイキスブック等見合せて新制あるべし。」〔註25〕

【7】「馬に三等ある由、武備志に見たり。」〔註26〕

七處當中，【1】處出自作者林子平的「海國兵談自序」，直譯出來就是「我（林子平）私心以爲它就是日本的「武備志」，希望不要見怪。」，林子平認爲《海國兵談》就是日本的《武備志》。【2】處指出明末兵書《武備志》中所謂的海防、海寇、倭寇，僅僅是指日本所謂的海賊，日本是「海國」，要防禦的海寇要遠甚於中國，這些海寇不僅包括海賊，還有來自異國的侵略，因而海防對於日本要重要的多。【3】處講ゲレイキスフック〔註27〕可以說是「歐羅巴的武備志」，作者詳細參閱了其中水戰和船艦製造之法。【4】【5】【6】【7】處則是從《武備志》當中直接引述或摘錄的內容。

日本學者太田弘毅《〈海國兵談〉從〈武備志〉中受到的影響》一文中就

〔註22〕〔日〕林子平撰，村岡典嗣校訂，《海國兵談》〔O〕，第一卷·水戰，東京：岩波書店，1939 年版，2014 年第 5 次印刷，第 21 頁。

〔註23〕〔日〕林子平撰，村岡典嗣校訂，《海國兵談》〔O〕，第一卷·水戰，東京：岩波書店，1939 年版，2014 年第 5 次印刷，第 45 頁。

〔註24〕〔日〕林子平撰，村岡典嗣校訂，《海國兵談》〔O〕，第十卷·地形城制，東京：岩波書店，1939 年版，2014 年第 5 次印刷，第 145 頁。

〔註25〕〔日〕林子平撰，村岡典嗣校訂，《海國兵談》〔O〕，第十二卷·籠城，東京：岩波書店，1939 年版，2014 年第 5 次印刷，第 177 頁。

〔註26〕〔日〕林子平撰，村岡典嗣校訂，《海國兵談》〔O〕，第十五卷·馬之飼立仕入樣付騎射之事，東京：岩波書店，1939 年版，2014 年第 5 次印刷，第 209 頁。

〔註27〕ゲレイキスフック，據荷蘭語的發音音譯，在岩波文庫版《海國兵談》外來語示例中譯作「歐羅巴阪の武備」。

談及《海國兵談》編著中受到來自於《武備志》的影響。事實上，《海國兵談》
與《武備志》之間的關聯還遠不止於此。

6.2.2　成書時代特徵相似

　　任何一部兵書的著述，都無不受到本國歷史與社會環境以及文化傳統的
影響和制約，中日兩部武備志的著述顯然也不例外。茅元儀之所以著錄《武
備志》，很大程度是源於明末清初時代特徵和社會環境的影響。

　　《武備志》成書的 1619 年，距離明廷滅亡的 1644 年僅僅 25 年，此時的
明王朝正面臨著前所未有的危機，而此時的北方少數民族女眞族首領皇太極
已於 1619 年在建州稱帝，建國號爲清，并大擧南下進攻明朝。此時正處於明
清政權更迭，戰亂頻仍的時期，大明朝廷在北部和東北部地區要面臨來自清
政權和蒙古勢力的衝擊，在大明廣大的國境之內，連年的戰亂和饑荒，又引
發了農民起義的浪潮，而在東部和東南沿海地區，明廷又面臨倭寇和西方殖
民勢力的入侵，大明政權的統治地位岌岌可危。正是在大明政權大廈將傾的
危機關頭，茅元儀感於明末軍事實力的衰微無力應對動蕩的時局，他試圖通
過編著《武備志》這部兵學巨著，來挽救時局，以期對明末的武備狀況有所
影響和改善。茅元儀在 1617 至 1619 年間整理平生所學，纂成《武備志》，並
於 1628（崇禎元年）年進呈崇禎皇帝。儘管茅元儀的《武備志》并沒能對明
末的時局產生什麼深刻的影響，但其仍然在明末知識分子階層中產生了不小
的影響。

　　相比之下，《海國兵談》的著述則更爲深刻地折射了日本所面臨的危機。
對於 18 世紀末的日本而言，最大的危機莫過於俄羅斯勢力南下，北地危機驟
然加重，日益危及日本領土。其次 1620 年以來，德川幕府爲了控制貿易，奪
去了原來從事貿易者的政治交涉權，朱印船〔註 28〕貿易終止，在日本實施鎖
國政策，嚴重制約了日本經濟和貿易的發展，尤以不允許日人出海貿易一條
最甚，這也導致了日本白銀的大量外流，使得日本貿易逆差驚人。日本權威
學者篤小火田研究認爲「十七世紀初，由日本人、中國人、葡萄牙人以及荷
蘭人的船隻，從日本載運出口的白銀每年可達 150,000 到 187,500 公斤。最終

〔註28〕16 世紀末 17 世紀初，幕府向特許營運海外貿易的船舶頒發「朱印狀」，持有
　　　　朱印狀的日本商船允許前往澳門、東南亞等地區從事海外貿易，并受到當地
　　　　政府的保護。

還是流到中國大陸」〔註29〕。再次，江戶時代的知識人從長崎的荷蘭人那裡
獲得了大量西方技術和知識，長崎成爲江戶時代知識人瞭解世界的窗口，早
在 1709 年蘭學的創始人新井白石在盤問陰潛日本的傳教士西德契後就感歎，
「通過西德契那裡聽來的世界形勢，瞭解到日本在國際上孤立的事實，所以
他對（日本）國防感到非常不安，立志要研究世界地理學」。通過對入日貿易
的荷蘭人的詢問，認爲荷蘭「把經商一律看成是對國家有利，眞是一個可怕
的國家」〔註30〕，並且意識到荷蘭國富兵強，以及殖民侵略的事實，更表達
了深深的民族危機感。

　　這一時期，日本知識人引進和翻譯了大量的荷蘭語書籍，透過這些書
籍，江戶時代的知識人得以認識西方世界，蘭學也在日本知識人當中盛行起
來。蘭學的興起，使得日本知識人日益意識到日本同西方世界的差距。而與
此同時，西方殖民者的艦隊和商船時來叩關，要求通商，進一步加深了日本
知識分子的危機意識。隨後的 1792 年，俄羅斯使節拉克斯曼來航根室，提
出與日本通商的要求；1804 年 9 月，俄使節萊薩諾夫來航長崎，再次提出通
商請求，卻都遭到了幕府統治者的拒絕。究其原因，無外乎幕府統治者擔憂
通商將動搖幕府統治的基礎，同時，幕府統治者亦擔憂西方殖民勢力借由通
商擾亂日本沿海地區，進而發動戰爭。而在日本國內，「天明年間遭受了寒
冷的侵襲，淺間山火山噴發，洪水肆虐」，1784 年（天明四）「日本東北部暴
發大飢饉，仙臺藩餓死和病死的人數超過三十萬，盛岡藩的死者更是達到了
所有居民的兩成。」〔註31〕

　　以林子平爲代表的日本知識分子，清晰地認識到日本所面臨的危機，尤
其是來自於北方俄羅斯的威脅，編著《三國通覽圖說》〔註32〕，將與俄羅斯
直接接壤的蝦夷地、朝鮮、琉球繪製成圖，并做了詳細介紹和說明，林子平
主張通過蝦夷地的開發，以對抗俄國的侵略。此書刊行的同一年，林子平又

〔註29〕 轉引自〔英〕威廉·S·阿特韋爾，國際白銀的流動與中國經濟〔M〕。
〔註30〕 〔日〕杉本勛，日本科學史〔M〕，鄭彭年譯，北京：商務印書館，1999 年，
　　　　第 265 頁。
〔註31〕 〔日〕井上清，日本の歷史〔M〕，東京：岩波書店，1963 年，第 51 頁。
〔註32〕 〔日〕林子平撰，三國通覽圖說〔O〕，須原屋市兵衛刻，日本天明五年（1785）。
　　　　該書中包括《三國通覽與地路程全國》、《蝦夷國全圖》、《朝鮮八道之圖》、《無
　　　　人島大小八十餘之圖》、《琉球三省併三十六島之圖》五幅地圖，天明年間，
　　　　俄羅斯進犯蝦夷地的企圖日益明顯，北地危機爆發，林子平作《三國通覽圖
　　　　說》。

完成了 16 卷本的《海國兵談》，其意在指出日本作爲一個海國，在面對外來侵略和威脅之時，當具備怎樣的海國武備。

就《武備志》和《海國兵談》的寫作背景而言，二者都是在國家和民族危亡之時，知識分子階層力圖通過著書立說挽救危亡的產物。儘管二者分別處於明末和江戶後期的日本，所面臨的危機各不相同，然卻各自激發了知識分子階層挽救民族危亡的意識。兩者還存在一個相似之處，便在於危機的主要和直接的來源，都來自於北方，儘管明末是北方少數民族政權的內侵，而幕末日本則是北方俄羅斯的殖民入侵，兩者性質大爲不同。

6.2.3 作者生平經歷相仿

《武備志》的作者茅元儀，生於萬曆二十二年（1594），「鹿門公」茅坤之孫，家學淵源頗深，幼年曾遊歷塞外，目睹明末社會動盪，政治危機，戰亂頻仍的局面，他耗時 15 年，於萬曆四十七年（1619）編成《武備志》，其後，又於崇禎元年（1628）進呈皇帝，崇禎帝授以《武備志》「該博」之名，天啓三年（1623）、崇禎三年（1630），元儀兩次隨孫承宗征遼，督師覺華島，其間天啓五年（1625），以「浮談亂政」之名遭權臣彈劾，待罪江村，崇禎三年（1630）又遭人誣陷「兵嘩」，得罪戍閩，崇禎十三年（1640），茅元儀逝於湖州寓所，時年 47 歲，觀其一生多不得志。

反觀《海國兵談》的作者林子平，元文三年（1738）6 月生於東京，由於姐姐嫁給伊達家六代藩主宗村爲妾，兄嘉善爲仙臺藩藩士，林子平全家隨遷仙臺，時年林子平 20 歲。寄宿於兄長家中。其後，開始以學者身份交遊，遊歷北方蝦夷地，後久駐長崎。1773 年，獲知俄羅斯覬覦蝦夷地的企圖後，林子平清楚地意識到日本即將面臨的危機，於 1785 年編著《三國通覽圖說》，1787 年編著《海國兵談》，後在「寬政異學之禁」中，《海國兵談》被列入禁書行列，要求禁刊毀版。隨後的 1791 年（寬政三），林子平也被處以蟄居，一年後的 1793 年（寬政五）6 月，林子平在蟄居中病沒，葬於仙臺北山龍雲書院。其一生既沒有成爲藩士，也「無祿厄介」，亦無妻子。

對比二者的生涯經歷，不難發現兩人的人生頗爲相似。二人一生都鬱鬱不得志，二人都對國家和民族的前途和命運充滿憂慮，都希望通過著書立說挽救危亡，甚至連遭到貶黜的命運都是相似的。

6.2.4　橫遭禁燬的命運如出一轍

更有趣的是《武備志》和《海國兵談》也都遭遇了被禁燬的命運。由於《武備志》成書於明代末年，書中言邊事之時不免偶有牽涉女眞之語，這也直接導致《武備志》在清乾隆時期被列入禁燬書目，直至同治年間才被弛禁。即便在清前期《武備志》雖未被禁燬，然清初湖南蓮溪草堂本《武備志》中，也已經挖除「東胡」「女直」等違礙字目。

而《海國兵談》之禁，則是由於江戶幕府中的老中〔註33〕松平定信實施「寬政異學の禁」〔註34〕政策，《海國兵談》也被牽涉其中，1791（寬政三）年，《海國兵談》被勒令禁絕並毀版，嚴禁刊行，作者林子平也被處以「蟄居」〔註35〕，林子平的《海國兵談》刻成僅僅 4 個月之後的 1792（寬政四）年，俄羅斯商船來航根室要求與日本通商，林子平的警告成爲了現實，日本社會開始重新審視林子平和他的著述，在林子平死後 48 年的 1841（天保十二）年，林子平被幕府赦免。

6.2.5　本節小結

通過上述幾部分的論述，可以看到明末兵書《武備志》與江戶時代的日本兵書《海國兵談》之間存在諸多的關聯和相似之處。這些關聯不僅有《海國兵談》編著過程當中對《武備志》的直接引用，還有《武備志》中的軍學思想對《海國兵談》所產生的間接影響。此一影響在 1765 年，林子平《富國建議》一書中「所謂武備，即用心於武藝之道。處治世而不忘亂，此乃聖人之戒也。」「武備之關鍵不外乎積糧、存錢、組織人力、操練人馬、儲備武器及馬具，繁養馬匹六項措施。」有所體現，這也成爲《海國兵談》成書的思想基礎，而這些思想不難發現正是來源於《武備志》。而《武備志》與《海國兵談》的相同和相似之處，則包涵了政權與民族危機的時代背景，著作者相似的人生軌跡，以及兩部「武備志」都遭遇了被禁燬的命運等等。不過，儘管兩者在諸多方面有著關聯和相同相似之處，但這不意味著二者之間就不存在巨大的差異，事實上，《武備志》與《海國兵談》在思想內核上便有著天壤之別。下面的論述當中將以《武備志》與《海國兵談》中的差異爲

〔註33〕幕府職位，將軍下面負責國政事務。
〔註34〕禁止一切反對朱子學的政策。
〔註35〕即閉門，並且只准待在一個小房間內。

出發點，進而剖析其深層次的思想和文化成因，這也是本章又一核心。

6.3　大陸中國與海洋日本觀念的產生

在《海國兵談》開篇序言中可以看到這樣的說法，林子平稱日本「我國（日本）海國也」〔註36〕，稱明清中國「唐山韃靼等の山國」〔註37〕，唐山〔註38〕即中國，他認爲日本是海國，而明清中國則是山國，此處的山國和海國是相對應而言的，與本文中陸國與海國是同樣的概念。並且以「海國とハ何の謂ぞ、曰、地續の隣國無して四方皆海に沿ル國を謂也」來給海國下定義。林子平清晰地指出明清中國是山國、日本是海國，進而指出「海國にハ海國相當の武備有て」〔註39〕。《武備志》當中則未有提及陸國、海國之語，究其原因，首先是漢民族根深蒂固的大陸國家意識，其次是以中國爲中心的華夷秩序觀念的影響，使作者不自覺地以陸國意識去構建武備體系。

馬漢在其《海權對歷史的影響 1660～1783》〔註40〕一書中寫到：影響各國海權的主要條件可以列舉如下：1. 地理位置；2. 自然結構，包括與此有關的大自然的產品和氣候；3. 領土範圍；4. 人口；5. 民族特點；6. 政府的性質，包括國家機構。結合馬漢的理論來進一步分析和探討明清中國大陸國家意識和江戶日本海洋國家意識的形成的緣由。

6.3.1　地理位置與自然結構

依據這六個因素來考察 1619～1783 年間的中國和日本，就地理位置和領土範圍而言，中國和日本都處在歐亞大陸的邊緣，東部、東南部和南部，都面向海洋，明帝國的國境線有 2/5 是海岸線，清帝國版圖雖然得到擴展，海岸線並沒有擴張和縮減；而日本的地理位置則處於歐亞大陸架的邊緣，國土由

〔註36〕〔日〕林子平，海國兵談〔O〕，村岡典嗣校訂，東京：岩波書店，1939 年，第 7 頁。「我國（日本）海國也」，譯：我國日本是海國。

〔註37〕〔日〕林子平，海國兵談〔O〕，村岡典嗣校訂，東京：岩波書店，1939 年，第 7 頁。「唐山韃靼等の山國」，譯：中國，蒙古等山國。

〔註38〕在那個時代，日本稱中國爲唐山或唐土。

〔註39〕〔日〕林子平，海國兵談〔O〕，村岡典嗣校訂，東京：岩波書店，1939 年，第 7 頁。「海國にハ海國相當の武備有て」，譯：在海國要有適應海國的武備。

〔註40〕〔美〕馬漢，海權對歷史的影響 1660～1783〔M〕，安常容譯，北京：中國人民解放軍出版社，2006 年。

北海道、本州、四國、九州四個主要部分、及其周邊島嶼組成，整個國境被
海洋包圍，海岸線就是其國境線。就地理位置而言，無論是明清帝國還是江
戶時代的日本，都具備拓展海權，成為海洋國家的可能性，並且兩者都不同
程度面對來自海洋的威脅，1523 年葡萄牙人始犯中國廣東新會〔註41〕，1543
年海上風暴將葡萄牙商人漂至日本南部種子島〔註42〕，兩國先後接觸到西洋
火器，感受到來自於西洋的威脅。

　　就自然結構而言，明清帝國由於氣候適宜，依靠自身農業生產力就完全可
以滿足人民的需求，依託自給自足的小農經濟，明清政權採取了重農抑商的政
策，自明太祖洪武三年（1370）起，接連下令「罷太倉黃渡市舶司」〔註43〕；
洪武七年（1374），罷泉州、明州、廣州市舶司；洪武十四年（1381），又「以
倭寇仍不稍斂足跡，又下令禁瀕海民私通海外諸國」〔註44〕；洪武二十三
年（1390），下達「禁外藩交通令」；為徹底取締海外貿易，禁絕民間買賣及
使用舶來商品，洪武三十年（1397），再次發佈命令，禁止中國人下海通番，
嚴令「寸板不許下海」，實施全面海禁。

　　日本由於恰處在歐亞大陸板塊與太平洋板塊交接處的環太平洋火山地
震帶上，因而境內多山地，適宜耕種的土地面積相對狹窄，自給自足的小農
經濟不能夠滿足人口需求，需要借助商業、海洋漁業與海外貿易的方式來獲
得財富，從而滿足人口需求，因而海外貿易對於德川幕府統治下的日本一直
以來都是不可或缺的組成部分。雖然德川幕府統治下的日本，自 1612（慶長
十七）年德川幕府斷然發佈禁教令，對幕府直轄城市實行禁教始，1613 年、
1616 年又兩次下達「禁教令」，1620（元和六）年幕府「禁教令」的範圍進
一步擴展，禁止日本國人搭乘外洋船隻出海和向外洋人輸出武器，由禁教轉
向鎖國。1633（寬永十）年，德川家光發佈以控制貿易為核心的「奉書船」
制度，即第一次鎖國令。又於之後三年，相繼發佈三道「鎖國令」，至 1639
（寬永十六）年，幕府發佈第五次鎖國令，禁絕葡萄牙船來日，禁絕外洋教
會與日本教民的一切聯繫和影響，至此，日本鎖國體制最終確立。值得注意
的是，德川幕府實施的鎖國政策是以禁止葡萄牙人在日本的傳教為直接目

〔註41〕　〔清〕張廷玉等，明史〔O〕，乾隆武英殿刻本，卷三百二十五列傳第二百十
　　　　　三。
〔註42〕　種子島位於日本九州南面，屬於大隅群島的一部分，行政區劃隸屬鹿兒島縣。
〔註43〕　〔明〕官修，明實錄〔O〕，明太祖實錄，卷49，北京：中華書局，2016 年。
〔註44〕　〔明〕官修，明實錄〔O〕，明太祖實錄，卷 139，北京：中華書局，2016 年。

的，同時打擊葡萄牙人通過琉球進行的走私貿易。並非全面禁止海外貿易，而是試圖確立由幕府掌控的貿易體系，使海外貿易成為幕府穩定的財政收入的一部分，事實上在薩摩、博多等地依然被默許進行對外貿易。

經過比較可知，明清中國和江戶時代的日本由於對商業和對外貿易的依賴程度不同，即便兩國都實施海禁和鎖國政策，但兩者卻有極大的差異，明清中國的海禁是要將中國隔絕於世界範圍內的貿易體系，而日本的海禁只是對海外貿易起到一定的限制，日本依然處於世界貿易體系之中。

6.3.2 海洋人口與政府政策

就依賴海洋生存的人口而言，明清中國依賴海洋生存的人口在總人口當中所佔的比例極低。而且沿海岸線的居民，如遼東半島、山東半島、江蘇浙江沿海地區、福建廣東沿海地區，農業生產能力和水平都很高，甚至可以說是明清中國農業生產力水平最高的地區。尤其是位於長江三角洲平原的江浙地區和珠江三角洲平原的廣東地區，更是明清中國主要的糧食產區。對海洋和海外貿易的依賴程度較低，只有福建沿海的章泉地區，以及廣東福建接壤的潮汕地區，由於地處東南丘陵，土壤鹼性高，適宜耕種的土地面積較少，因而對海洋的依賴程度相對較高。這部分人口對於明清中國而言只是很小的一部分，因而明清帝國對開拓海權、發展海外貿易的需求極低。

而江戶日本由於被海洋所圍繞，海岸線遍及日本國境，「貧瘠的土地和無掩護的海岸」〔註 45〕，依賴於海洋生存的人口眾多，無論是從事海洋漁業，還是海外貿易的人數都極為眾多。由於日本耕地面積較為匱乏，農業生產能力較低，因而從事農業生產的人口數量占總人口的比重不高，大量人口湧入城市，導致日本國內從事手工業和商業的人口增加，城市當中形成了町人階層〔註 46〕，出現了以東京、京都和大阪為中心的城市群〔註 47〕。而國內手工業和商業的發展，進一步激勵了日本發展海外貿易的需求，也加深了日本對海洋和海外貿易的依存程度，這也激發了日本民族對出海貿易的強烈願望。

〔註45〕 〔美〕馬漢，海權對歷史的影響 1660～1783〔M〕，安常容譯，北京：中國人民解放軍出版社，2006 年，第 51 頁。

〔註46〕 町人是日本江戶時代一種人民的稱呼，他們主要是商人，町伎，部分人是工匠以及從事手工業的工作。

〔註47〕 〔美〕詹姆斯·L·麥克萊恩，《日本史 1600～2000》〔M〕，王翔、朱慧穎譯，海南：海南出版社，2009 年，第 42～44 頁。

即便是日本國內的商業貿易，因爲陸路交通在多山的日本很困難，多數商人寧願把自己的貨物委託給遠洋航行的駁船和貨船。

對比二者可知，明清中國與江戶日本相比，依賴海洋生存的人口在總人口中所佔的比重較低，而江戶時代的日本依賴海洋生存的人口比例顯然要高得多。

就政府政策而言，明清中國政府在對外貿易中實施海禁政策，與德川幕府統治下的日本實施鎖國政策，都是對海外貿易的限制政策，但是由於明清帝國是中央集權下統一的大帝國，因而明清海禁政策的實施範圍是在整個帝國綿長的海岸線，海禁政策全面限制了明清對外貿易。

江戶時代的日本雖然自 1609 年開始處在德川幕府長期穩定的統治之下，但是由於日本實行幕藩體制，是由在眾多大名統治下的藩組成，幕府將軍對這些大名統治下的藩實行較爲鬆散的統治，幕府統治者並不能完全控制海外貿易權益，許多地區如松前藩、薩摩藩等地的海外貿易就掌握在當地的大名手中，因而德川幕府試圖實施全面的鎖國是不現實的。

明清帝國的統治者，面對明朝中後期開始出現的資本主義萌芽蓬勃發展的狀況，仍然採取了傳統的重農抑商政策，商人在明清社會階層中的地位仍然很低，如禁止商人參加科舉，從而導致了商人或個體手工業者在獲得利潤之後，不是用來擴大生產和經營規模，而是大量購入土地逐步成爲地主階層；而江戶時代的日本，徹底脫離農業生產的町人階層逐漸壯大，加之日本社會中本身也不存在科舉這一上升通道，因而也就不存在因之對商人階層產生的歧視，這反倒成爲江戶時代日本商業和商人群體發展壯大的一個有利條件。

6.3.3　民族與文化傳統

就民族和文化傳統而言，華夏觀念一直是古代中華民族觀念的核心，而華夏民族起源於黃河流域的廣大平原之上，從誕生之日起便打上了農耕民族的烙印，即便在後來的發展過程當中多次與北方游牧民族發生融合，卻依然維持了農耕文明的傳統，華夏民族農耕文明是古代中國大陸國家意識形成的根本。而從傳統文化角度來說，中國傳統神話當中關於山川大地的故事頗爲豐富，無論是共工怒觸不周山、還是盤古開天闢地、甚至於愚公移山都是描述山川大地的神話，而關於海洋的神話故事則頗爲鮮見，流傳最廣的莫過於精衛填海的故事，但這個神話所反映出的卻是海洋所帶來的災難。

　　而日本卻大爲不同，日本紀記神話當中有關於海幸彥〔註 48〕和山幸彥〔註 49〕的傳說，將海洋與陸地至少放在了同等重要的地位，這表明古代日本是以下海捕撈和上山狩獵爲主要生活方式的民族，這也「成爲後世探討日本海洋國家起源的主要依據」〔註 50〕。

　　明清帝國和江戶日本都擁有綿長的海岸線，具備成爲海洋國家的自然地理條件，而兩者在面對西方殖民勢力的衝擊之時，卻各自走向了相反的方向。明清中國固守大陸國家意識，逐漸固步自封，走上鎖國之路，這種大陸國家意識直到魏源 1843 年編纂《海國圖志》時依然清晰。而江戶幕府統治下的日本，卻意外萌生了海洋國家意識，走上了開國海防之路。

6.4　陸國與海國認知下的中日武備

6.4.1　邊防之要與海防之要

　　在《海國兵談》開篇序言中可以看到這樣的說法，林子平從自然地理環境出發，提出「海國とハ何の謂ぞ、曰、地續の隣國無して四方皆海に沿ル國を謂也」〔註 51〕的概念。稱日本作爲一個無陸上鄰國，四周皆海的島國，「我國（日本）海國也」〔註 52〕，稱明清中國「唐山韃靼等の山國」〔註 53〕，唐山〔註 54〕即中國，他認爲日本是海國，而明清中國則是山國。此處的山國和海國是相對應而言的，與本章中陸國與海國是同樣的概念。林子平著述《海國兵談》的目的就是著述海國日本的「武備志」。被林子平稱爲中、日「武備志」的《武備志》與《海國兵談》，恰恰對應了明清中國大陸國家意識下的武備思想，和江戶時代日本海洋國家意識下的武備思想。餘下章節的內容

〔註 48〕火照命，一般稱作海幸彥，又稱海佐知毗古，是日本神話《古事記》中登場的一位神祇。

〔註 49〕火遠理命，一般稱作山幸彥，《日本書紀》稱之爲彥火火出見尊，是日本神話中的一位神祇。

〔註 50〕陳秀武，幕末日本的海洋國家論〔J〕，日本學論壇，2007（4）：44。

〔註 51〕〔日〕林子平，海國兵談〔O〕，村岡典嗣校訂，東京：岩波書店，1939 年，第 7 頁。

〔註 52〕〔日〕林子平，海國兵談〔O〕，村岡典嗣校訂，東京：岩波書店，1939 年，第 7 頁。

〔註 53〕〔日〕林子平，海國兵談〔O〕，村岡典嗣校訂，東京：岩波書店，1939 年，第 7 頁。

〔註 54〕在那個時代，日本稱中國爲唐山或唐土。

將圍繞二者之間所體現的陸國武備與海國武備的差異而展開。

6.4.1.1　陸國認知下的邊防之要

《武備志》中數次指出明帝國之大患在北虜，次爲女眞諸部，其次爲日本，又次爲西番，再次爲海外諸國，更次爲安南，最次爲朝鮮。其中北虜之患與女眞諸部南侵最爲迫切，此二患分別來自於明帝國的西北和北部，以及東北邊境，本文統稱爲北地邊患，因而北地邊防是明帝國的第一要務。倭寇多自江浙、福建、山東沿線的海上而來，入侵明帝國東部和東南部地區，但有大海作爲天險，茅元儀認爲倭患並不難解。於明帝國而言，北地邊患要高於東部和東南部海患，因而北地邊防高於東部和東南部海防。

> 茅子曰：吾志武備而三有慨也。武者古聖王所以攘夷狄尊中夏之具也。……今天下承平，大患在於夷狄。夷狄之不能久懷，雖聖人復起，不能改也。故我考四夷而諄諄焉，患先慮其大，故首以北虜，高皇聖謨所獨注焉者也；曰女直、曰朵顏三衛，二者皆我之屬夷也，而其患幾於虜等故次之；曰日本，日本不患於古，而患於今，自元世祖以八荒來，王之威而不能加之於日本，日本將日肆，天道然也，幸一海爲之限耳，然其威有所加，俱必越海而及之，故不以爲難也，國家之患，曰南倭北虜，故又次之；曰西番，哈密諸部亦故屬於我，而時臣時叛者也，故又次之；曰海外諸國，其或貢或不貢，而皆無害與我者也，故又次之；曰安南，故我之封疆也，以國家威靈再續其祀然時亦有狡心焉。故又次之；曰朝鮮，雖不入版圖而其恭順爲最，故又次之。

> 茅子曰：天下之大患在於西北，故皇祖有訓、胡戎與西北邊境互相密邇，累世戰爭，必選將練兵，時謹備之。

> 茅子曰：諸夷之言，……他不具載，北虜事最切特識之。〔註55〕

邊防高於海防這一政策，貫穿明清整個歷史時期，直至第一次鴉片戰爭之後的1843年，魏源編訂《海國圖志》之時，其友林則徐依然認爲北方俄國南下入侵我北地的邊患，仍要高於東南部和南部海夷的入侵，邊防仍應高於海防。由此，明清時期中國大陸國家意識可見一斑。

<hr>

〔註55〕〔明〕茅元儀撰，鵜飼石齋訓點，武備志〔O〕，卷二百二十三，占度載度三十五，四夷一，早稻田大學藏本，大阪：睹春堂，寬政4年（1792）重修本。

6.4.1.2　海國認知下的海防之要

而林子平則清楚認識到海國日本的首要威脅來自海上，因而防禦外寇是
日本的當務之急。外寇易自海上來，也只能自海上來，僅憑大海作爲天險，
怠於武備海防之事，是不可想像的。

> 先海國ハ外寇の来リ易キわけあり、亦來リ難キいわれもあ
> り。其來リ易シといふハ、軍艦に乘じて順風を得しは　日本道二
> 三百里の遠海も一二日に走リ來ル也。此如ク來リ易キわけあるゆ
> へ、此備を設ざれば叶ざる事也。亦來難シといふいわれは四方皆
> 大海の險ある故、妄リに來リ得さるなり。しかれとも其險を恃て、
> 備に怠ル事なかれ。是に付て思へば　日本の武備ハ外寇を防ク術
> を知ルこと、指當ての急務なるべし。〔註56〕

防海是海國日本的第一要務。昔日鎌倉時代（1274）元朝兩次攻打日本，幸
神風相助，日本才得以自保。林子平認爲元代之所以入侵日本，是由於「唐
山、北狄一体に成て、其境目の軍、止果たる故、遠ク兵馬を出シても、後
の心碍無シ故也……」。即由於元代實現了蒙古和華夏的統一，國內兵戈漸
息，穩定統一的國內局勢，使得元統治者轉而向海外擴張。而近日（1778年），
俄羅斯勢力南下，傾吞蝦夷地和千島群島的意圖愈加清晰〔註 57〕。「韃靼與
唐山自康熙以來亦一體成軀，林子平竊に憶へば若クハ此以後の清主無內患
の時に乘シ、且ッ元の古業を思イ合せて如何なる無主意を起ス間じきにも
あらず」〔註58〕，擔憂清廷無內憂之擾，就會像元朝那樣轉而東侵日本。然
而無論俄羅斯入侵蝦夷，還是清廷攻打日本，都必須自海上來，於海國而言，
邊防就是海防，海防是海國日本的第一要務。

6.4.1.3　邊防與海防認知分岐下的陸戰與水戰

地處歐亞大陸邊緣的中國和日本都擁有綿長的海岸線，明帝國的國境線
有 2/5 是海岸線，清帝國在施琅收復臺灣之後，海岸線得到進一步擴展；日
本處在亞歐大陸架的邊緣，整個國境被海洋包圍，海岸線就是其國境線。伴

〔註56〕〔日〕林子平，海國兵談〔O〕，村岡典嗣校訂，東京：岩波書店，1939年，
第 7 頁。

〔註57〕〔日〕林子平，海國兵談〔O〕，村岡典嗣校訂，東京：岩波書店，1939年，
第 8 頁。

〔註58〕〔日〕林子平，海國兵談〔O〕，村岡典嗣校訂，東京：岩波書店，1939年，
第 9 頁。

隨的大航海時代的到來，西歐殖民勢力開始在世界範圍內擴張，至 17 世紀初，西歐殖民者開始踏足亞洲。處在 1619～1786 年間的明清帝國與江戶日本，都面臨著來自海洋的危機。通過前文的論述，可知，明清帝國與江戶日本對海防的認識卻極為不同，於明清中國而言邊防始終高於海防，而對於江戶時代的日本而言海防為第一要務。對於邊防與海防重要性認識的差異，進而導致了《武備志》與《海國兵談》在戰法選擇上的差異，邊防必以陸戰為先，而海防必以水戰為先。

　　林子平強調海國日本當習水戰之法，同時認為唐山的軍政多為陸戰之法，不符合海國日本的需求。

　　　　さて外寇を防クの術ハ水戰にあり、水戰の要ハ大銃にあり。
　　此二ッを能調度する事、日本武備の正味にして、唐山韃靼等の山國ト、軍政の殊なる所なり。これを知て然して後、陸戰の事に及ブべし。〔註59〕

並進一步針對水戰和水軍訓練，頗為有遠見地提出了建立「文武兼備的大學校」〔註60〕的主張，文武兼備的大學的建立，重在培養海軍人才，這與軍隊操練性質完全不同。林子平已經意識到近代西洋火器和航海技術的發展，通過單純的軍事訓練已經無法滿足水戰的需要，需得建立專門的軍事學校來培養水戰人才。而《武備志》中依然以傳統陸戰為重，將眾多篇幅著墨於陸戰，而對於水戰之事，所涉僅止於沿海備倭。茅元儀仍認為「海外諸國，其或貢或不貢，而皆無害於我者也」，認為侵略者不會從海上來，這誠然是大陸國家認知下的產物。對於水戰和陸戰重要性的認識不同，進一步導致了明清中國與江戶日本在西洋火器使用上的不同態度。

6.4.2　火器之用與大銃之要

6.4.2.1　中日與西洋火器的初遭遇

　　嘉靖二年（1523），佛郎機遂寇新會之西草灣〔註61〕，明官軍得其炮，

〔註59〕〔日〕林子平，海國兵談〔O〕，村岡典嗣校訂，東京：岩波書店，1939 年，第 7 頁。
〔註60〕〔日〕林子平，海國兵談〔O〕，村岡典嗣校訂，東京：岩波書店，1939 年，第 225～230 頁。
〔註61〕〔清〕張廷玉等，明史〔O〕，乾隆武英殿刻本，卷三百二十五列傳第二百十三。

即名爲佛郎機，副使汪鋐進之朝。〔註62〕嘉靖九年（1530），汪鋐奏請將佛郎機炮用於沿海防務，得到嘉靖皇帝的應允，火炮之有佛郎機自此始。然將士不善用，迄莫能制寇也。〔註63〕這是西洋火器首次傳入中國的記錄。此後《大明會典》當中有對嘉靖年間造佛郎機銃用於邊防的記載如下〔註64〕：

> 大樣中樣小樣佛狼機銅銃【大樣、嘉靖二年、造三十二副、發各邊試用。管用銅鑄、長二尺八寸五分、重三百餘斤。每把另用短提銃四把、輪流實藥腹內、更迭發之。中樣、嘉靖二十二年、將手把銃、碗口銅銃改造、每年一百五副。又停年例銃砲銃箭石子麻兜馬子等件、添造一百副。小樣、嘉靖七年、造四千副、發各營城堡備敵。重減大銃三分之一。八年、又造三百副。二十三年、造馬上使用小佛狼機一千副。四十三年、又造一百副】

> 佛狼機鐵銃【嘉靖四十年造】

> 無敵手銃【即神鎗、但稍長、重十六斤、嘉靖七年、用黃銅鑄一百六十副、發各邊式驗】

> 鳥嘴銃【嘉靖三十七年、造一萬把】

> 流星砲【嘉靖七年、用黃銅鑄一百六十副、發各邊試驗。式如佛狼機。每副砲三筒、共重五十九斤一十四兩】

> 百出先鋒砲【式如佛狼機、損其筒十之六、納小砲十、繫火繩於筒外、連發連納、末有銳鋒如戈形、長六寸、以代鐵鎗。一人持放、馬上亦可】

> 連珠佛狼機砲【用熟鐵造、二管合爲一柄、每管各盛小砲一個、□二接連點放。上二器、俱嘉靖二十三年題准、山西三關自造】

根據《大明會典》的記載至嘉靖四十三年（1566），共鑄造佛郎機銃、或據佛郎機銃仿製而成的西洋器械，如下：

〔註62〕〔清〕張廷玉等，明史〔O〕，乾隆武英殿刻本，卷三百二十五列傳第二百十三。

〔註63〕〔清〕張廷玉等，明史〔O〕，乾隆武英殿刻本，卷三百二十五列傳第二百十三。

〔註64〕〔明〕官修，大明會典〔O〕，明萬曆內府刻本，卷一百九十三工部十三。

表18　《大明會典》載 1523～1566 年間明朝鑄造之西洋火器〔註65〕

火　器　名	營造數目（副／把）	營　造　時　間	營造部門
大佛狼機銅銃	32	嘉靖二年（1523）	軍器局
中佛郎機銅銃	1255	嘉靖二十二年（1544）～嘉靖四十三年(1644)105*11+100=1255（副）	軍器局
小佛狼機銅銃	4300	嘉靖七年（1528）4000 嘉靖八年（1529）300	軍器局
馬上小佛狼機銅銃	1100	嘉靖二十三年（1545）1000 嘉靖四十三年（1566）100	軍器局
佛郎機鐵銃		嘉靖四十年（1563）	軍器局
無敵手銃	160	嘉靖七年（1528）	兵仗局
鳥嘴銃	10000	嘉靖三十七年（1558）	兵仗局
流星炮	160	嘉靖七年（1628）	兵仗局
百出先鋒炮			兵仗局
連珠佛朗機炮		嘉靖二十三年題准	山西三關自造
總計	〉17007	1523～1566 年	全國

　　自嘉靖二年佛郎機銃始入廣東，至嘉靖四十三年，即 1523～1566 年的 44 年間，大明製造的佛郎機銃、彷佛郎機銃、鳥嘴銃數量超過 17007 副（把）。

　　而日本文獻當中記載「天文十二年（1543）癸卯八月廿五日，南蠻人來。時堯見所持之鐵炮〔註66〕，其用奇，學之。然語言不通，幸客中有明儒者，以文字通之，時堯大悅。由是聞之，熟習之，得百發百中之功。群臣亦多傚之。且令笹川小四郎習其製藥之法。」〔註67〕1543 年，葡萄牙商船遭遇海上風暴，漂流到日本南部的種子島，日本與西方世界初次遭遇，葡萄牙人所持「鐵炮」（從槍口裝填火藥彈丸的步槍）也隨之傳入日本，自此西洋槍支和火藥的製作方法也在日本傳播開來。傳入後僅 24 年的 1566 年（弘治 2 年），日本全國已有 30 萬支步槍。〔註68〕

〔註65〕〔明〕官修，大明會典〔O〕，明萬曆內府刻本，卷一百九十三工部十三。

〔註66〕此處鐵炮指火槍，日本稱鐵炮、大筒為火槍，稱大銃為火炮。

〔註67〕〔日〕大槻如電原，日本洋學編年史〔M〕，東京：錦正社，1965 年，第 3 頁。

〔註68〕〔日〕杉本勳，日本科學史〔M〕，鄭彭年，譯，北京：商務印書館，1999 年，第 123 頁。

西洋火器初傳日本的時間要比明代晚了 20 年，以 1566 年爲時間節點，明朝全國擁有西洋火器不超過 20,000 副（把），而日本全國擁有的西洋火器已超過 300,000 副（支），明朝與日本西洋火器的持有量相差懸殊，日本對於西洋火器的熱情要顯然高於同一時期的明帝國。並且值得注意的是，明嘉靖三十七年（1558）製造的鳥嘴銃，正是得之於日本，在與倭寇的戰爭中繳獲，因而該鳥嘴銃當爲日本所稱之鐵炮（步槍）。

6.4.2.2 「火器之用」與「大銃之要」

在《武備志》當中記錄的火器有 180 餘種，其中西洋火器有佛郎機式〔註69〕、佛郎機銃、鳥嘴銃、嚕魯鳥銃、萬勝佛郎機銃、五雷神機銃〔註70〕六種，其中佛郎機式、嚕魯鳥銃爲直接引進的西洋火器，鳥嘴銃則從倭夷始得之〔註71〕，萬勝佛郎機銃則爲明末仿製的簡化版佛郎機銃，五雷神機銃是將明代三眼銃結合日本鳥嘴銃的準星製造而成。《武備志》載戚繼光對大小佛郎機的評論，「此器乃天下通有之利器」〔註72〕，顧應祥也稱佛郎機爲「海船中之利器也，守城亦可」〔註73〕。汪鋐爲兵部尚書時，鑄造千餘，發與三邊，大小佛郎機開始成爲明末戰場上應用最廣泛的火器。茅元儀亦言「兵技第一大佛狼機，其次鳥銃，又其次弓矢，至於刀斧，則其下矣。」〔註74〕除這六種火器之外，其餘 170 餘種火器則爲中國舊有火器，多由於應用不

〔註69〕〔明〕茅元儀，鵜飼石齋訓點，武備志〔O〕，卷一百二十二，軍資乘，火四，火器圖說一，炮一，早稻田大學圖書館藏本，大阪：賭春堂，寬政 4 年（1792）重修本。

〔註70〕〔明〕茅元儀撰，鵜飼石齋訓點，武備志〔O〕，卷一百二十四，軍資乘火六，火器圖說三，銃一，日本早稻田大學圖書館藏，大阪：賭春堂，寬政四年（1792）重修本。

〔註71〕〔明〕茅元儀撰，鵜飼石齋訓點，武備志〔O〕，卷一百二十四，軍資乘火六，火器圖說三，銃一，日本早稻田大學圖書館藏，大阪：賭春堂，寬政四年（1792）重修本。

〔註72〕〔明〕茅元儀撰，鵜飼石齋訓點，武備志〔O〕，卷一百二十二，軍資乘火四，火器圖說一，炮一，日本早稻田大學圖書館藏，大阪：賭春堂，寬政四年（1792）重修本。

〔註73〕〔明〕茅元儀撰，鵜飼石齋訓點，武備志〔O〕，卷一百二十二，軍資乘火四，火器圖說一，炮一，日本早稻田大學圖書館藏，大阪：賭春堂，寬政四年（1792）重修本。

〔註74〕〔明〕茅元儀撰，鵜飼石齋訓點，武備志〔O〕，卷一百一十一，軍資乘，守二，整器械，日本早稻田大學圖書館藏，大阪：賭春堂，寬政四年（1792）重修本。

便，在戰場上使用較少。但是《武備志》當中卻將這些火器皆圖而錄之，不分主次先後。

　　而《海國兵談》中卻明確提出了「日本の武備ハ外寇を防ク術を知ルこと、指當ての急務なるべし。さて外寇を防クの術ハ水戰にあり、水戰の要ハ大銃にあり。」〔註75〕從海國日本的需求出發，將「大銃の製作、打形、及ヒ燒討……作爲海國第一の武術なれば」，緊跟其後詳細圖錄了防海最爲重要的火器及其炮藥製法，首先沿海岸設備最要之火器爲大銃，文中詳附在阿蘭陀船上的大銃之圖，旁又以小字注曰「唐山弗郎機云阿蘭陀カノウント云」，〔註76〕作者林子平親自登荷蘭船測量大銃形制，著錄於文中，以供日後日本仿製之用。次以大筒、小筒、鐵炮、亂火、筒火矢、棒火矢等，這些火器既可用於陸上作戰，又可用於水上作戰。林子平甚至親自試驗火藥的貯藏方法，「安永中に元和年製の火藥を得て、自ヲ發シて試シに却て新制の藥より、好樣に覺ゆる也。貯ルにハ、銅器歟大瓶に入て埋ミ置へし」〔註77〕，使火藥貯存良久而藥性不減。

　　《武備志》與《海國兵談》皆著錄火器，前者不考慮實盡皆錄之，然據黃一農先生的考證，嘉靖以來明軍中所用火器不過七八種，且以西洋火器爲主；〔註78〕後者著錄火器唯以海國之需，不需則不著錄，因而所錄火器僅十餘種，亦爲西洋火器，這些火器多數可以水戰和陸戰兼而用之，且林子平親身測量與試驗，對這些火器的記錄更加翔實可靠。《海國兵談》認爲大銃是海國防禦外寇的關鍵，可以碎泛海而來的大船，從而防禦來自海上的外寇入侵，這是海國日本意識的突出體現。《武備志》在著錄火器時，僅將其作爲諸多武器中的一種，其分量與弓箭、棍棒、刀劍等冷兵器接近，對於以防邊爲重的明帝國而言，無論是北虜、還是女眞諸部都不具備先進的西洋火器，仍然以弓箭等冷兵器爲主要作戰工具，因而明帝國即便更早得到了佛郎機等西洋火器，卻沒能像日本那樣大批量的生產製作；即使像佛郎機銃這樣的西

〔註75〕〔日〕林子平，海國兵談〔O〕，村岡典嗣校訂，東京：岩波書店，1939年，第7頁。

〔註76〕〔日〕林子平，海國兵談〔O〕，村岡典嗣校訂，東京：岩波書店，1939年，第22頁。

〔註77〕〔日〕林子平，海國兵談〔O〕，村岡典嗣校訂，東京：岩波書店，1939年，第27頁。

〔註78〕黃一農，明末薩爾滸之役的潰敗與西洋大炮的引進〔J〕，臺灣：中央研究院歷史語言研究所集刊，2008（79）：377～415。

洋火器被製作出來，也仍然會由於明軍缺乏火器使用的訓練，而致使將士不善用，而莫能制寇。萬曆四十七年（1619），明軍薩爾滸之役慘敗於努爾哈赤的後金便是一例，裝備有西式火器的明軍，以及其朝鮮盟軍，慘敗於僅靠弓弩騎射的後金軍隊〔註79〕；更不用說對這些西洋火器的提升和改進了，唯一一個較為重要的技術改進萬勝佛郎機銃，即給三眼銃加上準星的技術，還來自於嘉靖時期入侵的倭寇。

6.4.3　海寇與海賊

6.4.3.1　《武備志》防海即為防倭

胡宗憲曰：防海之制，謂之海防。〔註80〕茅元儀在《武備志》中言海防之事海之有防，自本朝始也；海之嚴於防，至肅廟〔註81〕時始也。中國之有海防自明朝始，明世祖朱元璋洪武二年，倭寇山東淮安，洪武三年，轉掠浙江福建，朱元璋遣使趙秩與其王良懷交涉，與良懷約向大明奉表稱臣納貢。明廷以為此後，倭寇之事可止。然而事實並非如此，倭寇仍時時來犯，濱海郡縣迄無寧歲〔註82〕。這表明朝初年的中國對日本缺乏基本的瞭解，並不知道日本長期以來實行幕藩體系，君主並沒有掌握國家的實際統治權，因而與良懷達成協議，並不能阻止倭寇的侵擾。於是明世祖朱元璋洪武十四年（1381），「以倭寇仍不稍斂足跡，下令禁瀕海民私通海外諸國」，至洪武三十年，規定寸板不許下海，在明帝國實行全面海禁，並且在沿海造海舟防倭，海防自此始。自嘉靖倭亂之後，明又嚴海防。而在談到明末海防時，無論是茅元儀，還是戚繼光、俞大猷、胡宗憲等明代海防重臣，都指向倭寇、倭奴、日本、倭亂、倭人、倭患、備倭之事，表明對於明代中國而言所謂海防即為防倭。

而在《武備志》日本考當中，茅元儀指出倭寇之所以興起，是由於明朝

〔註79〕黃一農，明末薩爾滸之役的潰敗與西洋大炮的引進〔J〕，臺灣：中央研究院歷史語言研究所集刊，2008（79）：377～415。

〔註80〕〔明〕茅元儀撰，鵜飼石齋訓點，武備志〔O〕，卷二百九，占度載，度二十一，海防一，日本早稻田大學圖書館藏，大阪：睹春堂，寬政四年（1792）重修本。

〔註81〕即明世宗嘉靖帝，在位時間（1521年～1566年）。

〔註82〕〔明〕茅元儀撰，鵜飼石齋訓點，武備志〔O〕，卷二百三十，占度載，度四十二，四夷八，日本考，日本早稻田大學圖書館藏，大阪：睹春堂，寬政四年（1792）重修本。

與日本之間貢市不通。「貢市絕,則私販通,私販通,則寇掠起。並以昔者肅皇帝禁北虜馬市也,日再言者斬,今竟以貢市收五十年之奠安」〔註83〕,提出「制治因乎時耳」,應對倭寇入侵的對策,「當開明日之間貢市,稅販物,籍商名,嚴冒進,核往返,收其什一,而挈其綱領,領順其性欲,而杜其侵凌,誠良法也。」〔註84〕茅元儀認為倭寇入侵並非要滅亡大明,也不是要搶佔領土,而是要與明朝通商貿易,因而當仿傚明與瓦剌開貢市。這是顯而易見的大陸國家意識指導下的思想,認為侵略者不會自海上來,認為來自北方邊境的危機才是眞正危及統治的大患。明中後期對於寬海禁還是嚴海禁的爭論,很能說明這個問題,雖然雙方對於開海還是禁海爭論不休,但雙方都認為倭寇並不眞正危及統治,倭寇是為貿易而來。

6.4.3.2 《海國兵談》防海即為防侵略

《海國兵談》認為唐山《武備志》中雖然也談及海寇防禦之策,但對於中國而言海寇防禦難度要遠低於日本防禦海寇的難度,他認為唐山所謂的倭寇防禦,只是對於日本海賊船的防禦,而日本的海寇防禦,則是要防禦來自海外國家的入侵,其事大在於外國之來,意在侵吞日本。因而海寇防禦對於日本而言要比中國難得多。

> 異國の《武備志》にも海寇を防禦する手段樣々あれとも、是ハ唐山にて倭寇ト名付て、日本の海賊船を防ク仕形にして、甚手輕キ事どもなれば、是を我國にて異船を防ク手本とは致難シ。日本にて外寇を防クの術ハ、是に反して事大ィ也。其大ィなるわけは異國より、日本を并吞すべき爲に來ルる事なれば、其仕形も大仕懸なるはづ也。其大仕懸を碎クべき備なれば、是又大仕懸にあらざれば叶さる事ト知べし。其大仕懸の條々左に記ス。〔註85〕

《武備志》中所說的倭寇,正是日本所謂的海賊,明清帝國的海寇防禦

〔註83〕〔明〕茅元儀撰,鵜飼石齋訓點,武備志〔O〕,卷二百三十,占度載,度四十二,四夷八,日本考,日本早稻田大學圖書館藏,大阪:賭春堂,寬政四年(1792)重修本。

〔註84〕〔明〕茅元儀撰,鵜飼石齋訓點,武備志〔O〕,卷二百三十,占度載,度四十二,四夷八,日本考,日本早稻田大學圖書館藏,大阪:賭春堂,寬政四年(1792)重修本。

〔註85〕〔日〕林子平,海國兵談〔O〕,村岡典嗣校訂,東京:岩波書店,1939年,第18～19頁。

幾乎完全在於防倭，而對於江戶時代的日本而言，海寇防禦就是防禦外國的
入侵，如北方俄羅斯、西邊大清帝國，以及其他西方國家的侵略。13 世紀，
日本兩次遭到來自元代的入侵；1778 年，俄羅斯侵吞日本北部蝦夷地的企圖
日漸明顯。江戶時代的日本學者已經意識到來自外寇的威脅，已不僅僅意在
與日本通商貿易，更有建立殖民地，侵吞日本國土的意圖。對於海國日本而
言，海寇是關係日本民族危亡的大事。

6.4.3.3　中日對海寇侵略者屬性的認知差異

明清時期，無論統治階層，還是廣大知識分子階層，都沒有認識到海上
危機的嚴峻性，皆認爲海上危機不會危及統治，這種狀況一直持續到到鴉片
戰爭，英國艦隊從海上打開中國大門，才開始逐漸覺醒。而對於海國意識逐
漸覺醒的江戶時代的日本知識分子而言，他們更加清楚地意識到，來自海洋
的外寇入侵，關係到日本民族的危亡。借《海國兵談》的一段論述，大陸國
家意識之下，明清帝國認爲海上之來皆爲海賊；海洋國家意識下，江戶日本
認爲海上之來皆爲海寇。

以林子平爲代表的江戶時代的知識人群體，對海寇的侵略者屬性有著更
爲深刻的認識。他指出明朝所謂的倭寇，並不是眞正意義上的海寇，并指出
明朝的倭寇僅僅是海賊而已。海寇與海賊的區別就在於是否帶有國家力量的
支持，是否有殖民侵略的性質，海寇是來自海上的侵略者，帶有國家性質，
以殖民、佔領爲目的，因而具備良好的組織紀律性，且船隻多爲軍艦，裝備
有先進的火炮火槍。而海賊則不然，海賊不僅從實力上無法與之相比較，海
賊多以劫掠財物、商品貿易爲目的，個人和小團體的性質更爲明顯，組織紀
律性差，多爲民船和商船，無力裝備先進的火器。通過下表中的比較海賊與
海寇的區別一目了然：

表 19　海寇與海賊之對比

	國家力量支持	侵略性殖民性	軍艦	民船	組織紀律性優劣	裝備優良（西洋銃炮）
海寇	✓	✓	✓	✗	✓	✓
海賊	✗	✗	✗	✓	✗	✗

（注：有、優、是用✓標識，無、劣、否用✗標識）

因而在林子平看來明清中國的倭寇，皆爲海賊，而不能稱之爲海寇，海

寇與海賊最根本的區別就在於殖民侵略性。海賊的入侵也不能讓明清中國海洋意識覺醒，而海寇的入侵更加深了日本海國認知和危機意識。

6.4.4　屯田富國與商業貿易富國

6.4.4.1　茅元儀的「屯田富國」策

進入 17 世紀後，明帝國內部深陷黨派鬥爭的泥潭，而戶制的瓦解，又導致衛所喪失了軍隊職能。萬曆四十六年（1618），努爾哈赤與明朝斷交，開始攻打撫順，並於次年打敗了明朝大軍和其朝鮮援軍，這就是前文中有所涉及的薩爾滸之役。明帝國在遼東的形勢驟然危急，為籌措遼東軍費，萬曆帝在 1619 年十二月和 1620 年二月，兩次加征遼餉四百萬兩和五百萬兩。明末軍屯制度幾欲毀損，明政府只能將此沉重的賦役轉嫁到人民頭上。

在這種情勢之下，茅元儀在《武備志》中從軍餉供給的角度展開了他的富國強兵之論。在他的富國強兵論中屯田是第一要義，養軍而不困民，法莫善於屯田，〔註 86〕茅元儀認為明末軍隊糧餉匱乏，人民徵發日甚，日漸貧病的狀況都是由於屯田制度壞損而導致的，因而解決這些問題的關鍵就在於修屯法之善，恢復國初屯田舊制，正餘糧二十四石之額，復上倉交盤之制，清查田畝。這些富國強兵之策，出發點都是為了解決明末軍費匱乏的問題，因而這些政策都以增加明政府的田賦收入為直接目的。從這個問題上，可以看到茅元儀有一個清晰的邏輯，即富國等於增加國家財政稅收。接著來探討這些政策，正餘糧的目的是自軍屯多徵田賦以供給軍需，針對豪強隱匿田地的土地清查確實能夠從豪強手中多徵田賦，從而也能相應地減少對於人民的橫征暴斂，也能夠在一定程度上減輕人民負擔，但一個事實不容忽視，增加政府的財政收入，並不能帶來國家經濟的發展，於事實上的富國並無裨益。

茅元儀的富國二策便是重開海運。重開海運主要是針對軍餉轉運一事，首先就轉運費用而言「運於水、運於陸費不可同日而語也」；〔註 87〕其次「漕運日漸梗阻，今黃河日徙於南漕運漸有難行之勢，莫若講求海運」；再次就運力而言，海運遠遠高於漕運，「漕船大者三四百石，海船大者八九千石，漕運

〔註 86〕〔明〕茅元儀撰，鵜飼石齋訓點，武備志〔O〕，大阪：賭春堂，寬政 4 年（1792）重修本，卷一百三十五軍資乘餉屯田今制。

〔註 87〕〔明〕茅元儀撰，鵜飼石齋訓點，武備志〔O〕，大阪：賭春堂，寬政 4 年（1792）重修本，卷一百三十九軍資乘餉五河槽一。

一年，每三石致一，海運一月，不兩石而致一，其便利較然也。」〔註88〕

《武備志》當中詳載了毛希秉開海運之策，

> 招募沿海漁人、灶丁、鹽徒、番客，尋認海洪，以開運道，……
> 招募漳人沙民及沿海大戶，自備人船……（官府）照工估價，而寬
> 給海運大戶自造，免私貨之稅……不但弗徵其稅而已，海船能載萬
> 石者，止運六千許以四分載私貨，回船悉聽帶鹽附載，而嚴私自下
> 海之禁，蓋恐侵其利也，……將使官民富饒，樂於海運，自出方略，
> 以備不虞，不致漂失。……沙民富而海之鹽盜息矣，解網省而農之
> 田耗減矣，運卒休而衛之行伍實矣，南北貨通而物價不至於湧貴，
> 官民船便而漕河不至於擠塞，水戰習而足以制東南之夷，民力寬而
> 足以備西北之狄，若更省漕卒十萬以興北方之地利，積餘粟數年以
> 減南方之網運，軍民富庶，上下安樂矣。〔註89〕

其主要的舉措就是招募沿海私商自造船隻海運糧餉，政府許其附載私貨貿
易，免徵其稅。開海運之策顯然可以大大節約軍餉轉運的成本，增加了運力，
節省了轉運時間，同時也為沿海私商，主要是大海商，提供進行海上商業貿
易的機會，使之能夠從海上貿易中得利。但應當注意的是，開海運之策的出
發點是解決軍餉轉運問題，節約國家在軍餉轉運中的成本和消耗，因而它將
製造海運船隻的巨額費用完全轉嫁到海商身上，增加了這些海商的運輸成本
和風險，同時嚴禁私人下海，恐與負責轉運糧餉的海商爭利，大多數海商和
海民都不能從開海運中獲利。開海運之策可以實現明政府節約財政支出，相
應地增加財政收入的目的，也能夠對南北糧餉的轉運起到積極的作用，但這
項措施也不是一項實在的富國之策。

6.4.4.2　林子平的「通商富國」策

林子平在《海國兵談》中明確提出了「經濟は武備の根本、武備は經濟
の輔佐」的觀點，經濟一詞林子平將其解釋為經邦濟世之道，指出國家經濟
包含為食貨、禮式、學政、武備、制度、法令、官職、地理、章服九個方面，

〔註88〕　〔明〕茅元儀撰，鵜飼石齋訓點，武備志〔O〕，卷二百一十七，占度載，度
　　　　二十九，海防九，日本早稻田大學圖書館藏，大阪：賭春堂，寬政四年（1792）
　　　　重修本。

〔註89〕　〔明〕茅元儀撰，鵜飼石齋訓點，武備志〔O〕，卷二百一十八，占度載，度
　　　　三十，海防十，日本早稻田大學圖書館藏，大阪：賭春堂，寬政四年（1792）
　　　　重修本。

其中食貨爲國家經濟的第一要義〔註 90〕。認爲富國強兵當以惠民富民爲先，民富則國富，國富則兵強。

食貨包含了發展農業、手工業和通商貿易三個方面，就是《六韜》中大農、大工、大商爲國之三寶，也是富國的主要途徑。發展農業和手工業以保障實貨的產出，用於滿足本藩民眾的需求，還要能夠提供用於商業貿易的寶貨，國產多，國用足，通商多，國家的食貨就能夠得到振興，即通過農業發展和通商貿易的富國之策。因而作爲一藩一地統治者的大名應當根據當地的氣候及地理狀況，制定適合本藩農業生產的政策，修繕水利設施，尤其是那些地處北緯 37 度以北寒冷地區的藩地，當選擇耐寒的樹木及經濟作物，如漆木、桑木、楮木、胡桃、榧子、珍果等，進行種植，從而保證本藩有足夠的食貨產出，以滿足民用和貨賣之用，同時要求藩主和大名將本地氣候、適宜種植的農產品、手工業產品，以及其種植和製作技術製作成冊，分發給當地人民，指導農民和手工業者的生產。林子平還舉例言中國古聖人以農政富國強兵，阿蘭陀地處寒地五穀不豐，依靠通商富國，

> 然ル故に唐山古聖人の政も農卜儉卜を教て国を富シ、人を富せて武を張べき事を第一に教、阿蘭陀の政は、其國寒地にして、五穀產物不レ豐故、萬里の外國に通商して、諸邦の寶貨を己レが國に取入レ、大商の道を以て、大に其國を富せて、悉ク武を遑クし、小國を以て、大國に攝ながら、千八百年來一度も他邦の兵を受たる事なく、其上遠ク萬餘里を隔たる呱哇國を切從へて、己レが有卜爲シ、又、阿墨利加洲の中に於ても一國を切取て、新阿蘭陀卜名づけて、己レが領國卜爲せり。美哉、勇哉、可思可思。
> 〔註 91〕

言辭之中可以看出林子平對通商富國的推崇，他對葡萄牙殖民印度尼西亞，侵佔巴西的殖民行爲表達了極力讚頌和艷羨之情，這也流露出林子平殖民和擴張的願望。林子平對於海國日本擴張領土的企盼，在他著述《三國通覽圖說》時侵略擴張意圖就已經較爲明顯。林子平直言著述《三國通覽圖說》的目的就在於，其一，使日本人熟知三國的地理，日本日後出兵進入這三個國

〔註90〕〔日〕林子平，海國兵談〔O〕，村岡典嗣校訂，東京：岩波書店，1939 年，第 256 頁。

〔註91〕〔日〕林子平，海國兵談〔O〕，村岡典嗣校訂，東京：岩波書店，1939 年，第 248 頁。

家，可以從容應對；其二，三國是日本與中國、俄羅斯之間的緩衝地帶，一旦中國和俄羅斯的海寇入侵日本，日本應在這三個國家建立防禦體系。〔註92〕

正當明帝國內部還在爲是否開海運轉輸軍餉這一問題爭論之際，同一時期的日本，江戶幕府支持了海運事業的發展，因爲陸路交通在多山的日本很困難，多數商人寧願把自己的貨物委託給遠洋航行的駁船和貨船。爲了幫助水運業，幕府委託木材商川村瑞賢制定措施減少海上航船的危險。川村瑞賢立即著手把危險的水域製成圖，建立信標和燈塔，提供從江戶到北太平洋沿海各港口的救生和救援設備。隨後他又把同樣的措施推行到穿越馬關海峽，經瀨戶內海直到大阪的沿日本海的整條海岸線。17 世紀 70 年代，東西環形線已經把日本最偏遠的地區和主要消費中心連接了起來。〔註93〕至此，日本國內的大宗商品貿易就都通過海路開展起來。而從明末開始的海運之議，直到清晚期，道光六年（1826）和二十八（1848）年，清政府才開始初次嘗試海運漕糧，咸豐朝以後，除因太平天國運動及義和團運動而偶有中斷外，漕糧海運已經成爲晚清時期最重要的漕糧運輸方式〔註94〕，而清代海運漕糧的方式正是採取了《武備志》中召募私商海運漕糧的方式。

6.4.4.3　本節小結

《武備志》與《海國兵談》都提出了富國強兵的概念，但二者卻全然不同，《武備志》完全以強兵爲出發點，富國之策都以強兵爲目的，屯田是爲了滿足軍隊對於糧餉的需求，清查田畝是爲了增加國家稅收以備軍用，甚至開海運也是爲了轉輸軍餉服務，完全與商業貿易無關，也與富民無關，所謂富國，當爲增加國家財政收入之意。《海國兵談》則強調富民爲先，強調民富，然後才能國富兵強，在發展農業時強調了經濟作物的種植，又將商業貿易與農業生產放到同等重要的地位，認爲商業貿易也是富國的重要途徑，並且對葡萄牙通過海外貿易和殖民富國的事實大爲讚賞。根據馬漢海權論的觀點，海權產生的最大的動因來源於海上商業貿易的需求，「作爲一個海洋國家其牢

〔註92〕　〔日〕林子平，海國兵談〔O〕，村岡典嗣校訂，東京：岩波書店，1939 年，第 259 頁。

〔註93〕　〔美〕詹姆斯·L·麥克萊恩，日本史 1600～2000〔M〕，王翔、朱慧穎譯，海南：海南出版社，2009 年，第 46 頁。

〔註94〕　倪玉平，清代漕糧海運與經濟區域的變遷〔J〕，石家莊學院學報，2005（04）：17～21。

固的基礎是建立在海上貿易之上」〔註95〕，以自給自足的小農經濟爲基礎的明清帝國，對通過發展商業貿易來實現富國強兵似乎根本提不起興致；而海國意識逐漸明朗的日本，日漸認識到通過商業貿易富國的巨大可能性，將商業貿易放到極爲重要的地位。

6.5　更爲深入的思考

在中國傳統大陸國家認知下的《武備志》與日本新興海洋國家認知下的《海國兵談》，對於明清武備和江戶日本武備的認識便呈現出天壤之別。《武備志》強調邊防，注重陸戰，也注重對於火器的使用，《海國兵談》則強調海防，注重水戰，將大銃視爲海防之要；《武備志》認爲倭寇就是海寇，《海國兵談》則更爲深刻地認識到明清以降的倭寇，與日本所面臨的海寇有著本質的區別，海寇帶有殖民主義的屬性，因而中國所謂的倭寇僅僅是海賊；《武備志》對於富國強兵的認識即爲增加國家財政收入，以保障軍費的支出，《海國兵談》則更加清醒的意識到，富民是富國強兵的基礎，並且將通過商業貿易富國視爲良策。正是在這些因素的共同作用之下，明清中國和江戶時代的日本，各自走向了相反的方向，明清中國固守大陸國家意識，逐漸固步自封，走上鎖國之路，這種大陸國家意識直到魏源 1843 年編纂《海國圖志》時依然清晰，而江戶幕府統治下的日本，卻意外萌生了海洋國家意識，走上了開國海防之路。

值得注意的是，在陸國認知下的《武備志》仍然持有大陸國家以防禦爲核心的軍事體系，海國認知下的《海國兵談》卻在以防海爲基礎的體系之上，又催生出對外侵略和擴張的企圖，而中國直至今日，也從未萌生過對外侵略擴張的意識。

〔註95〕〔美〕馬漢，海權對歷史的影響 1660～1783〔M〕，安常容譯，北京：中國人民解放軍出版社，2006 年，第 51 頁。

第七章　總結與再思考

7.1　本文各章內容的回顧

　　圍繞「《武備志》研究」這一主題，本文用六個章節分別從《武備志》作者及成書研究、內容研究、海外影響研究三個方面展開了深入的探討，值文章收尾之際，對前文的內容作如下回顧：

　　1. 第一章　《武備志》作者、成書時代與版本流變狀況。

　　事實上本章的題目所囊括的內容是極爲龐大的，其實筆者起初是希望將其分爲兩章來進行研究的，然由於在此期間有相關的專門性研究問世，且這部分內容對於《武備志》研究這一主題又不可或缺，因而筆者決定將這部分內容合爲一章，在充分尊重前人研究成果的基礎上，對前人的研究成果查漏補缺，同時在本章當中提出一些筆者的新發現。

　　在本章當中筆者首先對《武備志》的作者茅元儀進行了研究，由於茅元儀的交遊狀況林瓊華《茅元儀研究》已做了詳細考察，因而筆者把重心放在茅元儀親族關係上面，并製作了茅元儀親族關係圖，隨後筆者考察了茅元儀的生平事蹟，製作了茅元儀年表，在年表製作過程當中，筆者發現了任道斌先生對茅元儀論述中的一個疏誤；緊接著筆者對《武備志》的成書時代進行了考察，將重點放在對時代背景的考察上，筆者贊同喬娜所言《武備志》撰成的時間當在萬曆四十七年（1619），梓刻成書的時間則在天啓元年（1621），對這一時期時代背景的考察中，筆者發現《武備志》成書最直接的背景是明與後金在遼東的爭奪，也是就是著名的薩爾滸之役，緊接著依據茅元儀《掌

記》的記載，對當時的時代背景進行了更深入的探討，對明末由中央支出的軍費激升的狀況進行了考察；再接下來筆者對《武備志》本身的結構與內容展開了研究，對構成《武備志》的各部分所佔比重進行了分析，也爲接下來對《武備志》內容的研究提供了依據，隨後筆者發現了《武備志》刊印中的一處錯誤，這是個極爲有趣的發現；最後筆者對《武備志》的版本流變狀況展開了研究，並對《武備志》六個主要版本作了比較研究。

2. 第二章　《武備志》的內容來源

由於《武備志》在編纂過程當中輯錄了大量前代和同代書籍，因而筆者很早就決定對《武備志》輯錄書目作一考察，然在隨後趙娜《茅元儀〈武備志〉研究》當中有作了一個「《武備志》徵引書目」，在細讀之後，筆者頓覺釋然，趙娜的書目並不全面，且最爲重要的是其有幾處較爲嚴重的錯誤。因而筆者還是決定對《武備志》輯錄書籍作一考察。

在本章當中筆者首先對前人的研究成果進行了回溯并指出其中存在的錯誤與疏漏，這些錯誤多是由於考察不嚴謹引發的；接下來筆者對《武備志》輯錄書籍進行了考察，筆者先就《武備志》對其他書籍的徵引方式進行了考察和總結，再將《武備志》輯錄書目按照時間階段進行了整理，製作了「表5《武備志》輯錄書目表」；最後依據書目表對《武備志》輯錄書目進行了分析和研究，筆者首先從輯錄書籍所處的時代對這一書目進行了考察，通過這一考察，筆者發現明代書籍是《武備志》輯錄最多的書籍，此後筆者又從《武備志》出現頻率最高的人名和書籍名出發，對《武備志》徵引最多的人物及著作進行了考察，最終筆者得知戚繼光及其著述是《武備志》引述最多的書籍。

對《武備志》輯錄書籍的考察，有助於從資料來源的角度，考察作者茅元儀的兵學思想，以及其兵學思想的發端。

3. 第三章　《武備志》中的火器

《武備志》中收錄火器191中，這些火器被分爲14個類別，然細觀這些火器多爲奇技淫巧，不合實用，之所以會有這樣的問題，顯然是由於作者撰寫《武備志》時年紀尚輕，也沒有實戰經驗，因此採取了無論實用與否，盡皆錄之的方式，當然這也有可能源自茅元儀對《武備志》「百科全書式」的定位；當然不論實用，兼收并蓄的方式，也必然囊括了明軍所配備的主流火器，佛郎機系火器便是其中重要的一類。其實在探討這一問題時，筆者最初是想

就明清之際火器標準進行研究的,然發現這一部分內容太過龐大,因而轉而研究佛郎機的技術特徵及其轉變。

　　本章首先對《武備志》所錄火器進行了分門別類的考察,又通過文獻記載對《武備志》編纂的萬曆末年,明軍中常備火器進行了考訂,通過二者的比對,考察萬曆末年明軍中火器的發展水平。通過這一考察,可以知道佛郎機和鳥銃代表了萬曆末年明軍中火器的發展水平,而對於明代鳥銃的技術特徵,前學已做過大量詳實的考訂,因而本章對明代佛郎機的核心技術特徵進行了研究。首先回溯了佛郎機東傳中國的歷程,進而以現存實物佛郎機參數與文獻所載佛郎機參數,相互參校,從結構特徵、長度標準、核心技術參數三個方面對佛郎機系火器展開了分析和探討,經過深入的考察筆者發現明代所製的佛郎機系火器都具備子母銃結構、母銃銃長不長於 6 尺、長徑比在 10 左右或以下三大技術特點,且筆者在探討過程中發現前人對明代佛郎機進行研究的過程中,認為依據佛郎機仿製的萬勝佛郎機等本土化的佛郎機系火器是為技術進步的觀點是不正確的,用倍徑技術對佛郎機系火器進行探討也是不可行的;在本章最後筆者對佛郎機系火器三大技術特徵的轉變進行了探討,即佛郎機系火器在明末向重型佛郎機集中,輕型佛郎機如馬上佛郎機等則被鳥銃所取代,最終重型佛郎機也被同等型號的紅夷炮所取代。

4. 第四章　《武備志》所載屯田戶口賦役的研究

　　科技的發展離不開經濟,兵器技術尤其如此,而經濟狀況與人口及勞動力狀況有密不可分的關係,《武備志》作為一部兵書,有這樣的記載,是在情理之中,也是我們研究科技史需要關注。《武備志》中這一研究主題的選擇主要是由於筆者發現《武備志》中使用了大量篇幅對明代各府戶口賦役進行了記錄,這恰恰反映了茅元儀「非富國無以強兵」的思想,國家的經濟和國家的財政稅收狀況,制約著軍事與軍事技術的發展,因而對《武備志》所載田畝、戶口、賦役的考察就顯得極為重要。且經過筆者對前人研究成果的考察,發現似乎深陷泥淖,無力自拔,痛苦的原因在於筆者只是想知道明代到底是如何徵收賦役的,可是沒有人清楚的去講,都是羅列諸多,然後不知所云,所以筆者做了本章的嘗試,但對這一內容筆者並不算熟悉,所以在考察明代戶口賦役關係之時,僅僅依託於《武備志》所載內容,試圖窺一斑而知全豹,最終研究結果如若有所偏失,寄望於方家指正。

　　在本章當中,筆者根據《武備志》的記載,首先考察了明代屯田數額的

變化，通過考察筆者獲知，嘉靖末年的屯田額較明初減少了約 26.6%，而屯田在明代耕地當中所佔比例在 10%左右，因而這就引起了作者的懷疑，屯田減少的數額僅占耕地總數的 2.5%左右，是否能對明代財政造成致命的打擊；接著筆者對《武備志》所載明代三個時期的戶口賦役進行了統計和研究；其後又對各府戶與口之間的關係展開了研究，通過這一研究，筆者認爲明代徵收賦役的基本單位當爲「戶」，而非「口」，筆者又從另一個有趣的角度即「口戶比」這一角度，對不同時期各府賦役繁重程度展開了探討，通過探討知悉明代賦役最爲繁重的地區爲浙江、廣東、福建三府，其次爲南直隸、江西二府，這一點與前學江南地區賦役最爲繁重的論斷有所不同。

5. 第五章　《武備志》的海外傳播──《武備志》入日考

《武備志》入日這一主題是筆者在考察《武備志》版本流變狀況時，發現《武備志》竟然在日本被多次刊印，繼而想到是否可以對《武備志》東傳日本這一史實進行考察，後來再遍尋文獻之後，又注意到大庭修和嚴紹璗兩位先生的研究，他們的研究爲筆者撥開迷霧。

在本章當中筆者首先有了一個新的發現，就是明代兵書入日的潮流，這一潮流的發現是基於大庭修先生對於江戶時代入日漢籍的研究成果，以及嚴紹璗先生對日藏漢籍善本的研究基礎之上的，雖然筆者也對楊守敬所作的《日本訪書志》進行了細緻的閱讀，也有所發現，但主要影響來自前兩位學者，筆者發現在明清之際入日的兵書多達 179 部，其中明人所著者 136 部，而其餘 43 部兵學著作，也有 42 部爲明刊本，因而明代兵書入日的潮流是眞實存在的；以兵書入日的潮流爲背景，筆者對《武備志》入日這一主題展開了研究，筆者對於《武備志》入日的考察主要從兩個方面展開，即入日時間和入日途徑，在這一考察中，筆者通過和漢文獻對於《武備志》入日的記錄，其中最爲重要的是筆者新發現的一條史料《西湖二集》中的記載，考察出《武備志》入日時間當在 1628～1631 年間，入日途徑是通過海上走私貿易經由江浙──琉球──薩摩藩這一路徑進入日本；最後筆者考查了《武備志》在日本的流播狀況，在這一考察中筆者首先考察了《武備志》在日本的版本和刊刻狀況，並且注意到一個事實，即日刊本《武備志》在清代回流中國，筆者繼而對江戶時代的日本兵家對《武備志》研究狀況進行了考察，通過考察，筆者發現日本兵家香西成資的《南海治亂記》與《武備志》並無太大關聯，這一點與嚴紹璗先生所言有很大差異，江戶時代的著名漢學家荻生徂徠所著

之《鈐錄》，與《武備志》關係甚密，甚至可以說《鈐錄》中兵學思想和主要內容均來源於《武備志》，《鈐錄》是荻生徂徠基於《武備志》編纂而成的，而另一部著作林子平的《海國兵談》因其自稱為「日本的《武備志》」而與《武備志》發生關聯，筆者認為《海國兵談》從思想和認知角度來說，是對《武備志》的超越。

6. 第六章　陸國與海國認知下的中日《武備志》比較研究

對《海國兵談》和《武備志》的比較研究，是基於第五章《武備志》入日基礎之上的，由於筆者發現《海國兵談》被作者林子平稱作日本的《武備志》這一有趣的事實，因而筆者試圖對兩者展開比較研究，在比較研究的同時，其實也是筆者對《武備志》兵學思想的認真總結。

在本章當中筆者首先交代了研究背景；緊接著考察了《海國兵談》與《武備志》的關聯，從直接關聯和間接關聯兩個方面探討，直接關聯來自於《海國兵談》對《武備志》內容的直接引述，而間接關聯則來自於兩者成書時代的相似特徵、作者生平經歷的相似性、以及兩者橫遭禁燬命運的相似性三個方面；筆者隨後展開了本章研究的重點，即從海國與陸國的不同認知角度對《海國兵談》和《武備志》進行的比較研究，這一比較研究分為五個部分，第一部分首先對兩者海國與陸國認知的產生原因進行了分析，第二部分從海國與陸國認知下對邊防與海防重要性的不同認識角度出發，第三部分從海國與陸國認知下兩者對待西洋火器的不同態度出發，第四部分從海國與陸國對於海寇和海賊的不同認知出發，第五部分從海國與陸國對於富國策的不同認識出發，分別對兩者進行了比較研究；在本章的最後，筆者對本章內容做了總結和再探討，就海國認知下日本的侵略性和擴張性，以及陸國認知下中國的防禦性和和平發展觀展開探討。

7.2　結論與創新點

《武備志》成書於明萬曆四十七年（1619），時值努爾哈赤與大明在遼東展開爭奪，作者茅元儀感於明末北地邊患，花費兩年時間，盡輯其十五年來所收兵家典籍，編成《武備志》，又花費三年時間於 1621 年版刻成書，試圖通過著書立說改變時局，挽救危亡。《武備志》卷帙宏大，收錄廣泛，是一部百科全書式的兵學著作。本文對《武備志》的研究依照成書研究——內容研

究——海外影響研究的思路展開。

　　《武備志》的作者茅元儀生於萬曆二十二年（1596），鹿門公茅坤之孫，家學淵源頗深，茅坤藏書宏富，建有藏書樓白華樓，這些藏書爲《武備志》的編纂提供了來源。祖輩和父輩爲官的經歷，使得茅元儀幼年就有機會在北京跟從傳教士學習西方的數理與天文，也是在這一時期茅元儀與徐光啓相識，在《武備志》軍資乘部分當中在提及屯田水利時，全文引述了徐光啓翻譯的《泰西水法》的內容。《武備志》最後所錄航海牽星圖，即鄭和海圖，來源則是茅坤做胡宗憲幕僚時所得。茅元儀的親族同輩當中還有茅瑞徵、董斯張等明代文士。《武備志》編纂過程當中，收錄了各個時代的文獻 200 餘種，當然這並不包括同一文獻的不同版本，其中尤以明代文獻所佔比重最高，對於明代文獻的保存做出了積極的貢獻。

　　作爲明代最爲重要的一部兵書，《武備志》收錄了大量的火器，這些火器多達 191 中，分爲 14 類。這 191 種火器當中，通過考察，僅鳥銃、佛郎機、連珠炮、湧珠炮、夾把槍爲萬曆末年明軍中最爲常備的火器，其餘則多爲奇技淫巧，不堪實戰之用。而這幾種火器當中僅鳥銃和佛郎機爲正德、嘉靖年間傳入的西洋火器，代表了萬曆末年明軍中常備火器的眞正水平，因而對於鳥銃和佛郎機的研究顯得十分重要。而對於鳥銃的研究，筆者較前輩學者並不能有更多創見，因而筆者此處將不會對鳥銃作更多探討，僅就明代佛郎機進行研究。明代佛狼機包含三大技術特徵：1. 子母銃結構；2. 母銃銃小於 6 尺；3. 子銃長徑比在 10 左右或以下。這些技術特徵在不同時期又有不同的特徵，嘉靖末年（1568 年左右），輕型佛郎機被鳥銃所取代；崇禎初年（1628 年左右），重型佛郎機被紅夷炮所取代，自此佛郎機退出了歷史舞臺。

　　科技的發展離不開經濟，兵器技術尤其如此，而經濟狀況與人口及勞動力狀況有密不可分的關係，《武備志》作爲一部兵書，有這樣的記載，是在情理之中，也是我們研究科技史需要關注。《武備志》中使用了大量篇幅對明代各府戶口賦役進行了記錄，這恰恰反映了茅元儀「非富國無以強兵」的思想，國家的經濟和國家的財政稅收狀況，制約著軍事與軍事技術的發展，因而對《武備志》所載田畝、戶口、賦役的考察就顯得極爲重要。根據《武備志》的記載，首先考察了明代屯田數額的變化，通過考察筆者獲知，嘉靖末年的屯田額較明初減少了約 26.6%，而屯田在明代耕地當中所佔比例在 10% 左右，屯田減少的數額僅占耕地總數的 2.5% 左右；通過對《武備志》所載各省戶與

口之間的關係的考察，筆者認為明代徵收賦役的基本單位當為「戶」，而非「口」；在以「口」為單位的賦役徵收體系之下，「口戶比」的大小，反映出了明代賦役地域不均衡的狀況，以浙江、廣東、福建三省賦役最為繁重，南直隸、江西次之。

　　圍繞《武備志》東傳日本這一主題，以和漢典籍中對於《武備志》入日的記載為基礎，考察出在明清之際存在一個兵書入日的潮流，在這一潮流當中《武備志》東傳日本，這是在前人研究成果當中都沒有深入展開的研究。根據《西湖二集》的記載，推知《武備志》在 1628 年～1631 年間，通過走私貿易的渠道東傳日本，最有可能的走私路徑為浙江沿海——琉球——薩摩藩——日本這一路線。《武備志》在江戶時代傳入日本之後，被多次刊印，在日本產生了極大的影響。通過對中日兩部「武備志」的比較，從海洋國家和大陸國家認知的角度，分別從對海防與邊防的認知、海賊與海寇的認知、西洋火器的重視程度、富國強兵之策的認知，來考察《武備志》與《海國兵談》的兵學思想。

7.3　展望與再思考

　　在確定《武備志》研究這一主題後，筆者有過諸多的思索，鑒於《武備志》是一部百科全書式的著作，因而對於它的研究並不可能全面而完整，從中尋找到不同的研究方向和角度是《武備志》研究未來的方向，筆者在寫作博士論文過程中也試圖從其他角度展開研究，如明代地圖比例尺問題的研究，這是由於筆者在研讀《武備志》時發現了「每方幾尺」這樣的字眼，筆者甚至打印了《武備志》中全幅的河防圖，進行了剪切與拼貼，擺滿了一地，然而筆者悲哀的發現，兩頁圖之間甚至都不能一一吻合，因而放棄了這一研究方向；還有一些角度的研究是筆者想到還來不及完成的，筆者在此後的學術生涯中會繼續對其進行研究；另外筆者將會繼續第三章、第四章的研究，將第三章的研究進一步擴展開來，對明清之際西洋火器的標準化進程展開研究；而將第四章的研究成果進一步深入下去，筆者將會對統計整個明代戶口賦役狀況，對明代戶口賦役的關係展開更進一步的研究，進一步論證第四章的觀點，這也是筆者最近正在做的研究，不久即會成型。

參考文獻

一、史　料

1. 〔明〕孫元化，西法神機〔O〕。

2. 〔明〕戚繼光，練兵實紀〔O〕。

3. 〔明〕官修，九邊圖說〔O〕。

4. 〔明〕戚繼光，紀效新書〔O〕。

5. 〔明〕唐順之，武編〔O〕。

6. 〔明〕王鳴鶴，火攻答〔O〕。

7. 〔明〕趙士禎，神器譜〔O〕。

8. 〔明〕李賢等，大明一統志〔O〕。

9. 〔明〕徐學聚，國朝典匯〔O〕，明天啓四年本。

10. 〔明〕周楫，西湖二集〔O〕，崇禎雲林聚錦堂刊本。

11. 〔明〕何汝賓，兵錄〔O〕，收入《四庫禁燬書叢刊》，景印崇禎三年刊本。

12. 〔明〕范景文，戰守全書〔O〕，收入《四庫禁燬書叢刊》，景印崇禎間刊本。

13. 〔明〕韓霖，守圉全書〔O〕，上海圖書館藏崇禎九年刊本。

14. 〔明〕李東陽等，大明會典〔O〕，明萬曆內府刻本。

15. 〔明〕茅元儀，督師紀略〔O〕，《北京圖書館藏古籍珍本叢刊》史部，第9冊。

16. 〔明〕周鉦，明朝百家小傳〔O〕，北京大學館藏善本叢刊。

17. 〔明〕王瓊，北虜事蹟〔O〕，載《金聲玉振集》，北京中國書店 1955 年影印本。

18. 〔明〕陳子龍等，明經世文編〔O〕，北京：中華書局，1962 年。

19. 〔明〕湯若望授，焦勖輯，火攻挈要〔O〕，影印清道光年間潘仕成輯《海山仙館叢書》刊本，《百部叢書集成·初編》，臺灣：藝文印書館，1968 年。

20. 〔明〕鄭若曾，江南經略〔M〕，臺灣：臺灣商務印書館，1969 年。

21. 〔明〕茅元儀，武備志〔O〕，鵜飼石齋訓點，早稻田大學藏本，大阪：賭春堂，寬政 4 年（1792）重修本。

22. 〔明〕徐光啓，徐光啓集〔O〕，王重民輯校，上海：上海古籍出版社，1984 年。

23. 明〕茅坤，茅坤集〔O〕，張大芝、張夢新校點，杭州：浙江古籍出版社，1993 年。

24. 〔明〕焦竑，國朝獻徵錄〔M〕，萬曆末曼山館刻本，《續修四庫全書》史部，第 101 冊，1996 年。

25. 〔明〕茅元儀，石民四十集〔O〕，《四庫禁燬書叢刊》集部，第 109 冊，北京：北京出版社，1997 年。

26. 〔明〕朱長春，朱太復乙集〔O〕，《四庫禁燬書叢刊》集部，第 83 冊，北京：北京出版社，1997 年。

27. 〔明〕茅元儀，石民橫塘集〔O〕，《四庫禁燬書叢刊》集部，第 110 冊，北京：北京出版社，1997 年。

28. 〔明〕茅元儀，石民渝水集〔O〕，《四庫禁燬書叢刊》集部，第 110 冊，北京：北京出版社，1997 年。

29. 〔明〕茅元儀，石民江村集〔O〕，《四庫禁燬書叢刊》集部，第 70 冊，北京：北京出版社，1997 年。

30. 〔明〕茅元儀，武備志〔O〕，《四庫禁燬書叢刊》子部，第 26 冊，北京：北京出版社，1997 年。

31. 〔明〕方孔炤，全邊略記〔O〕，景印光緒十七年刊本，收入《四庫未收書輯刊》，北京：北京出版社，1997 年。

32. 〔明〕茅元儀，暇老齋雜記〔O〕，《四庫禁燬書叢刊》子部，第 29 冊，北京；北京出版社，1997 年。

33. 〔明〕茅元儀，掌記〔O〕，《四庫禁燬書叢刊》集部，第 110 冊，北京：北京出版社，1997 年。

34. 〔明〕嚴從簡，殊域周咨錄〔O〕，北京：中華書局，2000 年。

35. 〔明〕畢懋康，軍器圖說〔O〕，四庫禁燬書叢刊，影印明崇禎十一年張繼孟刻本，北京出版社，2000 年。

36. 中國第一歷史檔案館、遼寧省檔案館合編，中國明朝檔案總匯〔O〕，桂林：廣西師範大學出版社，2001 年。

37. 〔明〕王圻，續文獻通考〔O〕，上海：上海古籍出版社，2002 年。

38. 〔明〕茅元儀，三戌叢談〔O〕，《續修四庫全書》集部，第 1133 冊，上海：上海古籍出版社，2002 年。

39. 〔明〕茅元儀，萑謀〔O〕，《四庫禁燬書叢刊補編》第 73 冊，石民未出集，北京出版社，2005 年。

40. 〔明〕鄭若曾，籌海圖編〔O〕，李致忠點校，北京：中華書局，2007 年。

41. 〔明〕何士晉，工部廠庫須知〔O〕，江牧校注，據明代萬曆刻本校注，北京：人民出版社，2013 年。

42. 〔明〕官修，明實錄〔O〕，北京：中華書局，2016 年。

43. 〔明/清〕錢謙益，列朝詩集小傳〔O〕，上海：上海古籍出版社，2008 年。

44. 〔明/清〕錢謙益，牧齋初學集〔O〕，錢曾箋注，錢仲聯標校，上海：上海古籍出版社，2009 年。

45. 〔清〕章炳麟，訄書〔O〕，清光緒三年重訂本。

46. 〔清〕允祹等，欽定大清會典〔O〕，乾隆間成書，收入《景印文淵閣四庫全書》，鈔本。

47. 〔清〕丁仁，八千卷樓書目〔O〕，北京：北京圖書館出版社，2009 年。

48. 〔清〕張廷玉等，明史〔O〕，北京：中華書局，1974 年。

49. 〔清〕徐本、三泰等，大清律例〔O〕，乾隆三十二年成書，收入《景印文淵閣四庫全書》，臺灣：臺灣商務印書館，1983～1986 年。

50. 〔日〕外船書籍元帳〔O〕。

51. 〔日〕向井富，商舶載來書目〔O〕。

52. 〔日〕佚名，外船賷來書目〔O〕。

53. 〔日〕荻生徂徠，鈐錄〔O〕，神奈川大學圖書館藏本。

54. 〔日〕彌生吉旦，倭版書籍考〔O〕，東山天皇元祿十五年（1702 年）。

55. 〔日〕林子平，海國兵談〔O〕，日本國立國會圖書館藏本。

56. 〔日〕林子平，海國兵談〔O〕，村岡典嗣校訂，日本：岩波書店，1939 年。

57. 〔日〕林子平，三國通覽圖說〔O〕，須原屋市兵衛刻，日本天明五年（1785）。

58. 〔日〕香西成資，南海治亂記〔O〕，內閣文庫藏正德四年版，香川新報社出版，大正二年七月重印版。

59. 金毓黻編，明清內閣大庫史料第一輯〔M〕，潘陽：東北圖書館印行，1949 年。

二、專 著

1. 〔日〕松原晃，林子平傳〔M〕，東京：奧川書房，1942 年。

2. 方豪，中西交通史〔M〕，中國文化大學出版部，1983 年。

3. 劉旭，中國古代火炮史〔M〕，上海：上海人民出版社，1989 年。

4. 黃啓臣，十四～十七世紀中國鋼鐵生產史〔M〕，鄭州：中州古籍出版社，1989 年。

5. 〔美〕何炳棣著，1368～1955 年中國人口研究〔M〕，葛劍雄譯，上海：上海古籍出版社，1989 年。

6. 成東、鍾少異，中國古代兵器圖集〔M〕，北京：解放軍出版社，1990 年。

7. 王兆春，中國火器史〔M〕，北京：軍事科學出版社，1991 年。

8. 葛劍雄，中國人口發展史〔M〕，福州：福建人民出版社，1991 年。

9. 嚴紹璗，漢籍在日本的流佈研究〔M〕，江蘇古籍出版社，1992 年。

10. 鍾少異主編，中國古代火藥火器史研究〔M〕，北京：中國社會科學出版社，1995 年。

11. 〔日〕河野健二，日本的近代和知識分子〔M〕，東京：岩波書店，1995 年。

12. 王育民，中國人口史〔M〕，南京：江蘇人民出版社，1995 年。

13. 丘光明，中國古代度量衡〔M〕，北京：商務印書館，1996 年。

14. 龔平如，江西出版紀事〔M〕，南昌：江西人民出版社，1996 年。

15. 王兆春，中國科學技術史：軍事技術卷〔M〕，北京：科學出版社，1998 年。

16. 范忠義等，中國軍事通史明代軍事史（上）〔M〕，北京：軍事科學出版社，1998 年。

17. 〔日〕大庭修，江戶時代中國典籍流播日本之研究〔M〕，戚印平、王勇、王寶平譯，杭州：杭州大學出版社，1998 年。

18. 〔日〕杉本勳，日本科學史〔M〕，鄭彭年譯，北京：商務印書館，1999 年。

19. 楊彥傑，荷據時代臺灣史〔M〕，臺灣：聯經出版公司，2000 年。

20. 吳松弟，中國人口史（第三卷）遼宋金元時期〔M〕，上海：復旦大學出版社，2000 年。

21. 曹樹基，中國人口史（第四卷）明時期〔M〕，上海：復旦大學出版社，2000 年。

22. 曹樹基，中國人口史（第五卷）清時期〔M〕，上海：復旦大學出版社，

2001 年。

23. 侯楊方，中國人口史（第六卷）1910～1953 年〔M〕，上海：復旦大學出版社，2001 年。

24. 任道斌，方以智茅元儀著述知見錄〔M〕，北京：書目文獻出版社，1985 年。

25. 陳尚勝，〔懷夷〕與〔抑商〕：明代海洋力量興衰研究〔M〕，濟南：山東人民出版社，1997 年。

26. 於桂芬，西風東漸——中日攝取西方文化的比較研究〔M〕，北京：商務印書館，2001 年。

27. 葛劍雄，中國人口史（第一卷）導論、先秦至南北朝時期〔M〕，上海：復旦大學出版社，2002 年。

28. 凍國棟，中國人口史（第二卷）隋唐五代時期〔M〕，上海：復旦大學出版社，2002 年。

29. 〔日〕井上清，日本の歷史〔M〕，東京：岩波書店，1963 年。

30. 〔日〕大槻如電原，日本洋學編年史〔M〕，東京：錦正社，1965 年。

31. 劉旭，中國古代火藥火器史〔M〕，鄭州：大象出版社，2004 年。

32. 張相炎主編，火炮設計理論〔M〕，北京：北京理工大學出版社，2005 年。

33. 〔美〕馬漢，海權對歷史的影響 1660～1783〔M〕，安常容譯，北京：中國人民解放軍出版社，2006 年。

34. 嚴紹璗，日藏漢籍善本書錄〔M〕，北京：中華書局，2007 年。

35. 〔美〕詹姆斯·L。麥克萊恩，日本史 1600～2000〔M〕，王翔、朱慧穎譯，海南：海南出版社，2009 年。

36. 賴建誠，邊鎮糧餉——明代中後期的邊防經費與國家財政危機 1531～1602〔M〕，杭州：浙江大學出版社，2010 年。

37. 趙紅娟，明清湖州董氏文學世家研究〔M〕，北京：中國社會科學出版社，2011 年。

38. 周維強，佛郎機銃在中國〔M〕，北京：社會科學文獻出版社，2013 年。

39. 白壽彝主編，中國通史·明史卷〔M〕，上海：上海人民出版社，2013 年。

40. 〔日〕上田信，海與帝國：明清時代〔M〕，高瑩瑩譯，桂林：廣西師範大學出版社，2014 年。

41. 梁啟超，中國歷史研究法〔M〕，上海：上海人民出版社，2014 年。

42. 尹曉冬，16～17 世紀西方火器技術向中國的轉移〔M〕，濟南：山東教育出版社，2014 年。

43. 黃一農,兩頭蛇:明末清初的第一代天主教徒〔M〕,上海:上海古籍出版社,2015 年。

三、期刊和會議論文

1. 〔日〕太田弘毅,「海国兵談」が「武備志」より受けし影響について〔J〕,歷史教育,1968,16(3):75～82。

2. 佚名,康熙十五年「神威無敵大將軍」銅炮和雅克薩自衛反擊戰〔J〕,文物,1975(12):1～5。

3. 丁原基,茅元儀著作考略〔J〕,臺灣:東吳文史學報,1978(6)。

4. 朱捷元,鄭成功鑄造的永曆乙未年銅炮考〔J〕,廈門大學學報(哲學社會科學版),1979(3):96～101。

5. 顧海初,鄭和航海圖〔J〕,航海,1980(6):015。

6. 孫達人,明初戶口升降考實〔J〕,文史哲,1980(2):18～26。

7. 梁方仲,《明史·食貨志》第一卷箋證〔J〕,北京師院學報(社會科學版),1980(03):90～100。

8. 臧嶸,《平巢事蹟考》爲茅元儀所著考——兼及茅元儀著作〔J〕,文獻,1982(1):145～154。

9. 王守稼、繆振鵬,明代戶口流失原因初探〔J〕,北京師範學院學報(社會科學版),1982(2):61～69。

10. 樊樹志,一條鞭法的由來與發展——試論役法變革〔A〕,明史研究論叢(第一輯)〔C〕,1982 年。

11. 任道斌,茅元儀生平、著述初探〔J〕,明史研究論叢,1985(00):239～264。

12. 王若昭,明代對佛郎機炮的引進與發展〔J〕,清華大學學報(哲學社會科學版),1986(1):101～110。

13. 李樹菁,明末王恭廠災異事件分析〔J〕,災害學,1986(01):49～53。

14. 方裕謹,崇禎十三年畿南備防檔〔J〕,歷史檔案,1986(1):19～29。

15. 胡建中,清代火炮〔J〕,故宮博物院院刊,1986(02):49～57。

16. 許寶林,武備志初探〔J〕,軍事歷史研究,1988(01):166～171。

17. 王毓銓,明朝徭役審編與土地〔J〕,歷史研究,1988(1):162～180。

18. 許保林,《武備志》版本考略〔C〕,收入《兵家史苑》第一輯〔M〕,北京:軍事科學出版社,1988 年。

19. 王毓銓,明朝人論明朝戶口〔J〕,中國歷史博物館館刊,1989 年第 13、14 期合刊。

20. 廈門大學臺灣研究所歷史研究室，鄭成功研究國際學術會議論文集〔M〕，南昌：江西人民出版社，1989 年。

21. 舒理廣、胡建中、周錚，南懷仁與中國清代鑄造的大炮〔J〕，故宮博物院院刊，1989（1）：25～31。

22. 潘文貴，鄭成功雙龍銅炮考略〔A〕，廈門大學臺灣研究所《鄭成功研究國際學術會議論文集》〔C〕，南昌：江西人民出版社，1989 年。

23. 余同元，明代九邊述論〔J〕，安徽師範大學學報（人文社會科學版），1989（2）：233～240。

24. 張建民，試論明代的人口政策與人口逃移〔J〕，武漢大學學報（人文科學版），1989（3）：96～102。

25. 劉旭，中國火炮名稱沿革辨析〔J〕，湘潭大學學報（哲學社會科學版），1989（3）：66～68。

26. 李洵，明代火器的發展與封建軍事制度的關係〔J〕，史學集刊，1989（3）：21～31。

27. 張志斌，明初賦役制度新探──關士戶帖、均工夫和黃冊〔J〕，吉林師範大學學報（人文社會科學版），1990（4）：36～40。

28. 丁海斌、徐桂榮，明後湖黃冊庫保護檔案安全、完整的辦法與制度〔J〕，遼寧大學學報（哲學社會科學版），1990（6）：23～25。

29. 李鴻彬，清代火器製造家──戴梓〔J〕，社會科學輯刊，1991（2）：107～109。

30. 李濟賢，明代蘇、松、常地區戶籍人口消長述略〔J〕，明史研究論叢，1991（01）：121～155。

31. 張海瀛，明萬曆《山西丈地簡明文冊》〔A〕，明史研究第 1 輯〔C〕，1991：25。

32. 王昊，明代鄉里組織初探〔A〕，明史研究第 1 輯〔C〕，1991：13。

33. 王瑞平，明代人口考〔J〕，黃淮學刊（社會科學版），1992（4）：48～52。

34. 曾景春，福建沿海明清火炮考察〔J〕，華僑大學學報（自然科學版），1993（2）：169～174。

35. 季德源，明代《孫子》研究概說〔J〕，軍事歷史研究，1993（2）：135～144。

36. 成東，明代後期有銘火炮概述〔J〕，文物，1993（4）：79～86。

37. 席龍飛，世界航海先驅鄭和與其後諸航海家的比較〔A〕，武漢航海學會論文集（1994）〔C〕，1994：8。

38. 朱鑒秋，中國古代航海圖發展簡史〔J〕，海交史研究，1994（1）：13～21。

39. 徐泓，明代的家庭：家庭形態、權力結構及成員間的關係〔A〕，明史研究第4輯——慶賀王毓銓先生85華誕暨從事學術研究60週年專輯〔C〕，1994：18。

40. 孔德騏，論皇太極的軍事思想〔J〕，軍事歷史研究，1995（1）：141～149。

41. 葛劍雄、曹樹基，對明代人口總數的新估計〔J〕，中國史研究，1995（01）：33～44。

42. 葛劍雄、曹樹基，日食觀念與傳統禮制〔J〕，自然辯證法通訊，1995（2）：47～55。

43. 朱子彥，明代火器的發展、運用與軍事領域的變革〔J〕，學術月刊，1995（5）：81～86。

44. 劉旭，明清之際西方火器引進初探〔J〕，湘潭大學學報（哲學社會科學版），1995（4）：38～43。

45. 佚名，對明代初年田土數的新認識——兼論明初邊衛所轄的民籍人口〔J〕，歷史研究，1996（1）：147～160。

46. 黎倩雯，試論人口分佈的決定因素〔J〕，廣州師院學報（社會科學版），1996（2）：90～96。

47. 黃一農，紅夷大炮與明清戰爭一以火炮測準技術之演變爲例〔J〕，（臺灣）清華學報，1996（3）：31～70。

48. 韋東超，明代廣西土司地區的編戶與賦役考略〔J〕，中南民族大學學報（人文社會科學版），1996（3）：76～79。

49. 田培棟，明代人口變動的考察〔J〕，首都師範大學學報（社會科學版），1996：1～9。

50. 王桂新，中國人口遷移與區域經濟發展關係之分析〔J〕，人口研究，1996（6）：9～16。

51. 黃一農，天主教徒孫元化與明末傳華的西洋火炮〔J〕，中央研究院歷史語言研究所集刊，1996，67（4）：911～966。

52. 黃一農，比例規在火炮學上的應用〔J〕，科學史通訊，1996（15）：4～11。

53. 李鴻彬，皇太極與火炮〔J〕，歷史檔案，1997（2）：88～93。

54. 李傳永，李恬，中國歷史上的人口遷移〔J〕，四川師範學院學報（哲學社會科學版），1997（5）：15～20。

55. 王兆春，古典兵學的百科全書《武備志》的命運〔C〕，收錄於王春瑜主編，明史論叢〔M〕，北京：中國社會科學出版社，1997年。

56. 藍達居、呂淑梅，中國海洋人文的發現與研究評介〔J〕，廈門大學學報（哲學社會科學版），1998（1）：93～96。

57. 欒成顯，明代黃冊人口登載事項考略〔J〕，歷史研究，1998（2）：38～52。

58. 王珂，明代的火器製造及管理制度〔J〕，河南大學學報（社會科學版），1998（5）：65～68。

59. 廖大珂，從《鄭和航海圖》談早期中國人對澳洲的認識〔A〕，江蘇省鄭和研究會，「鄭和與海洋」學術研討會論文集〔C〕，江蘇省鄭和研究會，1998：13。

60. 李金明，《鄭和航海圖》中的南海諸島〔A〕，江蘇省鄭和研究會，「鄭和與海洋」學術研討會論文集〔C〕，江蘇省鄭和研究會，1998：13。

61. 湯開建，澳門開埠時間考〔J〕，暨南學報（哲學社會科學），1998（2）：74～85。

62. 欒成顯，明代黃冊人口登載事項考略〔J〕，歷史研究，1998（2）：38～52。

63. 欒成顯，明代戶丁考釋〔A〕，第八屆明史國際學術討論會論文集〔C〕，中國明史學會、湖南省社會科學界聯合會、湖南省社科院，1999：8。

64. 夏維中、羅侖，關於洪武三年湖州府小黃冊圖之法的幾點考辨〔A〕，第七屆明史國際學術討論會論文集〔C〕，中國明史學會、東北師範大學、吉林大學、吉林師範學院、通化師範學院、吉林省社會科學院，1999：7。

65. 任道斌，明末學者茅元儀及其橫遭禁燬的著作〔C〕，收入何齡修等主編，四庫禁燬書研究〔M〕，北京：北京出版社，1999年。

66. 徐新照，我國明代的火器文獻及其科學成就〔J〕，大自然探索，1999（2）：115～119。

67. 王慕民，葡萄牙海商始達雙嶼通商時間考〔J〕，寧波大學學報（人文科學版），1999，03：61～63。

68. 王正，《明代黃冊研究》評介〔J〕，社會科學管理與評論，1999（3）：53～55。

69. 姜志翰、黃一農，星占對中國古代戰爭的影響——以北魏後秦之柴壁戰役爲例〔J〕，自然科學史研究，1999（4）：307～316。

70. 閔宗殿，從方志記載看明清時期水稻的分佈〔J〕，學術研究，1999（8）：54～60。

71. 張民服、董海立，明代國家會計制度研究〔A〕，第七屆明史國際學術討論會論文集〔C〕，中國明史學會、東北師範大學、吉林大學、吉林師範學院、通化師範學院、吉林省社會科學院，1999：8。

72. 夏維中、羅侖，關於洪武三年湖州府小黃冊圖之法的幾點考辨〔A〕，第七屆明史國際學術討論會論文集〔C〕，中國明史學會、東北師範大學、吉林大學、吉林師範學院、通化師範學院、吉林省社會科學院，1999：7。

73. 張夢新，茅坤年譜〔J〕，中國文學研究（輯刊），2000（01）：294～339。

74. 張子珩，論生態環境對古代中國人口分佈的作用〔J〕，南京人口管理幹部學院學報，2000（02）：35～37。

75. 陳剩勇，明代人口「北增南減」現象研究〔J〕，史林，2000（3）：57～67。

76. 徐新照，明末兩部「西洋火器」文獻考辨〔J〕，學術界，2000（2）：196～207。

77. 周皓，中國人口遷移研究綜述〔J〕，市場與人口分析，2000（05）：31～40。

78. 陳文源，南明永曆政權與澳門〔J〕，暨南學報（哲學社會科學），2000（06）：61～65。

79. 高壽仙，明代人口數額的再認識〔J〕，明史研究，2001（00）：58～76。

80. 徐新照，明代火藥多成分配方的研究〔J〕，火炸藥學報，2001（02）：62～66。

81. 王瑞平，明代人口之謎探析〔J〕，鄭州大學學報（哲學社會科學版），2001，34（3）：62～66。

82. 賈偉，明中後期青海河湟地區藏族人口數量考察〔J〕，青海民族研究（社會科學版），2001，12（3）：75～77。

83. 欒成顯，明初人口數值研究中的兩個問題〔J〕，中國社會經濟史研究，2001（4）：33～40。

84. 林國信，臺灣血液事業之發展臺灣的無償獻血工作〔A〕，《中國輸血雜誌》編輯部，國際輸血協會第十一屆西太地區大會論文專輯〔C〕，《中國輸血雜誌》編輯部，2001：4。

85. 陳愛平，歷史人口分佈的成因〔J〕，荊楚學刊，2002，3（1）：21～23。

86. 許檀，明清時期中國經濟發展軌跡探討〔J〕，天津師範大學學報（社會科學版），2002（2）：43～47。

87. 李伯重，工業發展與城市變化：明中葉至清中葉的蘇州（下）〔J〕，清史研究，2002（02）：9～16。

88. 周維強，佛郎機銃與宸濠之叛〔J〕，東吳歷史學報，2002（8）：93～127。

89. 黃一農，劉興治兄弟與明季東江海上防線的崩潰〔J〕，漢學研究，2002，20（1）：131～161。

90. 李斌，西式武器對清初作戰方法的影響〔J〕，自然辯證法通訊，2002，24（4）：45～53。

91. 黃啓生，也談一兆是多少〔A〕，湖北省世界語協會，湖北省世界語協會世界語研討會論文集（1980～2002）〔C〕，湖北省世界語協會，2002：1。

92. 李取勉，2001 年明清經濟史研究概述〔J〕，惠州學院學報，2003，23（1）：61～66。

93. 劉鴻亮，明清之際紅夷大炮的威力概述〔J〕，河南科技大學學報（社會科學版），2003，21（1）：13～17。

94. 徐新照，論明代火器研製者探討彈道學理論的特點〔J〕，明史研究，2003（00）：013。

95. 朱鑒秋，考析孟席斯"鄭和環球航行說"舉證的關鍵地圖〔J〕，海交史研究，2003（2）：1～6。

96. 董煜宇，天文星占在北宋皇權政治中的作用〔J〕，上海交通大學學報（哲學社會科學版），2003，11（3）：56～60。

97. 高壽仙，明代北京城市人口數額研究〔J〕，海淀走讀大學學報，2003（4）：32～36。

98. 朱亞宗，地理環境如何影響科技創新——科技地理史與科技地理學核心問題試探〔J〕，科學技術哲學研究，2003，20（5）：61～66。

99. 陳文源，西方傳教士與南明政權〔J〕，廣西民族大學學報（哲學社會科學版），2003，25（6）：90～93。

100. 李國平、范紅忠，生產集中、人口分佈與地區經濟差異〔J〕，經濟研究，2003（11）：79～86。

101. 頓賀，由古文獻記載談鄭和寶船尺度〔J〕，船海工程，2004（1）：39～42。

102. 趙貞，唐代星變的占卜意義對宰臣政治生涯的影響〔J〕，史學月刊，2004（2）：30～36。

103. 劉鴻亮，明清之際紅夷大炮在清八旗軍與李自成大順軍決戰中的作用〔J〕，北京科技大學學報（社會科學版），2004，20（4）：64～69。

104. 劉鴻亮，徐光啓與紅夷大炮問題研究〔J〕，上海交通大學學報（哲學社會科學版），2004，12（4）：42～47。

105. 黃一農，紅夷大炮與皇太極創立的八旗漢軍〔J〕，歷史研究，2004（4）：74～105。

106. 鄭維寬，明代廣西人口數量考證〔J〕，廣西民族大學學報（哲學社會科學版），2004，26（5）：123～128。

107. 安介生，明代山西藩府的人口增長與數量統計〔J〕，史學月刊，2004（5）：97～104。

108. 黃一農，歐洲沉船與明末傳華的西洋大炮〔J〕，「中央研究院」歷史語言研究所集刊，2004，75（3）：573～634。

109. 潘銘燊，美國國會圖書館所藏《武備志》在鄭和研究上的價值〔C〕，美國紀念鄭和下西洋六百週年慶祝活動聯合籌備委員會供稿，2004 年 11 月。

110. 欒成顯，洪武丈量考論〔A〕，明史研究論叢（第六輯）〔C〕，2004：26。

111. 劉鴻亮，明清王朝紅夷大炮的盛衰史及其問題研究〔J〕，哈爾濱工業大學學報（社會科學版），2005，7（1）：1～5。

112. 劉鴻亮，徐光啓與紅夷大炮〔J〕，五邑大學學報（社會科學版），2005（1）：65～68。

113. 尹曉冬，明末清初幾本火器著作的初步比較〔J〕，哈爾濱工業大學學報（社會科學版），2005，7（2）：9～18，

114. 佚名，「鄭和下西洋 600 週年紀念：回顧與思考」研討會在深圳市召開〔J〕，熱帶地理，2005（2）：102。

115. 劉雅軍，明治時代日本人的世界歷史觀念〔J〕，歷史教學，2005（12）：28～34。

116. 倪玉平，清代漕糧海運與經濟區域的變遷〔J〕，石家莊學院學報，2005（4）：17～21。

117. 劉鴻亮，紅夷大炮與清順戰爭〔J〕，河南科技大學學報（社會科學版），2005，23（1）：14～19。

118. 葛雲健、張忍順，鄭和下西洋對季風洋流的認識和利用〔J〕，中國航海，2005（1）：14～18。

119. 張箭，《鄭和航海圖》的復原〔J〕，四川文物，2005（2）：80～83。

120. 尹曉冬，明末清初幾本火器著作的初步比較〔J〕，哈爾濱工業大學學報（社會科學版），2005，7（2）：9～18。

121. 尹曉冬，火器論著《兵錄》的西方知識來源初探〔J〕，自然科學史研究，2005，24（2）：144～155。

122. 劉小珊，明天啓崇禎年間陸若漢在中國大陸活動考〔J〕，江西社會科學，2005（2）：95～98。

123. 鄧輝，鄭和船隊下西洋航線及其相關的季風航海問題〔J〕，中國航海，2005（3）：1～7。

124. 吳玉鳴、李建霞、徐建華，遲發展效應的後發劣勢與後發優勢——對西部大開發的啓示〔J〕，人文地理，2005，20（3）：6～11。

125. 張顯清，明代後期糧食生產能力的提高〔J〕，學術探索，2005（5）：90～99。

126. 夏維中，洪武初期江南農村基層組織的演進〔J〕，江蘇社會科學，2005（6）：141～150。

127. 宋海龍，論哲學思想對技術創新的影響——以明代中期以後中西方火藥、火器理論及技術的發展爲例〔J〕，哈爾濱工業大學學報（社會科學版），2005，7（6）：6～11。

128. 沈福偉，十四至十五世紀中國帆船的非洲航程〔J〕，歷史研究，2005（6）：119～134。

129. 席龍飛，南京寶船廠遺址的發掘成果〔J〕，社會觀察，2005（7）：27～28。

130. 周中堅，從漢使南航到鄭和西航——從比較中看鄭和下西洋在中國古代航海史中之地位〔J〕，東南亞南亞研究，2006（1）：60～66。

131. 張民服，對明代人口問題的幾點再認識〔J〕，中州學刊，2006（1）：193～196。

132. 張民服，明代人口分佈對社會經濟的影響〔J〕，史學集刊，2006（3）：27～33。

133. 陳景彥，西風東漸與中日知識分子的回應〔J〕，歷史研究，2006（3）：150～166。

134. 張立，清內閣舊藏漢文黃冊聯合目錄〔J〕，集郵博覽，2006（9）：32～32。

135. 崔國軍，「紅依大炮」是什麼炮〔J〕，咬文嚼字，2006（12）：8～8。

136. 張炳然、牛進，價值連城的明清火炮——中國軍事博物館探寶之五〔J〕，環球軍事，2006（14）：14～15。

137. 欒成顯，明代人口統計與黃冊制度的幾個問題〔J〕，明史研究論叢，2007（00）：25～40。

138. 張民服，試論明代的人口管理制度〔J〕，河南社會科學，2007（3）：124～127。

139. 周運中，論《武備志》和《南樞志》中的《鄭和航海圖》〔J〕，中國歷史地理論叢，2007，22（2）：145～152。

140. 王濤，清火器營初考〔J〕，軍事歷史研究，2007（3）：125～134。

141. 王麗華，《武備志》四種清版述略〔J〕，圖書館理論與實踐，2007（4）：72～73。

142. 尹曉冬、儀德剛，明末清初西方火器傳華的兩個階段〔J〕，內蒙古師範大學學報（自然科學漢文版），2007，36（4）：504～508。

143. 陳秀武，幕末日本的海洋國家論〔J〕，日本學論壇，2007（4）：44～49。

144. 胡漢輝，揭秘紅夷大炮〔J〕，中華遺產，2007（6）：20～22。

145. 〔日〕田村安興，富國強兵日本の來歷〔J〕，高知論叢（社會科學），2007，90（11）：1～29。

146. 徐興慶，德川幕末知識人吸收西洋文明的思想變遷〔J〕，臺大歷史學報，2007，（40）：149～199。

147. 孫華瑩、劉道勝，明清徽州保甲探微〔A〕，安徽省徽學學會二屆二次理

事會暨「徽州文化與和諧社會」學術研討會論文集〔C〕，安徽省徽學學會，2007：8。

148. 劉鴻亮、孫淑雲、張治國，鴉片戰爭前後清朝雙層體鐵炮技術的問題研究〔J〕，機械技術史及機械設計，2008（00）：103～108。

149. 朱晶，古朝鮮引入與改進火藥和火器的歷史研究〔J〕，東疆學刊，2008，25（1）：35～42。

150. 馬順平，明代陝西行都司及其衛所建置考實〔J〕，中國歷史地理論叢，2008（2）：109～117。

151. 盧良志，明代防務地圖製作〔J〕，國土資源，2008（8）：54～57。

152. 杜錫建，從軍事的角度談方志〔J〕，中國地方志，2008（9）：29～32。。

153. 林小玲，近代廣州出版與書籍廣告簡述〔J〕，廣東技術師範學院學報，2008（12）：99～101。

154. 黃一農，明末薩爾滸之役的潰敗與西洋大炮的引進〔J〕，臺灣：中央研究院歷史語言研究所集刊，2008（79）：377～415。

155. 黃一農，奎章閣明清軍事史重要文獻過眼錄〔J〕，奎章閣韓國學研究院，2008：235～239。

156. 秦彥士，茅元儀《武備志》所錄《墨子·備城門》校記〔C〕，收入《古代防禦軍事與墨家和平主義——墨子備城門綜合研究》〔M〕，北京：人民出版社，2008年。

157. 張煌、朱亞宗，邊緣效應與明清軍事技術對抗格局的逆轉〔J〕，自然辯證法研究，2009（01）：58～62。

158. 胡曉偉、陳建立，一門館藏明天啓四年紅夷大炮的探討〔J〕，文物保護與考古科學，2009，21（3）：48～52。

159. 劉雲、習培俊，宋代戶帖制度的變遷〔J〕，江西師範大學學報（哲學社會科學版），2009，42（6）：91～95。

160. 張彩雲、王偉，明清之際遼東軍事變遷：以熊廷弼三次統帥遼東爲視角〔J〕，長春工業大學學報（社會科學版），2009，21（2）：105～108。

161. 黃一農，明清獨特複合金屬砲的興衰〔A〕，超越文本：物質文化研究所新視野〔C〕，2009：74～136。

162. 魚宏亮、姬翔月，中西匯通：17世紀中國古典知識體系的新視野〔J〕，北京聯合大學學報（人文社會科學版），2009，7（3）：61～68。

163. 董少新、黃一農，崇禎年間招募葡兵新考〔J〕，歷史研究，2009（5）：65～86。

164. 韓國璽，弓弩雜談之三談歷史上的強弓硬弩及古代射法〔J〕，現代兵器，2009（9）：50～55。

165. 文革紅,江西小說刊刻地——「雲林」考〔J〕,明清小說研究,2010(1):212~219。

166. 劉鴻亮、張建雄,鴉片戰爭前後中國複合金屬炮技術興衰的問題研究〔J〕,科學技術哲學研究,2010,27(2):86~93。

167. 劉雲,稅役文書與社會控制:宋代戶帖制度新探〔J〕,保定學院學報,2010,23(2):54~59。

168. 劉曉東,南明士人「日本乞師」敍事中的「倭寇」記憶〔J〕,歷史研究,2010(5):157~165。

169. 謝羽、陳國慶,略論明清之際火器的使用及其啓示〔J〕,TheoryMonthly,2010(8):70~72。

170. 黃一農,明清之際紅夷大炮在東南沿海的流佈及其影響〔J〕,中央研究院歷史語言研究所集刊,2010,81(4):769~832。

171. 馬順平,明代都司衛所人口數額新探——方志中兩組明代陝西行都司人口數據的評價〔J〕,蘇州科技學院學報(社會科學版),2011,28(4):49~53。

172. 石康、師江然,明清戰爭中大炮的使用〔J〕,清史研究,2011(3):143~149。

173. 藍弘岳,〔神州〕,〔中國〕,〔帝國〕——會澤正志齋的國家想像與十九世紀日本之亞洲論述〔J〕,新史學,2011,22(3):71~112。

174. 王秀萍,日本「海洋國家論」之歷史發展過程和主要內容〔J〕,改革與開放,2011(4):22~22。

175. 趙娜,茅元儀與《孫子兵法》〔J〕,濱州學院學報,2011,27(5):15~19。

176. 宗鳴安,來燕榭中多珍藏——談黃裳藏明刻本《唐宋文鈔》〔J〕,收藏,2011(6):82~84。

177. 李伯重,萬曆後期的盔甲廠與王恭廠——晚明中央軍器製造業研究〔A〕,世界大變遷視角下的明代中國——國際學術研討會論文集〔C〕,中國社會科學院歷史研究所明史研究室、東北師範大學亞洲文明研究院、世界文明史研究中心、明清史研究所,2011:41。

178. 方姝孟,八旗制度下的「漢人滿化」現象〔J〕,學理論,2011(34):139~140。

179. 張民服、路大成,試析明代的人口分佈〔J〕,中州學刊,2012(1):131~134。

180. 何東寶、陳秋實,茅元儀在定興〔J〕,當代人,2012(04):64~65。

181. 朱熠冰、占穎、朱寅荻等,中藥在古代兵書中的應用舉隅〔J〕,亞太傳統醫藥,2012,8(10):208~209。

182. 趙娜，茅元儀《武備志》與戚繼光著述關係考〔J〕，河南師範大學學報（哲學社會科學版），2012，39（3）：141～144。

183. 馮震宇，論佛郎機在明代的本土化〔J〕，自然辯證法通訊，2012（3）：57～62

184. 周運中，鄭和下西洋南海、爪哇海與泰國灣航路考〔J〕，歷史地理，2012（1）：405～419。

185. 董少新，論徐光啓的信仰與政治理想——以南京教案爲中心〔J〕，史林，2012（1）：60～70。

186. 張民服、路大成，試析明代的人口分佈〔J〕，中州學刊，2012（1）：131～134。

187. 劉鴻亮，紅夷大炮與李自成大順軍的衰亡〔J〕，佛山科學技術學院學報（社會科學版），2012，30（3）：31～35。

188. 廉德瑰，略論日本「海洋派」的對外戰略思想〔J〕，日本學刊，2012（1）：10～21。

189. 藍弘岳，面向海洋，成爲西洋：「海國」想像與日本的亞洲論述〔J〕，臺灣：文化研究，2012（14）：273～315。

190. 徐光臺，西學對科舉的沖激與迴響——以李之藻主持福建鄉試爲例〔J〕，歷史研究，2012（6）：66～82。

191. 許可峰，清朝入關以前軍事文化的迅猛發展〔J〕，蘭臺世界旬刊，2012（21）：53～54。

192. 黃忠鑫，明代前期祁門地方社會與賦役制度——徽州文書殘卷《百戶三代總圖》考析〔A〕，第八屆北京大學史學論壇論文集〔C〕，北京大學歷史學系，2012：14。

193. 薛鋼、戈傑，「定心丸」的由來〔J〕，建築工人，2012（4）：039。

194. 高壽仙，關於明朝的籍貫與戶籍問題〔J〕，北京聯合大學學報（人文社會科學版），2013，11（1）：25～35。

195. 胡寶柱、肖文帥、普塔克，明永樂至隆慶南澳的海上活動附：早期葡文資料中的南澳島〔J〕，海交史研究，2014（1）：73～94。

196. 張兆裕，對明代人口流動的若干認識〔J〕，中國史研究，2014（04）：39～43。

197. 李響，茅元儀武備志研究綜述〔J〕，黑龍江史志，2014（15）：1。

四、學位論文

1. 呂凌峰，明末及清代交食記錄研究〔D〕，中國科技大學，2002年。

2. 高飛，明朝戶籍制度中的身份法與遷徙法〔D〕，中國政法大學，2003年。

3. 許二斌，14～17 世紀歐洲的軍事革命與社會轉型〔D〕，東北師範大學，2003 年。

4. 章靜，中國古代外傷止血研究〔D〕，中國科技大學，2004 年。

5. 姚家榮，西炮的應用與明代的國防〔D〕，香港嶺南大學，2004 年。

6. 劉士嶺，試論明代的人口分佈〔D〕，鄭州大學，2005 年。

7. 姚娟娟，西方火器技術的衝擊與晚清中國科技的發展〔D〕，國防科學技術大學，2006 年。

8. 李俊麗，明代前期北方地區流民成因研究〔D〕，東北師範大學，2006 年。

9. 陳剛俊，論明代的戰車與車營〔D〕，江西師範大學，2007 年。

10. 林瓊華，茅元儀研究〔D〕，浙江大學，2008 年。

11. 姜娜，茅元儀與《武備志》〔D〕，內蒙古師範大學，2008 年。

12. 董捷，明末湖州版畫創作考〔D〕，中國美術學院，2008 年。

13. 魏央，論傳教士對中國明末清初時期科技發展的影響〔D〕，武漢科技大學，2008 年。

14. 張煌，三大技術進步效應與明清軍事技術對抗格局的逆轉〔D〕，國防科學技術大學，2008 年。

15. 胡婷，明清之際浙東人士與西學〔D〕，浙江大學，2008 年。

16. 范傳南，乾隆朝八旗漢軍出旗述論〔D〕，遼寧師範大學，2008 年。

17. 劉士嶺，大河南北，斯民厥土：歷史時期的河南人口與土地（1368～1953）〔D〕，復旦大學，2009 年。

18. 胡平，明清江南工匠入仕研究〔D〕，蘇州大學，2009 年。

19. 強忠華，宋代火藥應用研究〔D〕，上海師範大學，2009 年。

20. 李艷芝，明朝戶籍制度研究〔D〕，山東大學，2009 年。

21. 王大文，明清火器技術理論化研究〔D〕，蘇州大學，2011 年。

22. 雲良，《武備志》——《譯語》中的蒙古語研究〔D〕，內蒙古大學，2011 年。

23. 陳鑫磊，鼎革之變中朱明政權與耶穌會士的軍事政治合作〔D〕，寧波大學，2011 年。

24. 鄭玲，論努爾哈齊與皇太極對明朝軍事戰略戰術之異同〔D〕，遼寧大學，2011 年。

25. 沈鵬，明朝前中期流民問題研究〔D〕，山東師範大學，2011 年。

26. 范傳南，明代九邊京運年例銀及其經管研究〔D〕，東北師範大學，2011 年。

27. 李悅，明代火器的譜系〔D〕，東北師範大學，2012 年。

28. 王曉慶，皇太極時期習慣法研究〔D〕，遼寧大學，2012 年。

29. 劉容，《武備志》中武術內容的整理及其價值的研究〔D〕，首都體育學院，2013 年。

30. 趙娜，茅元儀《武備志》研究〔D〕，華中師範大學，2013 年。

31. 喬娜，茅元儀《武備志》探析〔D〕，中國社會科學院研究生院，2014 年。

致　謝

　　依然記得 2009 年碩士入學時的彷徨，轉眼間已然九年，歲月流轉，時光如梭，讀博五年卻有些不敢回首，生怕回味出個中滋味，適逢博士論文出版之際，翻開塵封的日曆回望我的博士這五年。

　　我算不得一個勤奮努力的好學生，甚至都不夠積極主動，因而 2011 年轉攻博士的申請能夠成功，我是喜出望外的，甚至是出乎意料的，我一直以為我會是別人的炮灰，因為我的碩士階段是極為掙扎的，本科就讀歷史學專業，碩士轉向科學技術史，我本以為是一脈相承水到渠成的事，孰料事與願違，來到科學技術史專業，我立馬被完全不同的研究方法打懵了，有點束手無策，不知道何去何從，我深刻感受到掙扎在的兩種不同的學術思想中的痛苦，加之從小因為小聰明太多，受到過太多的批評，而累積起來的自卑情緒，我覺得我周圍同學全是學霸，我只能低到塵埃裡，我不敢跟老師交流，甚至跟同學也不交流。這客觀上也是由於我跟計算機系的研究生住在一個宿舍，我甚至混跡在她們的實驗室，我十分感念這段歲月，我的室友和臨宿舍的姑娘們，溫暖了我的時光，她們包容了我的棱角，我也感受到了她們多彩的人生，也感受到了真誠的友愛，因為我是我，所以她們愛我，我們和而不同，她們是阿慧、燕子、小蓓、蚊子、小鵬、大師等等，感謝她們，讓我知道我很不錯，感謝與她們在一起碰撞出的思想火花。

　　當然也感謝我的碩士同學，最感謝的是灝哥，在我進入交大的時候，是灝哥真誠熱情的幫助了我，讓我感受到來自陌生的親切，至今回憶起來都能讓我心中溫暖；還有文超、慜超、楊凱、老殷，還記得文超幫我一起解讀《自然哲學的數學原理》，慜超的超級熱心腸，楊凱雖然自戀到要死，卻總會在關

鍵的時候提醒我，總是跟我說「小趙，你別忘了」，以及他跟懋超的相愛相殺。

在 2011 年四五月份，在進入博士學習階段之前，我的導師關增建教授其實就已經提出了我的博士論文的研究方向和內容，即對明代兵書《武備志》進行研究，在那一時期我雖然開始翻閱《武備志》，但事實上我對軍事科技史是十分牴觸的，整個博士一年級，我都在邊看《武備志》，邊尋找其他研究方向，試圖能夠尋找到新的研究方向，在這一過程當中，關老師給予了悉心的指導，給我推薦相關的研究書籍和研究論文，讓我逐步瞭解到軍事科技史的研究應當怎麼做，從哪些方向著手。我對博士論文研究方向的排斥一直延續到了博士二年級的前半期，在關老師潛移默化的影響下，以及我的諸位師兄們給予的指導幫助之下，馬偉華師兄指導我我應該讀什麼樣的文獻，怎樣去適應博士階段；而汪曉虎師兄則告訴我應該怎樣學習寫學術論文，他推薦了許多優秀學者的論文給我，給了我很大的幫助；任傑師兄則更多的給予了鼓勵；黃慶橋師兄在我彷徨掙扎的時候，對我的一段批評式的指導給了我直接的啟發。感謝他們給予我的無私的幫助和指導。同時我要感謝我的師弟楊多多，他給了我直率真誠的友誼，將我視作親人，感謝他對我的信任。

我在讀博期間，最幸福的事情就是我有一幫好同學，他們是思媛、群姐、楊凱、正嚴、侯姐，我們之間無話不談，我們相互鼓勵，甚至時常小聚，我們不大出現在院系，因為我們確實不知道該如何去接觸老師，也不知道怎樣才能使用院系的辦公室，儘管我們都很希望有一個我們可以用的辦公室，可以不用一直窩在宿舍，因為我們都需要龐大的紙質資料，我們都不善言辭，我們都被當作隱形人，但是這使得我們彼此關係拉的更近，我們在一起相互取暖，同學間的友誼讓我倍感溫暖。

我還要感謝紀老師，記得您在給我們上文獻導讀課的時候，我有如沐春風的感覺，您跟我一樣支持德國隊，我腦海裏都是您的溫文爾雅；感謝江老師，在碩士和博士期間，在上您的課的時候，您帶給我們的新的思考方式，為我打開了一扇不一樣的門，感謝您在我中期答辯的時候對我提出的批評，讓我能夠時時反思；感謝鈕老師，鈕老師總是刀子嘴豆腐心，儘管我跟您接觸不多，但我依然喜歡您的直率，以及您永遠年輕積極向上的心態；感謝李俠老師，我沒有上過您的課，但是我從懋超那裡聽到您很多的故事，您在我的心裏就像執酒仗劍的俠客，同時也是斗酒詩百篇的文士；感謝董老師，其實我把您當作像汪師兄一樣的師兄，您其實總是在教導我們最真實，最切實

可行的學術研究路徑；感謝閆宏秀老師，其實您在我心裏更像個朋友，我們可以輕鬆的聊聊天；感謝薩日娜老師，感謝您不經意的鼓勵，卻給了我莫大的信心，照亮了我心中的方向；感謝曹娟老師，您可能並不知道，您曾經的一番話卻讓我在迷茫中豁然開朗，學著做自己；感謝陳業新老師，我們可以說相當陌生，但夏至會議的時候謝謝您對我想法的肯定，讓我對自己也稍微有一點點信心；要感謝的老師還很多。

我要感謝徐老師，謝謝在這七年多的時間裏，您對我的幫助，您總是認真負責的對待我們的事情，有時候還會擔心我們收不到通知，發短信給我，您耐心的一遍遍的幫我處理盲審、預答辯、答辯的事宜，您在我無助的時候開解我，謝謝您，眞的謝謝。

我最要感謝的就是我的導師關增建教授，感謝您能夠招我做您的博士，對這一點我充滿感激，以至於後來自己不努力，沒有學術成果的時候，我都不敢聯繫您，因爲我覺得我對不起您的信任。感謝您對我的指導，您工作那麼繁忙，您卻細緻的幫我一遍遍修改論文；您總是循循善誘，一步一步告訴我要怎樣做學術研究；您擔心我，卻又怕我壓力大，每每聽到多多跟我說，您跟他提起我說「也不知道你師姐怎麼樣了，我很擔心你師姐」，「你師姐最近好像壓力很大」等等，這些話時，我都感覺我特別對不起您，同時也感動到想要落淚。我不是一個好學生，讓您爲我費心了，我卻有時還惹您生氣。您給了我那麼多的鼓勵，我有一些學術上的想法的時候，您總是給了我最大的鼓勵和肯定，也給我許多的指導，總能一針見血地指出我的問題關鍵所在。謝謝您，我把您當作我的父輩一樣，我希望我以後也能夠去關心您，照顧您。這些都無以表達我的感謝，我眞的把您當作了親人，謝謝您！

我還要感謝那些幫助過我的人，幫我打字、製圖、改格式的霍平玉，幫我訂正英文摘要的許瑩瑩，還有幫我查資料的早稻田大學的朋友，還有給我鼓勵的和信心的馬晶晶、許靜、陳曉英、焦存超等等，感謝我的父母，我的家人，在背後給我默默的支撐。

在最後我還要感謝臺灣花木蘭文化事業有限公司能夠出版我的博士論文，感謝我的導師關增建教授的推薦，感謝楊嘉樂編輯不辭辛勞與我聯絡出版事宜。

歲月無聲，卻有痕，你們對我的幫助與善意，我都鐫刻於心，謝謝！